Gregg Braden

Resilienz
in Zeiten extremer Veränderung

Gregg Braden

Resilienz
in Zeiten extremer Veränderung

Persönlichen und
gesellschaftlichen Wandel
aktiv gestalten

Wichtige Hinweise

Die im Buch veröffentlichten Empfehlungen wurden von Verfasser und Verlag sorgfältig erarbeitet und geprüft. Eine Garantie kann dennoch nicht übernommen werden. Ebenso ist die Haftung des Verfassers bzw. des Verlages und seiner Beauftragten für Personen-, Sach- und Vermögensschäden ausgeschlossen.

Der leichteren Lesbarkeit zuliebe wurde zumeist auf die Doppelung männlicher und weiblicher Formen nach dem Muster »der ... oder die ...«, »er/sie« usw. verzichtet. Selbstverständlich soll die übliche männliche Form den weiblichen Teil der Bevölkerung umfassen.

**Aus dem Englischen von
Maria Müller-de Haën**

Titel der Originalausgabe:
The Turning Point. Creating Resilience in a Time of Extremes.
Copyright © 2014 by Gregg Braden
Originally published in 2014 by Hay House Inc. USA

Deutsche Ausgabe:
© 2014 KOHA-Verlag GmbH Burgrain
Alle Rechte vorbehalten
Lektorat: Miriam Pfadt
Covergestaltung: Sabine Dunst/Guter Punkt, München
Layout: Birgit-Inga Weber
Gesamtherstellung: Karin Schnellbach
Druck: CPI Moravia Books
ISBN 978-3-86728-262-8

Bestsellerautor **Gregg Braden** ist ein international anerkannter Pionier, der Wissenschaft, uralte Weisheiten und die reale Welt zusammenbringt.

Nach einer erfolgreichen Karriere als Computer-Geologe für *Phillips Petroleum* während der Energiekrise der 1970er-Jahre arbeitete er in den letzten Jahren des Kalten Krieges als Computersystementwickler für *Martin Marietta Defense Systems.* 1991 wurde er erster Technical Operations Manager von *Cisco Systems.*

Seit 1986 erforscht Gregg Braden hoch gelegene Bergdörfer, entlegene Klöster und vergessene Texte, um deren zeitlose Geheimnisse mit den neuesten wissenschaftlichen Erkenntnissen zusammenzuführen. Seine Entdeckungen wurden mittlerweile Menschen in 33 Ländern in 38 Sprachen vermittelt. Zu seinen Werken zählen u. a. die Bücher *Der Jesaja-Effekt – Das verborgene Wissen von Prophezeiungen und Gebeten alter Kulturen neu entdeckt; Der Gottes-Code – Das Geheimnis in unseren Zellen; Im Einklang mit der göttlichen Matrix – Wie wir mit Allem verbunden sind; Der Realitäts-Code – Wie Sie Ihre Wirklichkeit verändern können; Fractal Time – Das Geheimnis von 2012 und wie ein neues Zeitalter beginnt* sowie *Tiefe Wahrheiten – Ursprung, Geschichte, Bestimmung und Schicksal der Menschheit.*

www.greggbraden.com

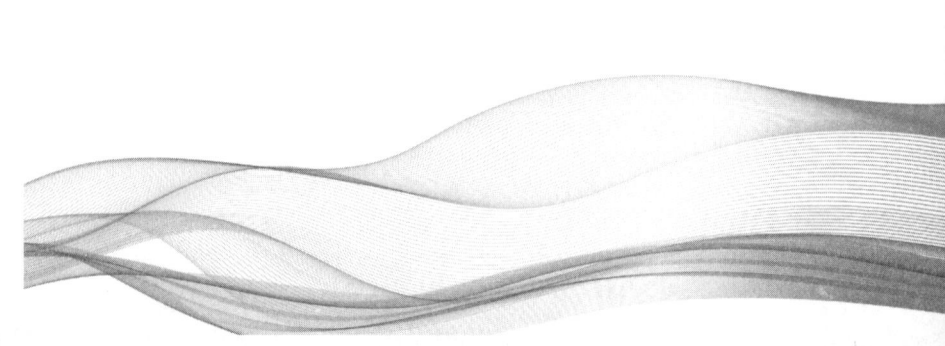

Wir ertrinken in Informationen,
aber hungern nach Weisheit.
Die Welt wird künftig von Menschen
geleitet werden, die fähig sind,
die richtigen Informationen zum richtigen
Zeitpunkt zusammenzustellen,
sie kritisch zu überdenken
und weise die wichtigen Entscheidungen
zu treffen.

Edward O. Wilson (*1929),
Evolutionsbiologe

Inhalt

Resilienz – Definitionen

Der Prozess, sich angesichts von Notsituationen gut anzupassen, und die Fähigkeit, sich von schwierigen Erfahrungen zu erholen. (Nach *American Psychological Association;* siehe http://psychcentral.com/lib/2007/what-is-resilience)

Fähigkeit eines Systems, sich ständig zu verändern und anzupassen und dabei kritische Grenzwerte nicht zu überschreiten. (Nach *Stockholm Resilience Centre;* siehe http://www.stockholmresilience.org/21/research/what-is-resilience.html)

Eine Lebens- und Seinsweise, die uns die Fähigkeit verleiht, uns zu verändern und an neue Gegebenheiten anzupassen – und das ist der Schlüssel zur Transformation in unserer Zeit der Extreme. (Siehe S. 153 dieses Buchs)

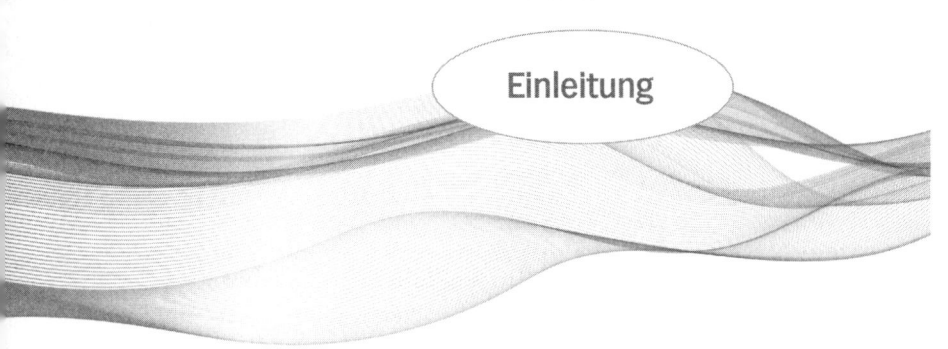

Die Kraft der Resilienz
in einer Zeit der Extreme

Wer schon einmal verreist war, weiß, wie das abläuft: Zunächst einmal hat man eine Idee, wo man gerne hinmöchte. Man informiert sich über das Wetter, schaut sich Landkarten an und packt dann all das zusammen, was man für seine routinemäßigen Gewohnheiten auf der Reise so braucht. Der Knackpunkt dabei ist: Wenn man weiß, wohin die Reise führt, dann weiß man auch, was man mitzunehmen hat. Und geht die Reise an ein bislang unbekanntes Ziel, bereitet man sich auf das Unbekannte vor. Diese simple Idee ist das Herzstück dieses Buchs.

Unsere Reise

Wir alle befinden uns auf einer Reise, und zwar auf einer langen Reise. Sie führt uns an einen Ort, an dem noch nie jemand zuvor gewesen ist. Es gibt weder Reiseführer noch Berichte von *TripAdvisor* im Internet, anhand derer wir uns informieren könnten, wie unser Ziel aussieht oder was genau wir brauchen, wenn wir dort angelangt sind. Und diese Reise geht auch nicht an einen exotischen Platz, von dem wir nach ein paar Tagen oder Wochen zurückkehren; für diese Reise gibt es keine Rückfahrkarte. Hier geht es um eine völlig andere Reise. Wir reisen nicht nur einfach irgendwohin, an einen anderen Ort auf der Erde, sondern unsere Reise geht in eine andere Welt, die in unserem Alltag verborgen liegt – die Entscheidungen, die wir heute treffen, führen uns dorthin.

Gemeinsam rasen wir auf der Überholspur einer Autobahn entlang, die die Grenzen zwischen traditionellen Überzeugungen, Religionen und den Gewohnheiten der Vergangenheit überschreitet und uns auch über das hinausträgt, was wir bisher für möglich gehalten haben. Und genau dies ist sozusagen unser Geleitbrief, der uns in die neue Welt bringt, die vor unseren Augen auftaucht.

Unser Ziel

Ich kann nicht genau sagen, wie unser Ziel aussehen wird. Was passiert, wenn sich der Staub gelegt hat und wir schließlich lernen, uns an das sich verändernde Klima anzupassen, anstatt es kontrollieren zu wollen? Wenn neue, nachhaltige Wirtschaftsformen die zusammenbrechenden und versagenden Wirtschaftssysteme der Gegenwart ersetzen? Wenn wir die Technologie nutzen, die uns mit der benötigten Energie versorgt und nicht mehr die verheerenden Nebenwirkungen fossiler Brennstoffe aufweist?

Ich kann mir nur in meiner Fantasie vorstellen, wie unser Leben und die Welt dann aussehen würden. Und ich sehe einen besseren Ort für uns alle.

Ich sehe eine Welt mit einem höheren Lebensstandard für alle Menschen, ohne dass sich viele mit einem geringeren Lebensstandard begnügen müssen, damit ein paar wenige einen hohen Standard genießen können.

Ich sehe eine Welt, in der es keinen Krieg mehr gibt und Kriegsdrohungen zur Lösung unserer Probleme keinen Sinn mehr ergeben.

Ich sehe eine Welt, in der unsere Bereitschaft zur Zusammenarbeit größer ist als die Angst, die derzeit zu gewalttätigem Wettstreit führt.

Und ich sehe das Umdenken, wodurch all das möglich wird.

Doch Umdenken beginnt mit der Erkenntnis der Realitäten, denen wir ins Auge sehen müssen. Ein guter Ausgangspunkt ist die Anerkennung der Tatsache, dass wir in einer Zeit der Extreme leben.

Eine Zeit der Extreme

Wir leben in einer Zeit, in der *Großes* zu erwarten ist – *große* Umwälzungen in der Welt und *große* Veränderungen in unserem Leben. Und eines möchte ich hier klarstellen: Die Extreme, von denen ich rede, müssen nicht unbedingt etwas Schlechtes sein; es sind einfach *große* Dinge, die derzeit sowohl in unserem Leben als auch in unserer Welt passieren. Auf die Gründe für diese Extreme wird in den nachfolgenden Kapiteln eingegangen. Das Wichtige dabei ist: Wir leben in einer seltenen Zeit des Übergangs!

Wir erleben die Entstehung einer neuen »Normalität«, und wie erfolgreich unser Übergang sein wird, hängt von zweierlei ab: *Erstens* von unserer Bereitschaft, die Veränderungen überhaupt anzuerkennen, und *zweitens* davon, wie wir lernen, uns an diese Veränderungen anzupassen. Unsere Kultur ist heute von Globalisierung geprägt – ob es nun um Arbeitsplätze, Geld, Märkte oder Rohstoffe geht. Und das heißt: Es ist inzwischen unmöglich, die Extreme der Welt und ihre Auswirkungen von unserem persönlichen Alltag zu trennen.

Die vom Klimawandel ausgelöste Krise ist ein gutes Beispiel für diese Zusammenhänge: Die veränderten weltweiten Wettermuster und die dadurch verursachten rekordverdächtigen Trockenperioden haben sich unmittelbar in höheren Preisen niedergeschlagen, die wir jeweils auf unseren heimischen Märkten für Lebensmittel zahlen. Die extreme Schuldenkrise und der wirtschaftliche Niedergang auf der anderen Seite des Planeten treiben die Benzinkosten und die Preise für Verkehrsmittel wie Busse, Züge und Taxis, die uns tagtäglich zur Arbeit bringen, in die Höhe. Aufgrund dieser und weiterer Extreme werden Unternehmenskredite nicht mehr so leicht vergeben, und die Zinsen auf unsere Geldanlagen und

Rentenversicherungen sind beispiellos niedrig. Der weltweite Konjunkturrückgang macht sich in den Gemeinden im Verlust von Arbeitsplätzen und Sozialleistungen bemerkbar.

Durch solche weltweiten Extreme kommt es in unserem Leben zu großen Veränderungen, die viele Ungewissheiten mit sich bringen. Doch eines ist ganz sicher: Unser Leben wandelt sich auf eine Weise, für die wir nicht gerüstet sind, und das in einer nie zuvor dagewesenen Geschwindigkeit.

Der Schlüssel

Ich bin von Natur aus ein Optimist. Und ich sehe in unserem Leben auch viele gute Gründe für Optimismus. Doch ich bin auch ein Realist und gebe mich angesichts der Riesenarbeit, die die Geburt der neuen Welt der Zukunft mit sich bringt, keinerlei Illusionen hin. Damit wir die in unserem Leben auftretenden Herausforderungen meistern können, müssen wir uns als Erstes die so offensichtliche und doch schwierige Frage stellen: *Wie können wir diese Probleme angehen, wenn wir sie uns nicht ehrlich eingestehen?*

Unsere Bereitschaft, anzuerkennen, wie groß und umfassend dieser einfache Punkt ist, ist unabdingbar für mehr Resilienz in unserer Zeit der Extreme.

Jeder von uns ist auf der Reise dabei

Es besteht ein großer Unterschied zwischen unseren Reisen der Vergangenheit und der großen Reise, auf der wir uns nun befinden: Wir können uns unsere Reisegefährten nicht auswählen. Und zwar aus einem ganz einfachen Grund: Jeder auf der Erde ist auf dieser Reise dabei! Niemand kann zurückgelassen werden. Unsere heutige Welt ist auf so vielen Ebenen miteinander verbunden und vernetzt; eine Transformation in einem Teil der Welt zeigt sich auf jeden Fall auch in einem anderen Teil. Ich habe das selbst auf meinen Reisen zu einigen der entlegensten und isoliertesten Orte der Welt erlebt – beispielsweise in Tibet.

Nach einer Reihe von Pilgerreisen zu den Klöstern der tibetischen Hochebene sah ich im Jahr 2005 zum ersten Mal das gespenstische Leuchten der Mobiltelefone, die durch die Roben der Mönche und Nonnen hindurch die dunklen Nischen jahrhundertealter Gebäude erleuchteten. Für die Menschen, die in diesen abgeschiedenen Klöstern leben, ist diese vormals isolierte Welt jetzt auf dem Weg hin zur Vernetzung. Und dieser Weg mit den damit verbundenen Veränderungen geht mit der Aussicht einher, dass ihre Traditionen zukünftig nicht mehr dieselben sein werden wie zuvor.

Eine Denkkrise

Wir müssen allerdings gar nicht bis nach Tibet fahren, um Beweise für die dramatischen Veränderungen in der Welt zu finden. Der Wandel zeigt sich überall, sowohl in der Funktionsweise der Welt als auch in dem, was *nicht mehr* funktioniert. Das Zeitalter der auf Erdöl bauenden Wirtschaft weicht beispielsweise einer neuen Wirtschaft, die auf saubereren und nachhaltigeren Energien beruht. Die zentrale Nahrungsmittelproduktion von unternehmensgeführten landwirtschaftlichen Großbetrieben, die sich jeweils auf der anderen Seite der Erde befinden, weicht der gesunden und nachhaltigen Produktion in kleinen landwirtschaftlichen Bauernhöfen, die die lokale Wirtschaft stärken. Das Anhäufen von Reichtum durch Industrien, die unseren Planeten zerstören, weicht sozialverträglichen Investitionsmodellen.

Und während die Welt der Vergangenheit nach und nach verschwindet und eine neue Welt entsteht, wird durch das Aufeinanderprallen des Neuen mit dem Alten eine weitere, noch größere Krise erkennbar, der wir alle ausgesetzt sind, über die jedoch in den Medien nicht geschrieben bzw. diskutiert wird. Es ist eine stille Krise, die dem sprichwörtlichen Elefanten im Zimmer gleicht (engl. Sprichwort »The elefant in the room«): etwas, was zwar alle sehen, aber jeder ignoriert. *Die größte Krise, mit der wir in unserer Zeit der Extreme konfrontiert sind, ist wohl eine Krise des Denkens.* Und unser Denken ist ausschlaggebend dafür, wie wir mit den Bedürfnissen der neuen Welt umgehen.

Sie und ich stehen vor einer Aufgabe, die noch niemals an uns herangetragen worden ist. Wir sind gefordert, unser Denken über uns selbst und über unsere Beziehung zur Welt radikal zu verändern, und zwar schneller als jemals zuvor in der Menschheitsgeschichte.

Unsere Bereitschaft zum Umdenken über uns und die Welt ist für den Erfolg unserer Reise entscheidend. Und auch wenn wir uns sicherlich auf einer großen Reise befinden, so ist es dennoch nur ein kurzer Trip, denn die Welt, zu der wir reisen, ist bereits hier – jetzt in diesem Moment.

Wir haben bereits die Lösungen

Glücklicherweise wurde die Technologie zur Meisterung unserer größten Herausforderungen bereits entwickelt. Die allergrößten Probleme, die wir uns überhaupt vorstellen können, sind schon gelöst! Die hoch entwickelten Grundlagen werden bereits verstanden. Es gibt sie bereits, hier und jetzt, wir haben sie schon zur Hand. Alles, was wir für diese neue Welt brauchen – eine Welt, in der Energie aus sauberen, reichlich vorhandenen Energiequellen generiert wird und allen Menschen weltweit zur Verfügung steht; eine Welt, in der es saubere, gesunde Nahrung für alle Menschen in Fülle gibt; eine Welt, in der jeder Mensch Zugang zu den Grundlagen hat, die ihm ein bequemes, sinnvolles Leben gewährleisten –, ist eine *Denkweise,* die in unserem Leben *dem* Raum gewährt, was bereits in der Welt existiert.

Sind wir bereit, uns auf ein Denken einzulassen, das diese Möglichkeiten als Prioritäten betrachtet? Lassen wir zu, dass die Wissenschaft, die uns die tiefsten Wahrheiten über unsere Beziehung zu uns selbst, zu anderen Menschen und zur Erde enthüllt, zum »Passierschein« für unsere Reise wird? Dieses Buch soll helfen, genau diese Fragen zu beantworten.

Das umfassende Bild

Beim Lesen der folgenden Seiten sollten Sie die hier aufgeführten fünf Fakten berücksichtigen:

Fakt 1: Die Gegenwart ist anders. Vom Zusammenbruch nationaler Wirtschaftssysteme über das Ende des sogenannten billigen Erdöls bis hin zum Klimawandel und der nicht mehr geltenden Überzeugung, dass wir unsere Differenzen durch Kriege lösen können, kommt es zu einem Aufeinandertreffen von Extremen, wie es die Menschheit noch niemals erlebt hat. Eben *weil* die Gegenwart anders ist, kann das Denken der Vergangenheit unsere Probleme nicht mehr lösen.

Fakt 2: Ein Wendepunkt durch erfolgreiche Transformation kann den *Kipppunkt* von Extremen ersetzen. In der Natur gibt es immer einen Zeitpunkt, an dem jede Krise in eine Transformation und das bloße Überleben in einer Welt der Extreme in einen erfolgreichen Lebensstil umgewandelt werden kann. Das ist ein Wendepunkt. Ein solcher Wendepunkt taucht auf, wenn eine neue Kraft – eine Tatsache, eine Entdeckung, eine Erfahrung – die Art und Weise verändert, wie wir an etwas herangehen. *Wichtig dabei ist: Die Wendepunkte des Lebens können spontan erfolgen oder kreiert werden.*

Fakt 3: Das Leben wird besser, *Resilienz* ist der Schlüssel dazu. Vergessen wir dabei nicht: Es brechen in unserem Leben gerade nur *die* Lebens- und Denkgewohnheiten zusammen, die nicht mehr zukunftsfähig sind. Die persönliche Resilienz lässt Raum für große Veränderungen im Leben und ist in unserer Zeit der Extreme unser stärkster Verbündeter.

Fakt 4: Wir haben bereits neue Lösungen an der Hand. Die Lösungen, die für die Schaffung von transformierenden Wendepunkten erforderlich sind, haben wir bereits an der Hand. Wir müssen das Rad nicht neu erfinden, sondern durch unser Denken die »Straße« erbauen, auf der dieses »Rad« der Lösungen rollen kann.

Fakt 5: Die größte Krise ist am schwersten anzunehmen. Das Einzige, was zwischen Krise und Transformation steht, ist sowohl den Wissenschaftlern als auch den Politikern und religiösen Oberhäuptern entgangen: die *Krise des Denkens*. Wir müssen eine Denkweise übernehmen, mit der wir die in unserem Leben bereits vorhandenen Lösungen akzeptieren können.

Diese fünf Fakten sind der Kern dessen, was uns bevorsteht, und der Schlüssel zum nächsten Schritt unserer persönlichen Transformation und der Transformation unserer Welt. Der erste erfolgsentscheidende Schritt unserer Reise besteht in unserer *Resilienz – also unserer Fähigkeit, inmitten dieses monumentalen Wandels gut und erfolgreich zu leben.*

Über dieses Buch

In den folgenden Kapiteln sind die Leser eingeladen, mich auf einer wahrhaftigen, auf Tatsachen basierenden Reise hin zu sehr realen Möglichkeiten zu begleiten.

Dabei geht es keineswegs um eine kitschige Beschreibung des Lebens, betrachtet durch die sprichwörtliche rosarote Brille. Vielmehr geht es um eine ehrliche Einschätzung der Realitäten, die bereits vor unserer Tür warten, und es geht um sinnvolle Strategien als Leitfaden für eine persönliche Entscheidungsfindung, wodurch sich alles verwandeln kann.

Auf den folgenden Seiten finden wir Antworten auf Fragen, die uns alle beschäftigen: *Was sind die Ursachen für die Extreme unserer Welt? Welche Bedeutung haben globale Extreme für unser Privatleben? Wie können wir unseren Alltag für uns und unsere Familien besser gestalten?* Beim Lesen werden Sie fündig und entdecken …

→ Strategien, die wir auf der Stelle in unserem Leben umsetzen können, um dadurch transformative Wendepunkte zu kreieren;

→ Schlüsselfaktoren für die Resilienz in Zeiten des Wandels für unsere Familie und die Gesellschaft;

→ den Schlüssel zur erfolgreichen Anpassung unseres Denkens über Beruf, Karriere und Geld in einer transformierten Welt;

→ die Tatsachen, die zu dieser Zeit der Extreme geführt haben;

→ die Gründe, warum es möglich ist, allen Menschen einen höheren Lebensstandard, also ein sauberes, gesundes und nachhaltiges Leben zu ermöglichen.

Sie sollten wirklich von Anfang an wissen, was Sie von diesem Buch erwarten können, warum es geschrieben wurde, was es ist und was es nicht ist.

→ *»Resilienz in Zeiten extremer Veränderung« ist kein wissenschaftliches Buch.* Ich stelle zwar neueste wissenschaftliche Erkenntnisse vor, die uns unsere Beziehung zur Welt und unsere auf Konditionierungen beruhenden Ansätze zur Lösungsfindung überdenken lassen, aber das Buch wurde nicht unter Einhaltung von Standards geschrieben, wie sie für ein wissenschaftliches Lehrbuch oder eine technische Zeitschrift vorgegeben sind.

→ *Dies ist kein von Experten überprüfter Forschungsartikel.* Keines der Kapitel und keiner der Forschungsberichte wurden von einem zertifizierten Komitee oder Expertengremium geprüft, dessen Mitglieder die Welt durch die »Brille« ihres jeweiligen Forschungsgebietes betrachten (z.B. Physik,

Mathematik, Psychologie) und häufig eine einseitige Sichtweise haben.

→ *Dieses Buch ist auf Basis fundierter Forschung geschrieben, und
die Behauptungen sind gut dokumentiert.* Dabei ist die Sprache leserfreundlich und beschreibt Fallstudien, historische
Aufzeichnungen und persönliche Erfahrungen so, dass wir
ein neues Selbst- und Weltbild gewinnen können, das uns
handlungsfähig macht.

→ *Dieses Buch ist ein Beispiel dafür, was wir erreichen können,
wenn wir die traditionelle Grenze zwischen Wissenschaft und
Spiritualität überschreiten.* Die Entdeckungen des 20. Jahrhunderts aus den Bereichen der Biologie und den Geowis-
senschaften sowie der derzeitige soziale Umbruch werden
zusammengebracht und bilden so einen Rahmen, in dem
die dramatischen Veränderungen unserer Zeit eingeordnet
werden können. Zugleich wird ein Kontext geschaffen, der
uns hilft, mit diesen Veränderungen umzugehen.

Sind die Fakten auf dem Tisch,
werden die Wahlmöglichkeiten offensichtlich

Früher war unser Denken über uns selbst, unsere Gesellschaft,
unsere Religion und unser Leben so ausgelegt, dass die Welt für
uns einen Sinn ergab – geprägt von Geschichten, die unsere Familie und unsere Gesellschaft zu einem bestimmten Zeitpunkt als
wahr akzeptiert hatten. Wenn wir uns selbst gegenüber ehrlich
sind und anerkennen, dass sich die Welt verändert, dann ist es auch
sinnvoll, davon auszugehen, dass sich genauso unsere Geschichten
verändern müssen.

Ich lade Sie, die Leserinnen und Leser, dazu ein, die in diesem
Buch vorgestellten Fakten zu überdenken und dann herauszufin-

den, was sie für Sie persönlich bedeuten. Sprechen Sie darüber mit anderen Menschen, dann werden Sie entdecken, ob und wie sich Ihre Geschichte verändert.

Das Buch wurde mit einem Ziel geschrieben: uns bessere Entscheidungen für ein gutes, erfolgreiches Leben in einer neuen, transformierten und nachhaltigen Welt zu ermöglichen. Ich glaube, genau das Leben können wir leben, ohne die Traditionen unserer Kulturen und unser Erbe aufzugeben, die unsere Zeit in dieser Welt so bereichern. Der Schlüssel zu unserer Transformation liegt ganz einfach darin: Je besser wir uns selbst kennen, desto besser können wir eine weise Wahl und weise Entscheidungen treffen.

▼

Wendepunkte versus Entscheidungspunkte

In meinem Buch »Fractal Time« geht es unter anderem auch um Entscheidungspunkte und die mit ihnen einhergehenden Chancen des Wandels.

Ich möchte an dieser Stelle den Unterschied zwischen diesen *Entscheidungspunkten* in »Fractal Time« und den *Wendepunkten* aufzeigen, um die es in diesem Buch geht.

Ein *Entscheidungspunkt* ist, kurz gefasst, ein eng begrenztes Zeitfenster, mit einem Anfang und einem Ende, welches berechnet werden kann und bekannt ist. Ein Entscheidungspunkt gründet auf wichtigen Ereignissen der Vergangenheit, durch die im Laufe der Zeit sich wiederholende Wandlungsmuster ausgelöst werden. Anhand der einfachen Mathematik der Natur können wir herausfinden, wann sich diese Zyklen wiederholen und wann die Muster positive Veränderungen am besten unterstützen.

Ein *Wendepunkt* dagegen ist nicht an einen bestimmten Zeitpunkt gebunden. Es sind die Naturgesetze, die Wendepunkte in unserem Leben ermöglichen, doch wann und wie sie auftreten, ist eine eher ganzheitliche und intuitive Erfahrung. Wendepunkte können spontan, durch alltägliche Geschehnisse ausgelöst oder mit willentlicher Absicht kreiert werden. Das Besondere an Wendepunkten ist: Wir müssen sie überschreiten, *bevor* wir einen Kipppunkt erreichen, an dem es kein Zurück mehr gibt.

Wir können uns Wendepunkte als die Antworten der Natur auf die Extreme des Lebens vorstellen und als eine Chance, dass sich das Versprechen der folgenden Worte erfüllt, die dem chinesischen Philosophen Laotse zugeschrieben werden: »Wenn du die Richtung nicht änderst, gelangst du womöglich genau dorthin, worauf du zusteuerst.«[1]

▼

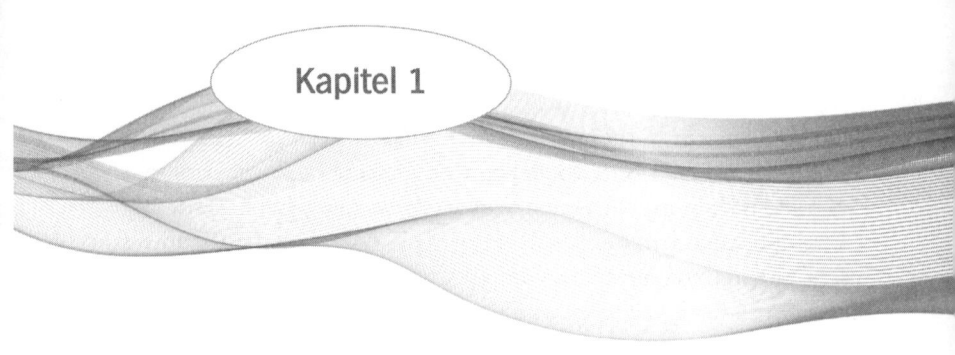

Kapitel 1

Die Gegenwart ist anders: Unsere Zeit der Extreme

Erst wenn wir verloren sind,
oder anders ausgedrückt,
erst wenn wir die Welt verloren haben,
finden wir uns selbst.

Henry David Thoreau (1817–1862),
amerikanischer Schriftsteller und Philosoph

Die ersten Strahlen der Morgensonne erschienen gerade am Horizont, als ich aus meinem Lastwagen stieg und auf den vereisten Parkplatz trat. Für diese Jahreszeit war Glatteis eigentlich ungewöhnlich, doch das Wissen um diese Tatsache machte es für mich auch nicht einfacher, über das trügerische Eis zum Kassierer im Haus zu laufen. Die Ledersohlen meiner Stiefel waren für das Gehen auf dem Eis völlig unbrauchbar, und so wurde eher eine Art unbeholfenes Schlittern daraus.

Später am Tag hatte ich einen Termin in Taos/New Mexico, und auf meinem Weg dorthin fuhr ich durch ein Städtchen im südlichen Colorado. Wie ich von früheren Fahrten wusste, stand mir eine lange Strecke durch die Wildnis bevor, und so hielt ich an einem Laden, um noch mal zu tanken und mir einen heißen Tee zu gönnen. Als ich durch die Tür in die warme Luft im Inneren des Ladens trat, nippte ein alter Mann an einem Tisch am Fenster gerade an seinem Kaffee. Er hatte gesehen, wie unbeholfen ich von meinem Lastwagen zur Tür geschlittert war. Als ich an seinem Tisch vorbeiging, sagte er, ohne mich anzublicken: »Ganz schön glatt da draußen, nicht wahr?«

»Sie haben mich also da rumtanzen gesehen?«, fragte ich spaßeshalber.

»Oh ja, ich habe die gesamte Vorstellung gesehen. Ihre Stiefel da sind nichts für dieses Wetter. Sie brauchen solche«, sagte er und deutete auf seine mit dicken Gummisohlen beschlagenen Arbeitsstiefel.

»Solche habe ich auch«, antwortete ich, »aber die sind zu Hause. Meistens fahre ich hier später am Tag durch, wenn die Sonne schon höher steht und das Eis geschmolzen ist. Doch gestern kam ich erst spät los und wollte bei dem Sturm nicht über den Pass fahren. Deshalb habe ich im Best Western übernachtet.«

Und das, so meinte ich, war das Ende unseres Gesprächs; doch dann sagte er etwas zu mir, das mich völlig überraschte: »Ja, ich weiß, was Sie meinen«, sagte der Mann. »Zu dieser Jahreszeit sollte es eigentlich nicht mehr so kalt sein. Aber alles hat sich verändert. Die Ureinwohner haben uns gesagt, dass das passieren würde ..., all das ... Sie sagten, es würde nicht mehr regnen, das Wetter würde sich verändern, und die Leute würden wie verrückt versuchen, das zu verstehen. Doch das Problem ist, dass ihnen kein Mensch geglaubt hat.«

Was der Mann sagte, kam völlig unerwartet und hatte mit diesem Morgen eigentlich gar nichts zu tun – zumindest nicht für mich. Doch ihn beschäftigte das Ganze offensichtlich.

Zum ersten Mal warf er mir unter seiner abgetragenen John-Deere-Mütze einen Blick zu. Er schaute mir in die Augen und sagte mit einem großen Seufzer: »Jetzt geht alles drunter und drüber. Alles ist völlig durcheinander. In der Regenzeit regnet es nicht mehr. Mein Weizen wächst nicht mehr, wie er eigentlich sollte. Und meine Kühe finden kein Gras mehr zum Fressen. Das ist nicht gut«, fuhr er fort. »Aber was kann man schon dagegen machen?

Man muss weiterleben und es versuchen, so gut es eben geht. Aber ich sage Ihnen eins: Das ist nicht normal, ganz bestimmt nicht!«

Der alte Mann stand auf, um zu gehen, und nahm noch rasch einen Schluck von seinem Kaffee. Ich hatte so gut wie nichts gesagt, und doch hatte ich das Gefühl, das eben wäre eine ganz außergewöhnliche Unterhaltung gewesen.

Er drehte sich um, ging zur Tür und sagte zum Abschluss: »Also passen Sie bloß auf, junger Mann! Zwischen dem, wo Sie jetzt sind, und dem, wo Sie hinwollen, liegt eine große Menge Nichts.«

Ich sah ihn zu seinem alten *International Harvester Pickup Truck* gehen. Wie ich wusste, war die Produktion dieser Pritschenwagen schon vor über 30 Jahren eingestellt worden. Ich ging ihm durch die Tür nach, blieb am Eingang stehen und schaute ihm nach, bis das Rumpeln seines Wagens in den Geräuschen des Morgens verklang. Ich dachte über das nach, was er gesagt hatte, und fragte mich, ob es stimmte.

Es ist eine Tatsache, dass sich die Welt stark verändert hat, doch wann diese Veränderungen begannen, ist nur schwer auszumachen. Der alte Mann hatte etwas gesagt, was ich nicht leugnen konnte: Wir leben in einer in jeder Hinsicht ungewöhnlichen Zeit. Unsere Welt ist heutzutage ganz bestimmt nicht mehr das, was sie einmal war!

Die Gegenwart ist anders

Es stimmt. Die Gegenwart *ist* anders. Die Welt, in der wir aufwuchsen, gibt es nicht mehr und wird es nie mehr geben. Sie ist vor unseren Augen untergegangen. Während wir unseren wöchentlichen Lebensmitteleinkauf erledigten, die Mahlzeiten für unsere Familie zubereiteten und uns um unsere alten Eltern kümmerten, ist die uns vertraute Welt – die Welt, die wir kannten und auf die wir uns verlassen konnten – verschwunden. Das Problem ist nur: Niemand hat uns gesagt, dass das passieren und sich unser Leben für immer verändern würde.

Weder das *Wall Street Journal* noch *USA Today* berichteten darüber in ihren Schlagzeilen; ebenso wenig gab es darüber Sonderberichte auf den Kabelsendern oder Reportagen in den Abendnachrichten. Keines der Hochglanzmagazine setzte das Thema auf sein Titelblatt, um damit unsere Aufmerksamkeit zu fesseln, wenn wir am Zeitschriftenstand am Flughafen nach etwas zum Lesen suchten. Die Welt, wie wir sie kannten, gibt es nicht mehr, und das Denken der großen Masse hat sich ihr Verschwinden nie bewusst eingestanden.

So hatten wir auch nie die Chance, die größte Veränderung in unserem Leben zu erkennen und anzuerkennen, die sich jetzt auf so viele Menschen auswirkt, wie es noch nie zuvor in der Menschheitsgeschichte der Fall war. Wir hatten nie die Chance, uns von dem, was verschwunden ist, zu verabschieden und darüber zu trauern.

Ein Hinweis für das Untergehen unserer Welt zeigte sich, als die kleinen Tante-Emma-Läden entlang der Straßen in unseren kleinen Gemeinden den Großmärkten weichen mussten, durch die sie bankrott gingen. Selbst in den ländlichen Gebieten Amerikas sind die familiengeführten Bauernhöfe, wo wir früher jede Woche Eier und Milch einkauften, inzwischen ein seltener Anblick. Die Werkstätten und Betriebe in der Nachbarschaft, die zuverlässig alles reparierten – von Löchern in den Schuhen und Autoreifen bis hin zu Rasenmähern, mit denen wir den eigenen Garten mähten, den wir vor unseren Häusern angelegt hatten –, sind Erinnerungen an eine andere Zeit.

Eine ganze Lebensweise ist untergegangen, und zwar so schnell, dass viele Leute es noch gar nicht mitbekommen haben. Deswegen können sie auch nicht wissen, dass diese Zeit nie mehr zurückkommen wird. Sie haben nicht erkannt, in welch einer anfälligen und ungeschützten Welt des Übergangs und in welch einer Zeit der Extreme wir derzeit leben.

Und genau hier nimmt das Problem seinen Anfang. Die Menschen wissen nicht, dass der Umbruch bereits stattgefunden hat, und deshalb warten sie immer noch darauf, dass die Welt der Vergangenheit wiederkommt und das Leben wieder zur »Normalität« zurückkehrt. Bewusst oder unbewusst klammern sie sich an eine

Vorstellung der Welt, wie sie einmal war, und daran, wie bisher alles funktioniert hat und wie sie selbst in diese Welt hineingepasst haben. Viele Leute haben ihr Leben sozusagen »auf Eis gelegt« und warten darauf, dass die ihnen vertraute Welt zurückkehrt. Sie haben wichtige Entscheidungen aufgeschoben – beispielsweise die Entscheidung, wann sie heiraten wollen, wann sie Kinder bekommen wollen, wann sie sich nach einem neuen Arbeitsplatz in einem neuen Betätigungsfeld umsehen wollen, das das alte, nicht mehr existierende ersetzt. Sie haben all das verschoben, weil sie darauf warten, dass die Welt sich wieder beruhigt und zur »Normalität« zurückkehrt. Und während sie warten und warten, verpassen sie das Beste am Leben: nämlich das Leben selbst!

● ● ● ●

Eine ganze Lebensweise ist untergegangen, und wir hatten nie die Chance, uns von dem, was verschwunden ist, zu verabschieden und darüber zu trauern.

● ● ● ●

Das Warten auf die Rückkehr zur »Normalität«

Eine Unterhaltung, die ich vor ein paar Jahren geführt habe, zeigt wunderbar, was ich damit meine, wenn ich vom Warten auf die Rückkehr zur »Normalität« spreche. Ich unterhielt mich mit einer Tankstellenkassiererin in einer kleinen Stadt in den Bergen über die schwache Wirtschaft und darüber, wie die Leute dort damit zurechtkamen.

»Wie läuft's denn so in diesem Teil der Welt?«, fragte ich. »Laufen die Geschäfte gut?«

Die Frau hinter der Theke zuckte die Schultern, hörte auf, das Kleingeld in der Kasse zu zählen, und schaute mich an. »Wollen Sie das wirklich wissen?«, fragte sie.

»Sicher«, sagte ich lächelnd und reichte ihr meine Kreditkarte. »Sonst würde ich ja nicht fragen.«

»Seit sie die Mine geschlossen haben, ist nichts mehr wie früher«, begann sie. »Die Leute haben damals gut verdient, hatten einen guten Job, gute Sozialleistungen und einen sicheren Arbeitsplatz. Zumindest *dachten* sie, ihr Arbeitsplatz wäre sicher. Und dann hat sich alles verändert. Alles ging den Bach runter … Hier ist es mit der Mine ja immer schon so eine Sache. Wenn sie geöffnet ist, ist alles toll. Wenn sie zumacht, ist es die reinste Hölle …, die Leute gehen durch die Hölle. Vor ein paar Jahren sanken die Preise für das Erz so ins Bodenlose, dass die Mine schließen musste, und aus heiterem Himmel standen Hunderte von Menschen ohne Arbeit da.«

»Das muss echt hart sein«, antwortete ich. »Wie viele Leute aus der Stadt arbeiten denn im Bergwerk?«

»Wenn es offen ist, ist das der größte Arbeitgeber des ganzen Bezirks«, erklärte sie mir. »In guten Zeiten arbeiteten sie rund um die Uhr, und man beschäftigte für die drei Schichten 600 Leute.«

»Wow, das ist ja ganz schön viel! Wie viele Leute leben denn in der Stadt?«, fragte ich.

»So ungefähr 1850 Menschen. Ungefähr ein Drittel davon hat in dieser Mine gearbeitet. Wenn's gut läuft, ist es richtig gut. Und wenn's schlecht läuft, na ja …«

»Und was machen die ganzen Leute jetzt?«, fragte ich. »Wie verdienen sie ihren Lebensunterhalt?«

»Na ja, sie arbeiten mal hier, mal da«, sagte sie. »Sie nehmen, was sie kriegen können, um über die Runden zu kommen. Manche von den Jungs sind Mechaniker und reparieren Autos bei der Tankstelle unten an der Straße, manche schlagen Feuerholz für den Winter für die Einheimischen oder pressen Heuballen. Sie machen so gut wie alles, was sie können, um durchzuhalten, bis die Mine wieder aufmacht.«

»Woher wissen Sie, dass sie wieder aufmachen wird?«, fragte ich. »Seit wann ist sie denn zu?«

»Sie hat vor fünf Jahren und zwei Monaten dichtgemacht«, antwortete die Kassiererin. »Eine Minimalbelegschaft ist dort noch beschäftigt und hält alles am Laufen. Gerüchteweise soll sie wieder aufmachen, aber keiner ist sich da so ganz sicher. Wir können nur weiter hoffen.«

»Ich schließe mich Ihren Hoffnungen an und Sie in meine Gebete mit ein«, sagte ich und unterschrieb die Quittung.

Als ich mich umdrehte und hinaus in die Schönheit der die Stadt überragenden Berge trat, kam gerade ein anderer Kunde herein. Das, was ich gehört hatte, machte mich nachdenklich. Ich fuhr zurück auf die Hauptstraße, und mir kam die Parallele in den Sinn zwischen dem, was die Frau hinter der Theke über ihre kleine Gemeinde erzählt hatte, und dem, was auf einer größeren Ebene in der großen weiten Welt passierte. Und was noch wichtiger für mich war: Ich hatte bereits selbst schon aus erster Hand erlebt, wie Menschen häufig mit dieser Art von Veränderungen umgehen, die an den Grundfesten ihrer Sicherheit und ihres Lebens rütteln.

Die Minen zum Beispiel waren aufgrund der Veränderungen in der Welt zugemacht worden. Das Erz, das einst die Grundlage für den Lebensunterhalt dieser Menschen war, wird jetzt in China zu einem günstigeren Preis gefördert – und dies ist nur eine Facette eines umfassenderen Umbruchs im Gleichgewicht der weltweiten Rohstoffmärkte. Für die kleine Bergbaustadt stellt dies eine Veränderung zugunsten einer anderen Wirtschaft in einem anderen Land dar – allerdings auf ihre Kosten. Wichtig dabei ist: Menschen, die die Sicherheit ihres vertrauten Tuns nur ungern aufgeben, verpassen die Chance, eine größere Sicherheit in der neu entstehenden Welt zu schaffen.

Manchmal begründen wir die Unwilligkeit, die Vergangenheit loszulassen, mit unserer Überzeugung, diese Veränderungen seien nur etwas Temporäres und Zeitweiliges. Auch die Musikindustrie glaubte damals, in den 1950er-Jahren, Rock 'n' Roll wäre nur eine vorübergehende Verrücktheit. Und als in den 1960er-Jahren die ersten Computer auftauchten, wurden sie von manchen »Technologieexperten« als eine vorübergehende Modeerscheinung abgetan. Doch wenn so viele Veränderungen in großem Umfang vor sich gehen, ist das ein sicheres Zeichen dafür, dass wir über die Welt der Vergangenheit hinausgewachsen sind. Und deshalb ist eine Rückkehr unmöglich. Sind wir nicht bereit, die bereits stattfindenden Veränderungen zu akzeptieren, gefährden wir womöglich sogar unsere Anpassungsfähigkeit – wir können nur mit Veränderungen umgehen, die wir auch annehmen.

● ● ● ●
Wie können wir gut und erfolgreich in einer neuen Welt leben, wenn wir vor allem darauf warten, dass die »alte Welt« wiederkehrt?
● ● ● ●

Ein radikaler Umbruch

In der um uns herum neu entstehenden Welt geschieht vielschichtiger Wandel. Wir leben nicht mehr in den isolierten Ländern, auf die unsere Politik und unser Denken im 20. Jahrhundert aufbauten. Wir leben nicht mehr in isolierten nationalen Volkswirtschaften mit isolierten Technologien, isolierter Energieversorgung und isolierten Verteidigungs- und Kommunikationssystemen. Das sind die Tatsachen, die zu unseren jetzigen Lebensumständen geführt haben, bei denen wir eine Gewissheit haben: Wir leben mit neuen Regeln in Bezug auf unser Leben, unseren Beruf und auf das große Gesamtbild der Welt.

Unsere Vorstellungen von Geld und finanzieller Sicherheit unterscheiden sich von denen unserer Eltern und Großeltern. Früher ging es im Beruf um die Treue zum Arbeitgeber und um Arbeitsplätze vor Ort. Doch dieses Denken weicht heute einer weniger auf Loyalität bedachten, globaleren Sicht. Angesichts unserer Versuche, 2500 Jahre alte Vorstellungen auf die Krisen des 21. Jahrhunderts zu übertragen und anzuwenden, erhält die Rolle von Religion und Spiritualität in unserem Leben eine neue Bedeutung. Unsere Vorstellungen von Medizin, Krankheit und Heilung kommen in einem neuen, ganzheitlichen Modell zusammen, bei dem es um unser eigenes Wohlbefinden und das unserer Familie geht.

Eben die Prinzipien, die uns in unseren Gemeinden und in unserem Zuhause ein Gefühl der Sicherheit vermittelten, verändern sich. Diese und ähnliche Fakten führen zu einer der wichtigsten und doch am wenigsten verstandenen Erkenntnisse unserer Zeit: Wir leben in einer Zeit voller Extreme, und sie passieren alle gleichzeitig! Die besten Köpfe unserer Zeit sind sich darüber einig: Sie und ich erleben eine radikale, umwälzende Veränderung unseres Lebens und der Welt, in der wir leben, wie es sie in der Geschichte der Menschheit noch nie gegeben hat. Doch womit genau werden wir dabei konfrontiert? Was kommt da auf uns zu, mit dem keine Generation vor uns konfrontiert war?

Allein die Antwort auf diese Frage könnte ein ganzes Buch füllen – und andere Autoren haben genau das bereits wunderbar getan. Doch darum geht es mir hier nicht. Vielmehr möchte ich darlegen, warum wir jetzt umdenken müssen.

Vor diesem Hintergrund werden im Folgenden die Umstände skizziert, die die Gegenwart so anders machen als die Vergangenheit – in Bezug auf Themen wie »Klima«, »Bevölkerung«, »Energie« und »Wirtschaft«.

Klimatische Extreme

Es sind keineswegs nur die nachdrücklichen Warnungen übereifriger Umweltschützer oder die Ältesten der indigenen Völker mit ihrer Weisheit, die uns sagen, dass wir in Zeiten klimatischer Extreme leben. Vielmehr befinden wir uns, wie auch handfeste Daten belegen, in einer der seltenen Zeiten zyklischer Veränderungen, wie sie in der Vergangenheit nur wenige Menschen erlebt haben. Seit Mitte der 1990er-Jahre sind wir Menschen weltweit extremen Klimabedingungen ausgesetzt und bekommen die Auswirkungen wetterbedingter Extreme zu spüren – von Rekordüberschwemmungen über Hurrikane bis hin zu Tornados und Temperaturschwankungen – mit Folgen, wie sie die Menschheit bislang nicht gekannt hat.

↪ **Fakt:** Wir haben ökologische Schwellen überschritten, deren Nicht-Übertreten für die Erde überlebensnotwendig ist (beispielsweise zu hoher Kohlendioxidgehalt und die Ausrottung von Spezies).[1]

↪ **Fakt:** Verglichen mit derselben Zeitspanne in den Jahren 2002 bis 2006, ist die Anzahl verheerender Überschwemmungen zwischen Februar und Mai 2010 um das Zweieinhalbfache angestiegen.

↪ **Fakt:** Laut Unterlagen des *National Weather Service* hat sich auch die Anzahl von Tropenstürmen im Nordatlantik zwischen 1998 und 2007 erhöht, und dieser Trend hält bis heute an.

↪ **Fakt:** Seit 1998 ist die Anzahl von nicht zu kontrollierenden Bränden weltweit dramatisch in die Höhe gegangen und steigt in Nordamerika und in großen Teilen Australiens und Europas auch weiterhin an.

Wetterbedingte Katastrophen sind sicherlich nichts Ungewöhnliches, aber ihr Auftreten an so vielen Orten weltweit gleichzeitig sehr wohl. »Jedes Jahr erleben wir extreme Wetterbedingungen«, erklärte Omar Baddour, Leiter der Abteilung Datenmanagementapplikationen bei der *World Meteorological Organization* (WMO) im schweizerischen Genf. »Ungewöhnlich ist die hohe Zahl gleichzeitig auftretender Wetterextreme weltweit.«[2] Baddour warnte vor globalen Wetterbedingungen im Winter 2012, die alles andere als normal sein würden; und tatsächlich hinterließen eine Reihe absonderlicher Stürme auf der ganzen Welt eine Spur der Verwüstung, zum Beispiel massive Überschwemmungen in Großbritannien, große Brände in Australien und ein Sturm epischen Ausmaßes mit Regen und Schnee, der 160.000 syrische Flüchtlinge, welche sich in provisorischen Unterkünften im Libanon aufhielten, in Lebensgefahr brachte.

Doch schon bevor die Wintermonate ins Land zogen, war klar, dass das Jahr 2012 ein Jahr der Rekorde sein würde, und am Jahresende verzeichnete die Bilanz der Wetterextreme unter anderem folgende Daten:

→ Weltweit das neuntwärmste Jahr seit 1850;
→ die niedrigsten Regenfälle in den Vereinigten Staaten und die schlimmste und längste Dürre seit mindestens 25 Jahren;
→ Höchsttemperaturen in den Vereinigten Staaten; die 197 Rekordstände wurden erreicht oder sogar übertroffen;
→ Supersturm »Sandy«, der mit einer 10 Meter hohen Rekordwelle den New Yorker Hafen überschwemmte.

Wie die Zeitschrift *Climatic Change* in einem Artikel berichtet, sind solche Extreme nicht einfach nur auf bestimmte Orte oder Gegenden beschränkte Anomalien, sondern treten mittlerweile weltweit auf. Die Welt ist jedoch nicht auf die Geschwindigkeit eingestellt, in der sich das Klima verändert. Dim Coumou, federführender Autor des Berichts, sagt: »Das letzte Jahrzehnt hat nie zuvor gekannte Hitzewellen mit sich gebracht, beispielsweise 2012 in den USA, 2010 in Russland, 2009 in Australien und 2003 in Europa.«[3] Coumou fasst die Auswirkungen solcher Extreme in einem Satz zusammen: »Extreme Hitze hat viele Todesfälle, große Waldbrände und Ernteeinbußen zur Folge – weder die Gesellschaften noch die Ökosysteme sind auf immer wieder neue Rekordtemperaturen eingestellt.«[4]

Die seit Jahrzehnten geführte Debatte darüber, ob es denn nun tatsächlich einen Klimawandel mit extremen Wetterbedingungen gibt und was die Gründe dafür sind, ist keineswegs ausdiskutiert, doch die Daten über die Erde zeigen die Tatsachen auf. Tatsache ist, dass sich in der Geschichte des Planeten Klima und Wettermuster immer wieder dynamisch verändert haben. Tatsache ist auch, dass historische Daten derzeit eine Erwärmung erwarten lassen.

Die Eisbohrkerndaten in Abbildung 1.1a zeigen deutlich die Erwärmungs- und Abkühlungszyklen der Erde im Laufe der letzten 420.000 Jahre. Die »0« ganz rechts auf der Skala ist unsere Jetzt-Zeit. Wie zu sehen ist, befinden wir uns gerade an einer Stelle im Zyklus, die eine allgemeine Erwärmung des Planeten erwarten lässt. Die Frage ist nun: *Wie viel Erwärmung sollten wir erwarten?*

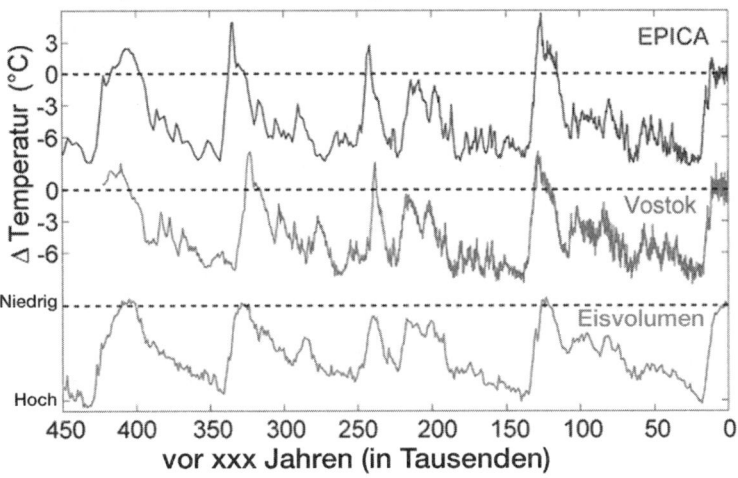

Temperaturveränderungen während der Eiszeit

EPICA

Vostok

Eisvolumen

Niedrig

Hoch

450 400 350 300 250 200 150 100 50 0
vor xxx Jahren (in Tausenden)

Abbildung 1.1a
Das Weltklima verändert sich; das ist eine Tatsache, und die globale Erwärmung ist Teil dieses Wandels. Die Abbildung zeigt historische Erwärmungs- und Abkühlungszyklen, wie sie für die letzten 420.000 Jahre anhand von Eisbohrkernen nachgewiesen werden konnten. (Quelle: Petit/NOAA/GNU-Lizenz für freie Dokumentation)

Das Diagramm in Abbildung 1.1b (S. 34) macht deutlich, wie die Erwärmung über einen kürzeren Zeitraum ausgesehen hat. Die überprüften Indikatoren für die letzten 2000 Jahre weisen darauf hin, dass die Temperaturabweichungen während der sogenannten mittelalterlichen Warmzeit zwischen 820 n.Chr. und 1040 n.Chr. fast um das Vierfache höher lagen als heute und während einer weiteren Erwärmungsperiode Ende des 13. Jahrhunderts immerhin doppelt so hoch waren.[5] Diese Abweichungen betrugen zwar nur Bruchteile von einem Grad Celsius, aber ich möchte an dieser Stelle einen ausgewogenen Blick auch auf den Klimawandel der Vergangenheit bieten.

Interessanterweise spielten bei diesen Temperaturveränderungen die Faktoren, die heutzutage als Ursache für solche Extreme angeführt werden (beispielsweise der CO_2-Ausstoß in der Industrie), keine Rolle. Die Frage lautet: *Warum?* Wenn das Kohlendioxid damals die Temperaturabweichungen nicht ausgelöst hat, was dann? Und was bedeutet das für uns heute? Auf diese Fragen müssen wir ehrliche Antworten finden, wenn wir die Probleme des Klimawandels sinnvoll angehen wollen.

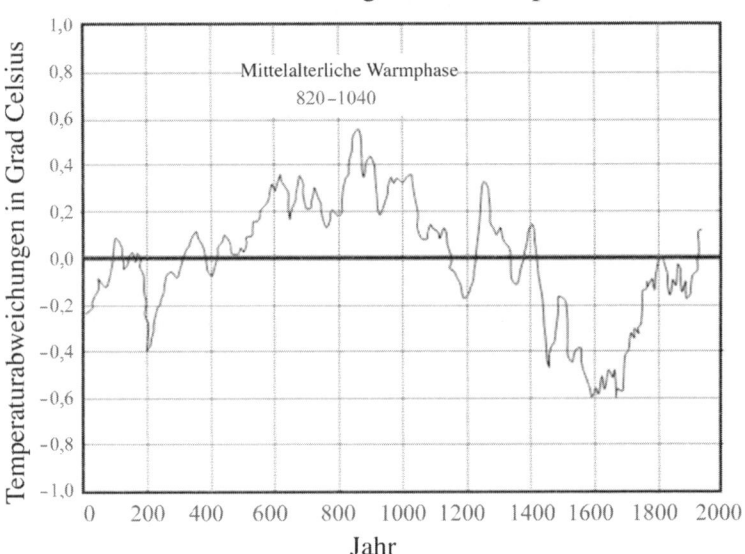

Rekonstruktion der globalen Temperaturen

Abbildung 1.1b
Die Abbildung zeigt Temperaturschwankungen während der letzten 2000 Jahre auf, und zwar sowohl ober- als auch unterhalb der als »normal« geltenden Werte. Diese Daten weisen eindeutig auf vergangene zyklische Erwärmungs- und Abkühlungsphasen hin. So sind die mittelalterliche Warmphase, in der die Temperaturen 0,5 °C oberhalb des Normalwertes lagen, sowie die darauffolgende Abkühlungsphase zu sehen. [Abbildung übernommen aus: »Energy and Environment«, Bd. 19, Nr. 1 (2008)]

Bei der Beantwortung dieser Fragen müssen wir auch diese Daten mit einbeziehen und anerkennen. Wenn wir – wie die Daten zeigen – die neue Normalität eines Klimawandels und die damit einhergehenden Auswirkungen erleben, also unter anderem auch höhere Temperaturen und Megastürme, dann ist es durchaus sinnvoll, sich an diese Veränderungen anzupassen, anstatt auf die Rückkehr der alten Zustände und Bedingungen zu warten. Es ist sinnvoll, unsere Lebensweise, den Nahrungsmittelanbau und den Wohnungsbau entsprechend zu verändern und die Entscheidungen der Vergangenheit, die uns heute schutzlos diesen Extremen aussetzen, auf den Prüfstand zu stellen. Es ist sinnvoll, unsere Vorstellungen von Resilienz neu zu überdenken. Und es ist sinnvoll, uns zu fragen, welche Rolle diese Fähigkeit spielt, wenn es um die Anpassung an den Wandel geht und nicht darum, uns von den Veränderungen zu erholen.

• • • •
Wir leben in einer Zeit klimatischer Extreme, wie es sie seit Menschengedenken noch nicht gegeben hat.
• • • •

Bevölkerungsextreme

Vom Ende der letzten Eiszeit (vor etwa 12.000 Jahren) bis Mitte des 17. Jahrhunderts war die Gesamtbevölkerungszahl auf der Erde den Meinungen der Forscher zufolge ziemlich stabil. Die Zahl der Neugeborenen glich die Zahl derjenigen aus, die ihr Leben verloren – ob sie nun wolligen Mammuts und Säbelzahntigern oder den durch den Klimawandel verursachten brutalen Wintern zum Opfer fielen. Die letzten ca. 11.500 Jahre gab es also nicht einmal 500 Millionen Menschen auf dem Planeten. Das heißt: *In dieser Zeit lebten von den Ressourcen des Planeten weltweit ungefähr halb so viele Menschen wie im heutigen Indien.* Nach 1650 veränderten sich die Bedingungen, und die Bevölkerung nahm zu. Abbildung 1.2 vermittelt uns ein Gefühl, wie schnell dieses Bevölkerungswachstum vor sich ging.

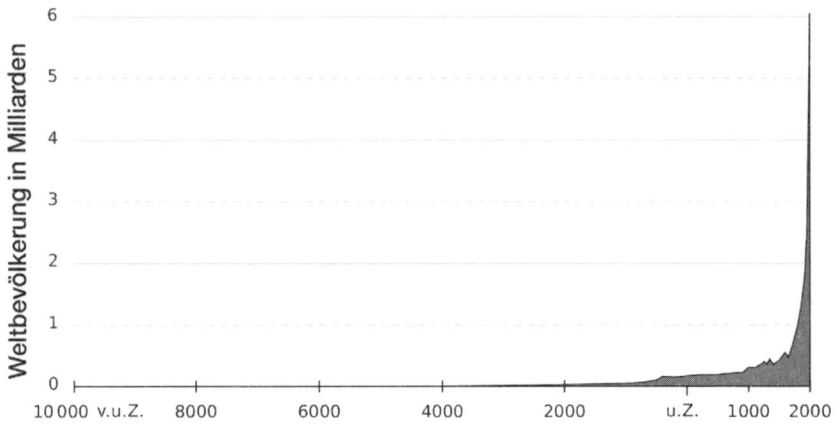

Abbildung 1.2
Geschätzte Erdbevölkerung von 10.000 v. Chr. bis 2000 n. Chr. Der steile Anstieg um 2000 herum nahm seinen Anfang im Jahr 1804; zu diesem Zeitpunkt erreichte die Weltbevölkerung die Eine-Milliarde-Schwelle. Das dramatische Bevölkerungswachstum seit Erreichen dieses Meilensteins ist in der Geschichte der Menschheit beispiellos und ein Schlüsselfaktor für den steigenden Bedarf an Energie, Nahrungsmitteln und anderen Ressourcen zum Erhalt unserer globalen Familie. (Quelle: EI T)

Zwischen 1650 und 1804 verdoppelte sich die Bevölkerungszahl auf eine Milliarde Menschen. Bis die zweite Milliarde erreicht war, dauerte es nur noch 123 Jahre, und dieser Trend setzte sich fort. Jede Verdopplung ging immer schneller vor sich. Die Weltbevölkerung wuchs auf 3, 4, 5 und 6 Milliarden Menschen an, und bei jeder Milliarde ging der Anstieg schneller vor sich. Zunächst dauerte er ein paar Hundert Jahre, dann nur noch 33, 14, 13 und schließlich 12 Jahre. Im Jahr 2012 erreichte die globale Bevölkerung den Rekordstand von über 7 Milliarden Menschen. Seitdem scheint das Wachstum zwar etwas langsamer abzulaufen, aber es werden nach wie vor Zuwachsraten verzeichnet.

Laut Aussage von Joel E. Cohen, theoretischer Biologe und Leiter des *Laboratory of Populations* der Rockefeller University, »wurde das höchste Bevölkerungswachstum, nämlich 2,1 Prozent jährlich, zwischen 1965 und 1970 verzeichnet. Niemals vor dem 20. Jahrhundert ist die menschliche Bevölkerung so schnell angewachsen, und wahrscheinlich wird diese hohe Wachstumsrate auch nie wieder erreicht werden.«[6]

Die gute Nachricht dieser Einschätzung von Cohen lautet: Anscheinend ist die Bevölkerungsexplosion von vor etwa 40 Jahren zurückgegangen. Doch die Kehrseite dieser Entwicklung ist, dass diejenigen, die während dieser Phase des Höchstwachstums geboren wurden, noch immer am Leben sind und während ihrer Lebenszeit – die derzeit bei durchschnittlich 67 Jahren weltweit liegt – entsprechend Ressourcen wie Nahrung, Wasser, Wohnstätten und Arbeitsplätze brauchen. Hier entstehen durch das Aufeinandertreffen von Politik, Technologie, Lebensweisen und uralten Bräuchen und Sitten die sozialen Krisen von heute.

Die *U.S. Central Intelligence Agency* (CIA), die mit ihren riesigen Datenmengen einige der genauesten und zeitnahesten Informationen überhaupt liefern kann, beschreibt die Notwendigkeit, solche Statistiken aufzuzeichnen: »Das [Bevölkerungs-]Wachstum ist ein Faktor, der mitbestimmt, wie hoch die Belastung eines Landes aufgrund sich verändernder Bedürfnisse seiner Bewohner hinsichtlich Infrastruktur (z.b. Schulen, Krankenhäuser, Unterkünfte, Straßen), Ressourcen (z.b. Nahrungsmittel, Wasser, Strom) und Arbeitsplätzen wäre. Nachbarländer betrachten ein schnelles Bevölkerungswachstum unter Umständen als Bedrohung.«[7]

● ● ● ●

Das Bevölkerungswachstum erreichte zwischen 1965 und 1970 seinen Höchststand; doch nach wie vor sind wir gefordert, Ressourcen aufzutun, um die in

dieser Zeit Geborenen während ihrer zu erwartenden Lebenszeit zu unterstützen und am Leben zu erhalten.

• • • •

Energieextreme

Es gibt einen direkten Zusammenhang zwischen der Anzahl von Menschen auf der Welt und dem Energiebedarf. Die Beziehung zwischen der Bevölkerung und dem Energiebedarf wird nachfolgend noch näher untersucht. An dieser Stelle ist wichtig, dass die wachsende Weltbevölkerung und die damit einhergehende Anzahl von Menschen, die einen vom Westen inspirierten, energieintensiven Lebensstil anstreben, den Energiebedarf auf Rekordhöhe getrieben haben. Im Laufe der etwa letzten 100 Jahre wurde dieser Bedarf hauptsächlich durch fossile Brennstoffe gedeckt.

Im 19. Jahrhundert gab es in Europa und Nordamerika Kohle im Überfluss. Da sie so billig war, wurde sie weltweit schnell zum Brennstoff Nummer eins. Im Industriezeitalter wurden mehr als 100 Jahre lang mit Kohle Dampfmaschinen für die Fabriken, Schiffe und Eisenbahnen betrieben. Schätzungen zufolge wurden um 1800 weltweit etwa 10 Millionen Tonnen Kohle jährlich produziert, um den Energiebedarf zu decken. Um 1900 herum war diese Menge um das 110-Fache auf über eine Milliarde Tonnen gestiegen. Auch heute noch ist Kohle die Hauptenergiequelle für den Betrieb von Turbinen für die weltweite Stromerzeugung. Im Jahr 2010 wurden weltweit 7,2 Milliarden Tonnen produziert. Laut Schätzungen der US-amerikanischen *Energy Information Administration* verbleiben der Welt bei den derzeitigen Verbrauchswerten noch etwa 150 Jahre an »wirtschaftlich nutzbaren« Kohlevorkommen.[8]

Doch Kohle wird kaum mehr für andere Zwecke als die globalen industriellen Stromnetze genutzt. Für das Beheizen, Kochen und für Benzin ist Erdöl der wichtigste Rohstoff.

Nach dem Zweiten Weltkrieg wurde Öl zu einer sicheren, billigen und beliebten Energieressource und ist seitdem für den privaten Energiebedarf der wichtigste Brennstoff. Zu Beginn des Erdölzeitalters schien Erdöl in nahezu unerschöpflichen Mengen vorhanden zu sein. Doch die Rohölvorkommen sind begrenzt, es ist also nicht unbedingt vernünftig, sich auf diese schwindende Ressource zu verlassen, um den zukünftig steigenden Energiebedarf weltweit zu decken.

Diese zunächst rein intuitive Einsicht wurde in den 1950er-Jahren von dem Geologen Marion King Hubbert mit Fakten untermauert. Hubbert nannte einen Zeitrahmen, für den die weltweiten Ölreserven noch ausreichen würden: Auf Basis von Kontrollfaktoren (geschätzte Reserven, nachgewiesene Reserven, förderbare Reserven etc.) errechnete er im Rahmen einer Formel, wie viel es noch gibt und wie lange diese Reserven noch vorhalten.[9] Das ergab die sogenannte statistische Hubbert-Kurve, auch als »Globales Ölfördermaximum« bekannt. Abbildung 1.3 (S. 40) zeigt das theoretische Ölfördermaximum sowie die tatsächliche Fördermenge in den USA auf. Die realen Daten korrelieren fast exakt mit der prognostizierten Kurve.

Diese und ähnliche überzeugende Ergebnisse werden inzwischen auf die weltweiten Schätzungen übertragen und vermitteln eine realistische Vorstellung davon, wie lange die globalen Vorkommen noch reichen werden.

Das Resultat? *Wir haben das Ölfördermaximum bereits überschritten,* und zwar vor etwa 25 Jahren, also Mitte der 1980er-Jahre. Inzwischen sind wir vom Erdöl abhängig, das schwerer zu fördern ist und dessen Produktion für die Deckung des weltweiten Energiebedarfs kostenintensiver ist. Und hier befinden wir uns in einem Dilemma: Wir wissen, dass es kein »billiges« Öl mehr gibt und die weltweiten Reserven abnehmen, und doch steigt der Erdölbedarf nach wie vor von Jahr zu Jahr an.

In Abbildung 1.4 (S. 41) ist zu erkennen, wie dieser Bedarf Mitte der 1980er-Jahre zum ersten Mal höher lag als die Produktion. Das steigende Umweltbewusstsein sowie energieeffizientere Kraftfahrzeuge haben in den westlichen Industrienationen den Ölbedarf zwar gesenkt, doch der weltweite Gesamtbedarf steigt immer noch, hauptsächlich in Schwellenländern wie Indien und China. Bis vor Kurzem konnte die verfügbare Menge an Erdöl größtenteils den Bedarf decken. Doch es ist klar, dass dies unter den aktuellen Bedingungen nicht aufrechterhalten werden kann.

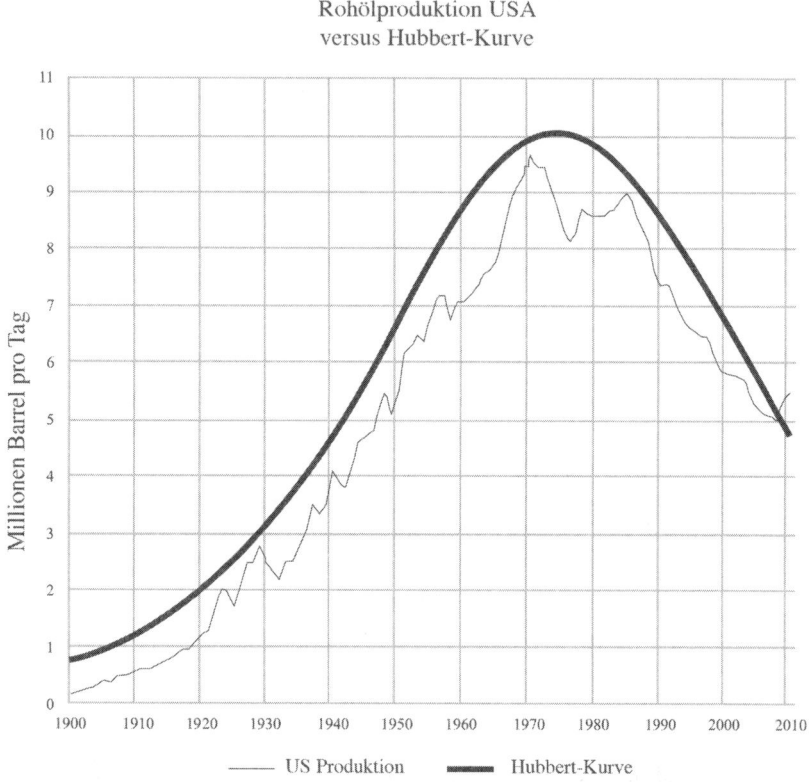

Abbildung 1.3
Die Schätzwerte des Geologen Marion King Hubbert für das Ölfördermaximum in den Vereinigten Staaten sowie die Kurve der tatsächlichen Produktion. Dieser Vergleich zeigt auf, wie genau Hubberts Berechnungen sind – ein überzeugendes Argument für die Genauigkeit ähnlicher Berechnungen auf weltweiter Basis. (Quelle: *U.S. Energy Information Administration*)

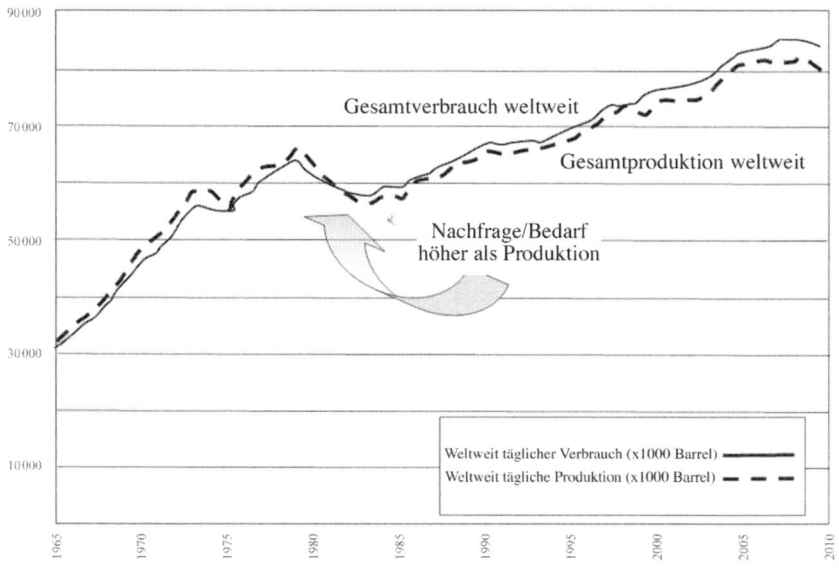

Weltweite Erdölproduktion und Verbrauch 1965 – 2000

Gesamtverbrauch weltweit

Gesamtproduktion weltweit

Nachfrage/Bedarf
höher als Produktion

Weltweit täglicher Verbrauch (x1000 Barrel) ▬▬▬
Weltweit tägliche Produktion (x1000 Barrel) ▬ ▬ ▬

Abbildung 1.4

Diese Abbildung zeigt die globale Erdölproduktion im Vergleich zur globalen Nachfrage. Die Daten veranschaulichen zwei klare Entwicklungen: 1) Mitte der 1980er-Jahre stieg die Nachfrage an verfügbaren Ölressourcen. 2) Die Kluft zwischen Nachfrage und Produktion wird immer größer. [Quelle: *BP Statistical Review of World Energy* (Juni 2011)]

Mit der abnehmenden Verfügbarkeit von billigem Erdöl müssen die Wissenschaftler nach noch verbleibenden Vorkommen kilometertief unter dem Ozean oder tief im Felsgestein suchen. Beides erschwert die entsprechenden Bohrungen und treibt die Förderkosten in die Höhe, wodurch die Produktion von Rohöl weniger profitabel wird. Diese Relation wird mit dem Begriff »Return on Investment« (ROI) bzw. »Rendite« umschrieben. Die heutzutage sinkende Rendite in der Ölproduktion ist bereits eine Tatsache; sie verleiht dem Begriff »Ölfördermaximum« eine neue Bedeutung.

Erdöl wird in nächster Zukunft nach wie vor bei der Deckung des weltweiten Energiebedarfs eine wichtige Rolle spielen; allerdings sinkt seine Bedeutung, denn andere, erneuerbare Energieformen und neue Erdgastechnologien stellen die Energiegleichung der Welt auf den Kopf.

Wirtschaftliche Extreme

Wenn ich in meinen Seminaren von der Bühne hinunter ins Publikum schaue, sehe ich häufig, wie sich unter den Zuhörern beim bloßen Erwähnen des Wortes »Wirtschaft« Langeweile breitmacht. Viele Leute verbinden dieses Wort automatisch mit dem Thema »Geld«, was anscheinend langweilig und allzu technisch ist. Doch wenn ich ihnen sage, dass es bei der Wirtschaft der Welt um viel mehr als nur um Geld geht, ist ihre Neugierde geweckt. »Wirtschaft ohne Geld – wie kann das sein?«, fragen sie dann. Die Antwort mag für so manchen eine Überraschung sein.

Ob es nun um die Wirtschaft einer Familie oder um die Wirtschaft eines Planeten geht – die Wahrheit lautet: Das kann mit Geld zu tun haben, muss aber nicht. Unsere globale Wirtschaft ist Teil des Beziehungsgeflechts, in dem Familien, Gemeinden und Nationen der Welt miteinander verbunden sind, und sie ist das Mittel, um unsere Dinge mit anderen Menschen zu teilen, und umgekehrt. Ohne eine Wirtschaft könnten wir das, was heute für unser tägliches Überleben notwendig ist, nicht miteinander teilen: Nahrung, Energie, Medikamente und Waren. Angesichts dieser Vorstellung von Wirtschaft wird aus der leichten Neugierde des Publikums intensives Interesse. Plötzlich ist die Bedeutung dieses Themas kristallklar: Hier ist von ihrem eigenen Leben die Rede und von der Essenz der Veränderungen, deren Auswirkungen sie tagtäglich erleben.

Die Weltwirtschaft ist ein Thema, das immer interessant ist. Doch in unserer Zeit der Extreme ist dieses Thema aus einem sehr wichtigen Grund besonders relevant: Die Weltwirtschaft steckt in

Schwierigkeiten. Je nachdem, welchen Experten man nach seiner Einschätzung fragt, ist die globale Wirtschaft angeschlagen und muss entsprechend geheilt werden oder ist bereits auseinandergebrochen und Heilung ist zwecklos. Doch fast alle von ihnen sind sich dahingehend einig, dass die globale Wirtschaft, so wie wir sie kennen, kurz vor dem Aus und am Rande eines Kollapses steht, wie ihn die Welt bislang noch nicht erlebt hat.

Gründe für diese heikle Lage gibt es viele; sie wurzeln in einer Reihe von Faktoren, die im letzten Jahrhundert mit dem Bankwesen ihren Ausgang nahmen. Wir wollen hier nicht näher darauf eingehen, da das den Rahmen sprengen würde. Und diese Informationen sind zwar interessant, spielen aber für die Veränderungen, mit denen wir in unserem Leben resilienter werden, nur eine untergeordnete Rolle. Deshalb beschränke ich mich an dieser Stelle auf zwei wesentliche Faktoren des weltweiten Wirtschaftslebens:

1. die weltweiten Reservewährungen;
2. eine beispiellose Verschuldung.

Einzeln sind diese Ideen leicht verständlich. Zusammengenommen erzählen sie eine Geschichte, die im weiteren Verlauf dieses Buchs noch wichtig wird, wenn es darum geht, im Leben Resilienz zu entwickeln.

Und jetzt geht's los ...

Faktor 1: Das Geld, das alle verwenden

Nach dem Zweiten Weltkrieg hatten die Vereinigten Staaten zweifellos die stärkste Wirtschaft der Welt. Sie beruhte auf der stärksten und stabilsten Währung: dem US-Dollar. Dank seiner Stärke und Verlässlichkeit wurde der US-Dollar als Währung für große Geschäfte wie den Einkauf von Erdöl, Gold und Nahrungsmitteln genutzt. Am 22. Juli 1944 wurde er offiziell zur Reservewährung der Welt ernannt. Eine Reservewährung wird definiert als »eine Währung, die von vielen Regierungen und Institutionen als Teil ihrer ausländischen Währungsreserven in erheblichen Mengen vorgehalten wird.«[10] Das Vorhalten einer globalen Reservewährung hat seine Vor-, aber auch seine Nachteile. Für das Land, welches die Währung ausgibt, ist es eine gute Sache, denn dadurch wird die nachhaltige Nachfrage nach diesem Geldmittel sichergestellt, und das betreffende Land profitiert in Bezug auf Wechselkurse und beim Einkauf von Importgütern. Der Nachteil: Die Gesundheit der Reservewährung wirkt sich auf alle Wirtschaften aus, die damit handeln.

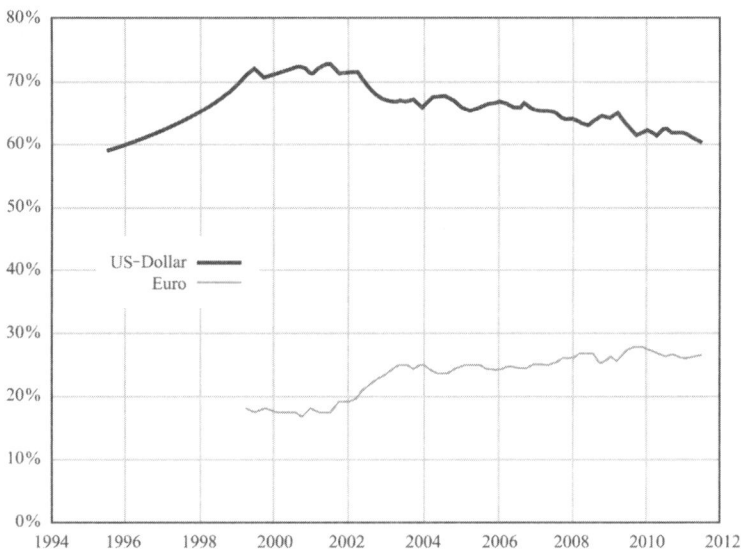

Abbildung 1.5
Der US-Dollar und der Euro sind die wichtigsten Reservewährungen des globalen Bankenwesens. Große Transaktionen zwischen Nationen zum Ankauf von Energie und Nahrungsmitteln werden in diesen Reservewährungen getätigt, und deshalb wirkt sich ihre Stabilität stark auf die Weltwirtschaft aus.

Heute verfügt die Welt über mehrere Reservewährungen; in diesem »Währungskorb« machen der US-Dollar und der Euro zusammen 90 Prozent aus. Von den globalen Finanzinstitutionen und Banken werden große Mengen dieser beiden wichtigsten Reservewährungen gehalten (siehe Abbildung 1.5). Die restlichen 10 Prozent des Währungskorbs setzen sich aus anderen Währungen wie dem britischen Pfund Sterling, dem japanischen Yen und dem Schweizer Franken zusammen.

Damit hat die Gesundheit des Dollars und des Euros starken Einfluss auf viele Wirtschaften weltweit – und genau hier nehmen Probleme ihren Anfang. Die hohe Verschuldung, die mit den Reservewährungen verbunden ist, ist einer der Faktoren, der unsere Zeit zu einer Zeit der Extreme macht.

Faktor 2: Schulden über Schulden

Es ist wohl kaum ein Geheimnis: Die Weltwirtschaft steckt in einer Krise, und Schulden machen einen Großteil dieses Problems aus. Es vergeht kaum ein Tag, an dem die Medien nicht über die Schuldenkrise in Europa oder die schwindelerregende weltweite Verschuldung berichten.

Schulden haben für Regierungen und Nationen schon immer eine kritische Rolle gespielt. Doch nach der Finanzkrise von 2008 in den USA, als ungeheuer viel Geld in die Vermeidung eines globalen Zusammenbruchs des Bankenwesens floss, gerieten die Schuldenlasten der USA und der restlichen Welt außer Kontrolle. Im Jahr 2012 erreichten die weltweiten Schulden die Rekordhöhe von 48,8 Billionen US-Dollar, mehr als doppelt so viel wie nur 10 Jahre zuvor (19,9 Billionen im Jahr 2002). Im Herbst 2013 war die globale Verschuldung auf unglaubliche 51,5 Billionen Dollar angewachsen, im Zuge einer Eskalation, die auch in nächster Zukunft wohl anhalten wird.[11] Damit befinden wir uns auf Neuland. Noch niemals zuvor übertraf die Verschuldung der größten Wirtschaften der Welt, beispielsweise die der USA, der Eurozone und Japans, das Bruttoinlandsprodukt (BIP) des jeweiligen Landes.[12]

Die verschuldeten Länder wirken dieser Krise derzeit durch die Aufstockung ihrer Geldvorräte entgegen, um sicherzustellen, dass genug Geld zum Bezahlen der Rechnungen da ist und die Räder des Handels auch weiterhin am Laufen gehalten werden. Das wird oft als »Gelddrucken« bezeichnet, doch heutzutage wird nur relativ wenig Geld tatsächlich in physischer Form – also Geld, das man tatsächlich in der Hand halten kann – produziert. Beim Produzieren von Geld geht es eher um Währungsreserven und expansive Währungspolitik, wie beispielsweise die Programme zur »Quantitativen Lockerung« (*quantitative easing programs,* QE1, QE2, QE3 etc.), durch die Geld ins System fließt.

Die gute Nachricht lautet: Durch diese Lösung wird die Weltwirtschaft vorerst stabilisiert. Jedes Mal, wenn das Geld produziert wird, sind die Schecks für die Sozialversicherung gedeckt, die Staatsbediensteten erhalten ihren Lohn, und das Leben scheint ganz normal weiterzugehen. Die Kehrseite ist ein weiterer Effekt, durch den diese Lösung langfristig nicht haltbar ist: Wird Geld produziert – seien es nun Dollar, Euros oder Yen –, dann zirkuliert mehr Geld, und jede Geldeinheit verliert an Wert. Anders ausgedrückt kann man sagen: Da mehr verfügbar ist, wird die Währung verwässert und schwächer. Wie bei allem Verwässerten braucht man also von derselben Währung zum Bezahlen von Waren und Dienstleistungen mehr, als man früher dafür gebraucht hätte, als die Währung noch stärker war.

Was dabei herauskommt, kann man sich leicht vorstellen: Wenn die Schulden ansteigen und mehr Geld produziert wird, um den Verpflichtungen nachkommen zu können, verliert das Geld an Wert.

Diese Abwertung des Dollars spielte bei den Preiserhöhungen an den Tankstellen, in den Lebensmittelläden und Apotheken in den USA eine große Rolle. Zwischen 2000 und 2011 stieg beispielsweise der Preis von Mais, eine der wichtigsten Nahrungspflanzen weltweit, von 75 US-Dollar pro Tonne auf über 310 Dollar pro Tonne.[13] Zwischen 1998 und 2008 kletterten die Benzinpreise von durchschnittlich 1,02 US-Dollar pro Gallone auf durchschnittlich 4,02 US-Dollar pro Gallone – ein Anstieg um sage und schreibe 294 Prozent![14]

Diese Faktoren – Abwertung und Verschuldung – sind auch mitschuldig an den Problemen in den Teilen der Welt, die sich für die Dinge des täglichen Lebens auf die Reservewährungen verlassen.

Durch die Schwächung der Reservewährungen aufgrund steigender Schulden können die Haushalte in den Teilen der Welt, wo das Jahreseinkommen nur einen Bruchteil des Einkommens in den reicheren westlichen Ländern beträgt, die Preise für Lebensmittel, Energie und Wohnungen nicht mehr bezahlen.

• • • •

Die weltweite Rekordverschuldung und die daraus resultierende Schwächung wichtiger Währungen tragen wesentlich zu unserer Zeit der Extreme bei.

• • • •

Angesichts der extremen Klimabedingungen, des extrem hohen Energiebedarfs und des extremen Drucks, der auf unsere Wirtschaftssysteme ausgeübt wird – all das zusätzlich verstärkt durch extreme Bevölkerungszahlen –, kann man durchaus sagen, dass wir in einer Zeit großer Veränderungen und Wandlungen leben. Oder wie meine Freundin an der Ladentheke vom Beginn dieses Kapitels aus ihrer Ecke der Welt heraus beobachtete: Das Leben ist ganz bestimmt nicht mehr »normal«.

Am besten hat das vielleicht Peggy Noonan, eine Journalistin des *Wall Street Journal,* ausgedrückt:»Wir leben in Zeiten, die Geschichte schreiben.« Und erklärend fügt sie hinzu:»Wir leben in einer Epoche, mit der sich in fünfzig Jahren die Gelehrten beschäftigen werden [...]. Sie werden uns, Sie und mich, als silberhaarige Veteranen von etwas Großem betrachten.«[15]

Ich denke, Noonans Bemerkung enthält sehr viel Wahres. Überall, wo ich in der Welt auf Reisen bin, herrscht das Gefühl, dass wir tatsächlich in einer großen Zeit leben.

Hier ist meine Meinung: Wenn wir herausfinden, 1) warum so viele scheinbar unterschiedliche Umwälzungen geschehen,

2) warum sie gerade jetzt geschehen, und 3) wohin sie uns führen werden, dann haben wir einen Riesenschritt gemacht, um den Sinn des Wandels und unseren Platz darin zu verstehen. Dadurch könnten wir auch erneut Hoffnung und Optimismus für uns, unsere Familien und unsere Gemeinden schöpfen. Diese Hoffnung könnte für Menschen, die aus ganz unterschiedlichen Kulturen, spirituellen und religiösen Traditionen und Lebensstilen kommen, zum gemeinsamen Nenner werden. Und sie könnte ein Anstoß sein, um über unsere Unterschiedlichkeiten hinauszudenken, hin zu den Realitäten, die uns alle transformieren. Der Schlüssel für unser Überleben liegt darin, die Tatsachen anzuerkennen, mit denen wir es zu tun haben: das anzuerkennen, was sich verändert, und auch das zu erkennen, was diese Veränderungen für unser Leben bedeuten.

• • • •

Nie zuvor haben wir versucht, den wachsenden Bedarf so vieler Menschen mit so wenigen, stetig abnehmenden Ressourcen zu befriedigen.

• • • •

Vorübergehende Extreme
oder neue Normalität?

Noch bis Kurzem neigten wir dazu, diese Art von Extremen, die ich gerade beschrieben habe, als voneinander getrennte Anomalien zu betrachten, die nichts miteinander zu haben – die sprichwörtlichen Bäume im Wald. Im Falle des Klimawandels und der ökonomischen Veränderungen sind das wahrlich große Bäume in einem Riesenwald! Wegen dieser Art zu denken versuchen wir letztendlich, mal hier ein Problem, mal dort ein Problem zu lösen. Diesem Versuch mag zeitweilig mal mehr, mal weniger Erfolg beschieden sein, doch die wirklichen Kernprobleme der Extreme erreichen wir dadurch nie so ganz.

Es kommt einem dabei das Bild in den Sinn, wie wir einen Ballon voller Wasser halten und an einer Stelle ein Loch bemerken; beim Versuch, es zu stopfen, beginnt das Wasser an einer anderen Stelle auszulaufen. Beim Gedanken an den Klimawandel wurden wir beispielsweise zu der Annahme verleitet, der Verzicht auf fossile Brennstoffe und die Hinwendung zu einem sauberen, umweltbewussten und nachhaltigen Lebensstil könne die Erwärmung zum Stillstand bringen. *Selbstverständlich* bin ich für die Entwicklung von sauberen, grünen und nachhaltigen Energieformen, und *natürlich* verbrauchen wir mit Energiesparlampen zu Hause und im Büro weniger Energie, und *natürlich* ist Radfahren besser als Autofahren. Doch die Überzeugung, dieser veränderte Lebensstil sei die Antwort auf und die Lösung für unsere Probleme, hat Konsequenzen. Denn immer mehr Menschen und Politiker lassen sich durch den Fokus auf diese lobenswerten Veränderungen unseres Lebensstils von der unangenehmen, nackten Wirklichkeit ablenken: Wie die Erde selbst uns erzählt, sind die Veränderungen, die wir stoppen wollen, eigentlich charakteristisch für eine neue Normalität. Anstatt wissenschaftliche Fakten wie diejenigen in den Abbildungen 1.1 (S. 33/34) anzuerkennen, welche die Klimazyklen der Vergangenheit beschreiben, realistische Erwartungen für die Jetzt-Zeit aufzeigen und auch Wege der Anpassung an die Veränderungen darlegen, beruht ihr Denken auf der Annahme, wir könnten zur alten Normalität zurückkehren (beispielsweise zu den klimatischen Bedingungen des 20. Jahrhunderts). Das Problem dabei ist: Wir fokussieren uns darauf, die Veränderungen zu stoppen bzw. rückgängig zu machen, anstatt die Resilienz zu entwickeln, die wir brauchen, um uns an diese Veränderungen gut anzupassen.

• • • •
Wir wurden zu der Annahme verleitet, wir könnten die Probleme lösen, anstatt dass wir uns an die Extreme anpassen, die die neue Normalität sind.
• • • •

An solchen Stellen werden die Gespräche zwischen mir und meinen Zuhörern und Lesern manchmal etwas unbequem und für manche Menschen auch schwierig, denn man muss dann die Tatsache anerkennen, dass die Extreme etwas Reales sind. Und man muss sich auch eingestehen, woher sie kommen. Wie ein Blick auf die Erdgeschichte beispielsweise eindeutig zeigt, erleben wir gerade den Zeitpunkt in einem sich wiederholenden Zyklus, an dem in der Vergangenheit immer große Veränderungen ausgelöst wurden. Die Massenmedien, die Populärwissenschaft und auch die traditionellen Schulbücher tun sich schwer damit, zuzugeben, dass die alten Berechnungen, die solche Veränderungen beschreiben, akkurat sind – insbesondere im Hinblick auf die 5125 Jahre dauernden Zyklen, wie sie im mittelamerikanischen Kalender beschrieben werden. Zumindest war das bis vor Kurzem so.

In einem im Jahr 2004 veröffentlichten Artikel beschreibt Lonnie Thompson, ein Gletscherforscher am *Byrd Polar Research Center* der Ohio State University, einen plötzlichen Klimawandel vor 5200 Jahren, der uns Einsichten über den derzeit stattfindenden Klimawandel vermitteln kann. Laut Thompson legen Entdeckungen aus unterschiedlichen Quellen an Orten aus der ganzen Welt eine verblüffende Schlussfolgerung nahe. Ob Pollen aus Bohrproben von Seebetten in Südamerika, Methan in Eisbohrkernen auf Grönland und in der Antarktis oder Baumringe aus Großbritannien und Pflanzen, die auf den Eiskappen der peruanischen Anden konserviert worden sind – all diese Erddaten erzählen dieselbe unverkennbare Geschichte: Das Klima unseres Planeten hat sich vor 5200 Jahren dramatisch verändert, mit immensen Auswirkungen auf das Leben auf der Erde.

Aufsehenerregend daran ist nicht die Tatsache einer starken Veränderung, sondern vielmehr der Zeitpunkt dieses Umbruchs. Klimaverschiebungen sind für uns etwas aus Zeiten, als die Dinosaurier noch über die Erde stapften und die Menschen, nachdem sie in Erscheinung getreten waren, in Höhlen lebten.

Thompsons Entdeckungen sind deshalb so beeindruckend, weil in geschichtlichen Zeitdimensionen 5000 Jahre eigentlich noch nicht so lange her sind. Damit Sie das in die richtige Perspektive setzen können: Die Studie offenbart, dass der Klimawandel während der menschlichen Geschichtsschreibung erfolgte, nämlich gerade einmal 3000 Jahre v.Chr., also in der frühen Bronzezeit. »Damals geschah etwas, und zwar etwas Monumentales«[16], sagt Thompson und fährt fort: »Belege weisen eindeutig auf ein Geschehnis zu diesem Zeitpunkt in der Geschichte hin. *Und sie geben zudem Hinweise darauf, dass sich auch unser heutiges Klima auf ähnliche Weise verändert* [Hervorhebung durch den Autor].«[17] Thompsons Studie und ähnliche Untersuchungen vermitteln uns Erkenntnisse über die Veränderungen, die wir heute durchleben, und – was vielleicht noch wichtiger ist – auch Erkenntnisse darüber, wie wir uns und unser Leben daran anpassen könnten.

Ich persönlich habe auf Konferenzen gesprochen, wo die Veranstalter selbst der Überzeugung waren, die Fakten über unsere Zeit der Extreme sollten besser nicht öffentlich gemacht werden. Der Grund, den sie mir dafür nannten, war für mich noch beunruhigender als die aktuellen Daten und das, was sie uns zeigen: »Wir wollen die Leute nicht erschrecken.« Das wurde mir als Grund genannt! Ich verstehe die Absicht hinter solchen Kommentaren und glaube wirklich, dass dahinter Verantwortungsbewusstsein und echte Sorge stehen. Doch wie ich auch glaube, konnte man die Angst der Menschen vielleicht in der Vergangenheit in manchen Situationen damit beschwichtigen – heutzutage bringt uns dieses Denken jedoch nichts mehr.

Wenn ich so etwas höre, muss ich an eine funktionsgestörte Familie denken, die versucht, einzelne Wutausbrüche, die das Leben der Familienmitglieder zerstören könnten, in den Griff zu bekommen, ohne zunächst die dahinterliegenden Probleme anzuerkennen, die die Wut überhaupt auslösten. Tatsache ist: Diese Denkweise funktioniert weder für eine Familie noch für die Welt. Unsere Zeit der Extreme hat uns in ein Niemandsland verfrachtet. Wenn es jemals eine Zeit gab, in der wir uns ehrlich mit dem auseinandersetzen müssen, was uns bevorsteht, dann ganz sicherlich jetzt!

Kipppunkte der Konvergenz

Aus den Studien von angesehenen *Think Tanks** – vom 1974 gegründeten *Worldwatch Institute* für die unabhängige Erforschung kritischer globaler Probleme, über das 1982 gegründete *World Resources Institute*, welches sich der Analyse von Umweltpolitik widmet, bis hin zum *Millennium Ecosystem Assessment Synthesis Report* der UNESCO, der von 1300 Wissenschaftlern aus 95 Ländern zusammengestellt wurde – wird ersichtlich, dass die besten Köpfe unserer Zeit sich nicht mehr mit den Warnungen der Vergangenheit zufriedengeben: Sie warnen nunmehr vor gefährlichen Trends der Nichtnachhaltigkeit. Wir leben jetzt in der Zeit, vor der sie uns damals gewarnt haben, und das Ausmaß der derzeitigen Veränderungen bringt uns dazu, endlich aufzuhorchen. *[*Als Denkfabrik, engl. Think Tank, werden Institute bezeichnet, die durch Erforschung, Entwicklung und Bewerbung von politischen, sozialen und wirtschaftlichen Konzepten und Strategien die öffentliche Meinungsbildung beeinflussen und sie so im Sinne von Politikberatung fördern« (Anm. d. dt. Red.; nach Wikipedia).]*

2005 veröffentlichte der *Scientific American* eine Sonderausgabe unter dem Motto »Crossroads for Planet Earth« (d.h. »Der Planet Erde am Scheideweg«), und auch hier wird festgestellt: Wir leben in ungewöhnlichen Zeiten. Ein Abschnitt beschreibt, dass die menschliche Rasse gerade »eine in der Geschichte einzigartige Zeitspanne erreicht.«[18] Die Sonderausgabe zeigt globale Krisen auf, die unter Umständen das Leben und die Zivilisation der Menschen, so wie wir das heute kennen, beenden könnten, sollten sie nicht unter Kontrolle gebracht werden: von neuen, unheilbaren Krankheiten über Nationen mit einem so hohen Energieverbrauch, dass er die endlichen Ressourcen der Erde erschöpft, bis hin zu weltweiter Armut und der Missachtung der Gesundheit der Ozeane, Flüsse und Regenwälder. Die Schlussfolgerung war einhellig: Wir können einfach nicht so weitermachen wie bisher, wenn wir wenigstens weitere 100 Jahre überleben wollen.

Die Erde kann unsere Gewohnheiten nicht mehr unterstützen. Über 1000 Wissenschaftler aus allen möglichen Disziplinen haben dies in einem Bericht des Weltwirtschaftsforums mit dem passenden Titel »Global Risks 2013« dargelegt.[19] Das Fazit: Die Bedingungen des Klimawandels und die taumelnde Weltwirtschaft könnten einen »perfekten Sturm« an Krisen auslösen, der die Welt auf lange Zeit beeinflussen würde.

Diese und andere Organisationen machen der Öffentlichkeit eines bewusst: Jedes der in diesen Berichten identifizierten Szenarien ist ein Katastrophen-Szenario, und alle passieren gerade jetzt. Diejenigen, die diese Berichte geschrieben haben, stehen mit ihren Einschätzungen unserer Situation nicht alleine da. Sie und andere wissenschaftsorientierte Forscher – von unabhängigen Autoren bis hin zu Mitgliedern der amerikanischen Geheim- und Nachrichtendienste (u.a. des Pentagon und der CIA), für die diese Krisen die Stabilität und Sicherheit bedrohen – haben laut und deutlich Alarm geschlagen. Sie warnen uns, dass wir bereits Ärger haben. Die Natur steht schon an einem Kipppunkt, an dem der Verlust der Ozeane, Wälder und Tiere, die uns unser vertrautes Leben ermöglichen, bevorsteht. Zählen wir noch die zusammengebrochenen Wirtschaftssysteme, die schwindenden Ressourcen und den Untergang ganzer Branchen sowie den Verlust der Arbeitsplätze dazu, die diese unseren Familien und Gemeinden boten, dann gewinnen die einzelnen Extreme eine neue Bedeutung.

Die Wendepunkte in allen möglichen Lebensbereichen, an denen es keine Umkehr mehr gibt, führen uns zu einer Zeit der Konvergenz. Es werden unterschiedliche Gründe dafür genannt, warum in so kurzer Zeit so viele Krisen auftreten; Übereinstimmung herrscht hinsichtlich des großen, umfassenden Bildes: In unserer Welt entwickelt sich etwas ganz Außergewöhnliches.

Wie etwas definieren, das so groß ist, dass es seit Jahrtausenden erwartet wird, etwas, das das Potenzial hat, alles Leben auf der Erde zu verändern, was man aber nicht mit einem einzigen Wort benennen oder in einer einzigen Vorstellung fassen kann?

Vielleicht ist der Widerstand gegen die Erkenntnis, dass wir uns mitten in einem so großen »Ding« befinden, genau deshalb so groß, weil die Implikationen unserer Zeit der Extreme so groß und umfassend sind.

Der Evolutionsbiologe Edward O. Wilson hat die Bedingungen, Herausforderungen und Krisen, denen wir, unsere Gemeinden,

Nationen und die ganze Welt ausgesetzt sind, vielleicht am besten zusammengefasst. Er sagt, wir leben in einem zeitlichen »Engpass«, wo die Belastung unserer Ressourcen und unsere Fähigkeit, unsere heutigen Probleme zu lösen, an ihre Grenzen kommen.[20] Auch renommierte Organisationen weisen auf dieselben kritischen Probleme hin und ziehen dieselben allgemeinen Schlussfolgerungen; wir stecken ganz offensichtlich mitten in einer Periode der Konvergenz, in der bestimmte Faktoren zusammenkommen und unsere Welt in eine Übergangsphase gerät. Die Frage lautet: *Wohin führt dieser Umbruch?* Steuern wir auf eine Welt voller Zerstörung zu? Oder auf eine Welt der Transformation? Das schlimmste Problem, mit dem wir uns herumschlagen müssen, ist letztendlich vielleicht unsere Unfähigkeit, das große Bild zu erkennen und zu sehen, wohin all die Trends uns führen.

Zum Glück ist dieses Problem lösbar.

• • • •

Wird unsere Zeit der Extreme durch die Konvergenz von Kipppunkten zu einer Zeit der Zerstörung oder der Transformation? Es liegt an uns!

• • • •

Wir/sie versus wir alle zusammen

Betrachten wir uns die größten Veränderungen in unserer Welt einmal genauer, dann können wir ganz klar ein gemeinsames »Thema« erkennen, nämlich den Grund für solch vielschichtigen und umfassenden Wandel. Es ist ganz einfach so: Das Einzige, was kollabiert, sind unsere nicht mehr haltbaren Denk- und Lebensweisen! Und die vielen Aspekte unseres täglichen Lebens, die so schnell zusammenbrechen, zeigen uns genau, wo das Denken der Vergangenheit nicht mehr funktioniert. Von beispiellosen Schuldenlasten bis hin zur Ölverknappung – der gleichzeitige Kollaps großer Systeme zeigt uns: Jetzt ist die Zeit reif für ein Umdenken! Die Überzeugungen, die hinter unseren Entscheidungen der Vergangenheit gestanden haben, müssen auf den Prüfstand gestellt werden.

Aufgrund solcher und ähnlicher Fakten betrachten viele Experten unsere Zeit der Extreme auch als eine Zeit der *Krise*. Krise bedeutet aber nicht unbedingt etwas Schlechtes, sondern kann auch einfach bedeuten, dass etwas *Großes* passiert. Früher hegte ich gegen das Wort »Krise« eine Aversion. Doch inzwischen schätze ich es aus einem ganz bestimmten Grund: Wenn wir davon reden, dass wir uns »in« einer Krise befinden, heißt das, dass uns noch genügend Zeit bleibt, um das Problem zu lösen. Ist die Krise »vorbei«, impliziert das, dass wir nichts mehr tun können. Die Tatsache, dass wir uns mitten in der Krise der Energieproduktion, des Klimawandels und der wirtschaftlichen Instabilität befinden, bedeutet, dass wir noch die Chance haben, uns anzupassen. Die Folgen, mit denen wir uns heute herumschlagen, resultieren aus unserem Denken der Vergangenheit. Weil sich die Welt verändert hat, erfordern diese Probleme nun unsere sofortige Aufmerksamkeit.

Niemals zuvor waren so viele Menschen gefordert, umzudenken und so viele große Probleme in so kurzer Zeit zu lösen!

In der heutigen Welt ist alles vernetzt. Die Konsequenzen unserer Lebensweise gehen nicht *uns oder sie* an, sondern es geht um *uns alle*. Eben wegen dieses stärkeren Wir-Gefühls wurde das Internet entwickelt, das uns miteinander verbindet, ebenso die Verkehrsmittel, die Menschen verschiedener Nationen und Kontinente zusammenführen, unsere Finanzmärkte, die rund um die Uhr aktiv sind, und die Mobilfunknetze, dank derer wir unseren Lieben auf der anderen Seite der Welt morgens um drei Uhr eine Nachricht schicken können.

Der Zweck all dieser Entwicklungen ist die Vernetzung untereinander. Doch diese Verbindung hat sich zu einem doppelschneidigen Schwert entwickelt: Durch diese weltweite Verbundenheit können wir alles miteinander teilen: von Musik, Kunst, Kultur und Feierlichkeiten – das sind die guten Dinge – bis hin zu den weniger guten Dingen, wie unseren Problemen mit der Energie- und Nahrungsmittelversorgung und dem Geldmarkt.

Vor Kurzem besuchte ich Cusco, die hoch in den Anden gelegene alte Hauptstadt von Peru, und bekam die Neueröffnung eines McDonald's-Restaurants mit, das nur ein paar Meter von der 400 Jahre alten historischen Kathedrale am zentralen Platz entfernt liegt. In dieser Kathedrale befinden sich einige der ältesten Relikte der katholischen Kirche, noch aus der Zeit vor der Eroberung durch die Spanier stammend. In dieser Gegend ist Rindfleisch Mangelware, dafür gibt es jede Menge Alpaka-Fleisch (Alpakas sind lamaähnliche Tiere). Die Andenversion des *Big Mac* besteht deshalb aus zwei Alpaka-Frikadellen in einem Sesambrötchen mit der berühmten Spezialsauce darüber.

In der tibetischen Hauptstadt Lhasa, 3700 Meter über dem Meeresspiegel gelegen, habe ich dasselbe erlebt; dort wird das Rindfleisch des Westens durch Yak-Fleisch ersetzt. Die ansässigen Tibeter machen gerne Witze über den *Big Yak Burger,* der an die Stelle des traditionellen *Big Mac* getreten ist. Der Punkt ist: Durch die Globalisierung sind beispielsweise McDonald's, Starbucks und KFC ein vertrauter Anblick in den entferntesten Winkeln der Erde, so wie sie es schon seit Jahrzehnten in den Großstädten Europas und Amerikas sind.

Diese Einheit ermöglicht uns, solche kommerziellen »Kulturgüter« ebenso wie Mode, Musik und Kunst miteinander zu teilen. Allerdings wirken sich dadurch auch die großen Probleme in einem Teil der Welt unausweichlich auf ganze Gemeinschaften in anderen Teilen der Welt aus. So schlagen sich beispielsweise die Folgen des globalen Klimawandels aufgrund geringerer Ernteerträge in von Dürren heimgesuchten Gegenden der Erde in höheren Preisen nieder; die weltweiten wirtschaftlichen Kraftproben resultieren in Fabrikschließungen und dem Verlust von Arbeitsplätzen auch bei uns; und durch die steigende globale Verschuldung werden unsere Währungen abgewertet, und unsere Geldanlagen und Rentenfonds werfen nur noch Minimalzinsen ab. Wie diese einfachen Beispiele deutlich zeigen, können wir die Welt »da draußen« nicht mehr von dem trennen, was an unserem eigenen Tisch, in unseren eigenen Schulen und Büros vor sich geht.

Durch unsere Einheit lassen sich auch Spiritualität und Alltag nicht mehr voneinander trennen. Oft werde ich im Vorfeld eines

Seminars interviewt und unter anderem gefragt, ob ich über die »wissenschaftlichen Sachen« oder über die »spirituellen Sachen« reden werde. Meine Antwort ist meist nicht das, was der Interviewer hören möchte. »Wo ziehen Sie die Grenze zwischen Spiritualität und unserem Alltag?«, frage ich. Das ist eine wichtige Frage, denn genau diese künstliche Trennung zwischen Wissenschaft und Spiritualität lässt uns in dem Denken verharren, welches uns daran hindert, uns an die Krisen der heutigen Zeit anzupassen.

Und so frage ich weiter: »Was könnte spiritueller sein als die tiefsten Wahrheiten, die uns von der Wissenschaft enthüllt wurden, und sie als Lösungen in der realen Welt in unserem Alltag heranzuziehen?«

Die Krise des Wandels an sich

Große Veränderungen in unserem Leben betrachten wir zunächst einmal gerne als Krisen. Der bereits erwähnte Klimawandel ist ein perfektes Beispiel dafür. Als sich das Weltklima zu verändern begann, kam das für viele Menschen überraschend. Zwar hatten uns die Lehren aller möglichen indigenen Völker weltweit bereits seit Jahrhunderten vor solchen Veränderungen gewarnt, und auch die geologische Geschichte der Erde zeigt klar, dass jetzt ein zyklischer Klimawandel ansteht; und doch hat »Otto Normalverbraucher« das einfach nicht erwartet, was wiederum kein Wunder ist. Denn die Erinnerung der heute lebenden Menschen kennt nur die vertrauten, regulären, vorhersehbaren Wetterzyklen des letzten Jahrhunderts. Die Temperaturen und Vegetationsperioden für die Landwirtschaft und unsere privaten Gärten waren so sicher wie Tag und Nacht. Und dann war auf einmal alles anders.

Meine Frau und ich haben diesen Wandel am eigenen Leib im Wüstenhochland im Norden von New Mexico erlebt. Diese Gegend ist bekannt für die niedrige Feuchtigkeit, viel Sonnenschein und das im Allgemeinen milde Klima. Obwohl Regen das ganze Jahr über eher eine Seltenheit ist, kennt New Mexico doch die von den Einheimischen als Monsun bezeichneten Regenfälle in den Sommermonaten. Mit schöner Regelmäßigkeit geht es jedes Jahr Anfang Juli los; die warme, feuchte Luft vom Golf von Mexiko zieht nach Norden und trifft auf die kalte, trockene Luft, die von den Bergen Colorados und New Mexicos herüberströmt. Jeden Nachmittag, wenn diese Luftmassen aufeinandertreffen, kommt es zu einem bemerkenswerten Schauspiel aus Blitzen und gewaltigen Gewittern. Diese starken Regenfälle halten den Großteil des Sommers an – bzw. sie taten es ... bis vor Kurzem. New Mexico und weite Teile der Wüstengebiete im Südwesten der USA durchleiden eine seit Jahren anhaltende Dürre. Zum ersten Mal seit Generationen müssen die ortsansässigen Farmer ihr Vieh verkaufen und ihre Felder aufgeben, weil sie sie nicht mehr versorgen können. Für die Menschen und die Wirtschaft von New Mexico sind die veränderten Wetterbedingungen eine Krise, die sie dazu zwingt, ihre Denk- und Lebensweisen zu verändern.

Überrascht werden

Der 30. Juni 2012 wird in die Geschichte als die Nacht eingehen, die die Wetterexperten überrascht und überrumpelt hat. Die Meteorologen sahen zwar auf ihren Monitoren, wie Hitze und Feuchtigkeit aufeinandertrafen, doch selbst für sie waren das Ausmaß und die Schwere der Stürme überwältigend. »Das ausgedehnte [Radar-] Bild, das wir sahen, war etwas sehr Seltenes«, sagte Stephen Konarik, ein Meteorologe des *National Weather Service.* »Auf ein solches Ausmaß waren wir nicht eingestellt.«[21]

Die von diesem Sturm – der sich vom oberen Mittleren Westen der USA bis zur Ostküste erstreckte – verursachten Kosten beliefen sich auf etwa drei Viertel der Kosten des Hurrikans Irene (August 2011), einem der schlimmsten Hurrikane in der Geschichte der USA. Obwohl um die 600 Mitarbeiter der Versorgungswerke und der Notfalleinsatzkräfte aus weit entfernten Bundesstaaten wie Texas, Michigan und Florida zu Hilfe eilten, gab es bis weit in die darauffolgende Woche hinein keinen Strom in den betroffenen Gebieten. Wie ein Einheimischer feststellte, wurden alle unvorbereitet getroffen:»Ich denke, es war für alle eine totale Überraschung, sogar für sie.«[22] Sie – damit waren die Wetterkundler gemeint.

Für Meteorologen und »Wetterfeen« kommt die Schwere solcher Stürme vielleicht überraschend, nicht jedoch für Menschen, die in Kontakt mit den Naturzyklen sind. Praktisch überall auf der Welt haben uralte Texte und indigene Völker uns vor eben dieser Zeit gewarnt, in der ungeheure Veränderungen auf vielen Ebenen des Lebens gleichzeitig zu erwarten seien (unter anderem auch hinsichtlich des Weltklimas sowie der lokalen Wetterbedingungen). Sie wussten um diese Veränderungen aus einem einfachen Grund: weil diese Veränderungen immer kommen.

In meinem Buch »Fractal Time« (Hay House 2009, dt. Ausgabe KOHA Verlag 2009) beschreibe ich, wie etwa alle 5000 Jahre die Sonnenzyklen und die Position der Erde im Weltraum zusammenkommen und massive Veränderungen in unserer Welt bewirken, beispielsweise auch die Veränderungen, wie sie durch die bereits erwähnten geologischen Studien aufgezeigt werden. Die Weisheit unserer Vorfahren gewinnt durch die wissenschaftliche Dokumentation dieser Veränderungen an Glaubwürdigkeit. Und da sie auf einfach berechenbaren Zyklen beruhen, ist es auch nicht schwierig herauszufinden, wann der letzte große Wandel stattgefunden hat und wann der nächste wohl bevorsteht. In ihrer Essenz folgen die in der Vergangenheit erlebten Veränderungen einer einfachen und »intuitiven« Weltsicht – im Wesentlichen einer Art »Beziehungslandkarte«, die unserer Zeit der Extreme einen Sinn verleiht (siehe Abbildung 1.6; S. 60).

Anhand dieser Landkarte können wir den Sinn der Realität begreifen, die den heutigen Krisen zugrunde liegt. *Wenn sich die Welt verändert, werden auch wir verändert,* und zwar als Menschen, als Gemeinschaften und Gesellschaften angesichts unserer sich verändernden Welt. Und wenn wir das Ausmaß dessen erkennen, was sich vor unseren Augen gerade entfaltet, können wir ganz sicher sein, dass wir uns inmitten einer großen Veränderung befinden – unser Leben, unsere Familien, Freunde und Nachbarn verändern sich. Genauso sicher ist, dass diese Veränderungen schnell passieren. So wie die Natur an die Grenzen dessen gelangt, was sie am Leben erhalten kann, werden auch wir als Individuen, Familien und Gemeinschaften durch die Extreme an unsere Grenzen getrieben, manchmal auf ganz offensichtliche, manchmal auf eher subtile Weise.

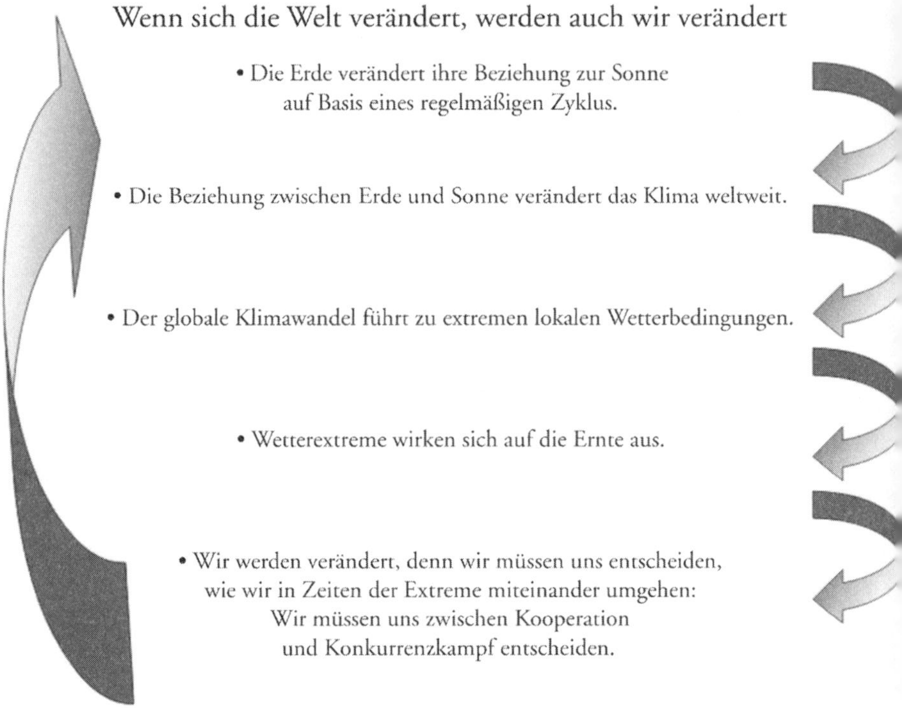

Wenn sich die Welt verändert, werden auch wir verändert

• Die Erde verändert ihre Beziehung zur Sonne
auf Basis eines regelmäßigen Zyklus.

• Die Beziehung zwischen Erde und Sonne verändert das Klima weltweit.

• Der globale Klimawandel führt zu extremen lokalen Wetterbedingungen.

• Wetterextreme wirken sich auf die Ernte aus.

• Wir werden verändert, denn wir müssen uns entscheiden,
wie wir in Zeiten der Extreme miteinander umgehen:
Wir müssen uns zwischen Kooperation
und Konkurrenzkampf entscheiden.

Abbildung 1.6
Diese vereinfachte Darstellung zeigt, wie die sich zyklisch verändernde Position der Erde im Weltraum (Verkippung, Kreisbahn, Winkel und Axialschlag) zu den zyklischen Veränderungen führt, die die Triebfeder menschlicher Zivilisationen bilden. [Quelle: »Deep Truth« (Hay House 2011); dt. Ausgabe »Tiefe Wahrheiten« (KOHA Verlag)]

Die Extreme des Lebens zwingen uns zu einem Umdenken bezüglich uns selbst, bezüglich der Erhaltung von Arbeitsplätzen, beruflicher Laufbahnen, der Gesundheit und unserer Beziehungen. Um in den scheinbar sinnlosen Nöten und schwierigen Umständen in allen Aspekten unserer Gesellschaft einen Sinn zu erkennen, werden wir dazu gezwungen, über die uns von unseren Eltern und Großeltern weitergegebene Weisheit hinauszuschauen. Wir werden gezwungen anzuerkennen, dass das Herzstück unserer wichtigsten spirituellen Traditionen, nämlich unsere Einheit mit der Welt und den Zyklen der Natur, eine neue Bedeutung und Relevanz für unser alltägliches Leben erhält.

Unsere Vorfahren verfügten zwar grundsätzlich über ein Verständnis der in Abbildung 1.6 dargestellten Beziehungen; ich möchte jedoch keineswegs behaupten, jeder Einzelne, egal, wie alt oder von welchem indigenen Stamm, hätte über dieses Wissen verfügt. Vielmehr geht es darum, dass im Weltbild unserer Ahnen das allgemeine Thema zyklischen Wandels durch die Position der Erde im Weltraum und die Auswirkungen auf unseren Planeten und unser Leben anscheinend als Prinzip anerkannt war. Und der Grund dafür ist ganz einfach zu erkennen: Nachdem die Weisheitshüter – von den Maya in Yucatán und den Schriftgelehrten des alten Ägyptens bis hin zu den Gelehrten der hinduistischen Hindu-Zyklen – die Bewegung der Erde am Himmel erkannt hatten, ergab alles andere ebenfalls einen Sinn. Doch bis die moderne Wissenschaft Mitte des 20. Jahrhunderts den wissenschaftlichen Nachweis für dieses uralte Wissen erbrachte, wurde es nur durch die indigenen Kulturen lebendig gehalten.

Jetzt wissen wir Bescheid!

Wir Menschen haben in der Vergangenheit Veränderungen gemeistert und erstaunlich oft extreme Krisen erfolgreich transformiert. Wie uns die Geologie zeigt, hat sich vor 20.000 bis 30.000 Jahren das Klima auf der Erde ganz plötzlich verändert – und zwar in großem Stil. Von den Körpern wollener Mammuts, die noch die Überreste ihres letzten Bissens an Nahrung im Mund hatten, als sie entdeckt wurden, bis hin zu fossilen tropischen Pflanzen aus der Antarktis (jetzt einer der kältesten Orte der Erde) bestätigen die geologischen Funde dramatische Veränderungen des Erdklimas, an die sich unsere Vorfahren ganz schnell anpassen mussten. Nichts von dem, was sie an Erinnerung besaßen, hatte sie auf das, was da geschah, vorbereiten oder ihnen sagen können, was zu tun war. Wie wir wissen, haben sie sich an den unvorhergesehenen Wandel angepasst, und diese Anpassungsfähigkeit hat sich gelohnt. Sie verhalf ihnen nicht nur zum Überleben, sondern sie vermehrten sich auch, und ihre Nachkommen – unsere Vorfahren – wanderten über die ganze Welt und bevölkerten das Land in noch größeren Zahlen als vor der Kälteperiode.

In jüngerer Vergangenheit haben auch wir unsere Fähigkeit bewiesen, als weltweite Familie gemeinsam einige der größten Veränderungen der modernen Welt zu bewältigen. Der Neuaufbau der Weltwirtschaft nach dem Börsencrash des Jahres 1929 ist ein wunderbares Beispiel für diese Art der Einheit. Ein weiteres Exempel ist die beispiellose Renaissance in Europa und Japan nach den Zerstörungen des Zweiten Weltkriegs.

Worum geht es bei alldem? Wenn wir in der Vergangenheit vor großen Problemen standen, sind wir diesem Ruf gefolgt und haben uns zusammengetan, um die Herausforderungen zu meistern. Doch im Vergleich zu heute gab es einen wichtigen Unterschied: Wenn unsere Welt vor großen Umwälzungen stand, mussten wir uns meistens nur mit einer einzigen Krise herumschlagen, beispielsweise einem wirtschaftlichen Zusammenbruch, den Verwüstungen infolge eines Kriegs oder einer Epidemie. Wir wissen also, wir können gut mit Krisen fertigwerden, wenn immer nur eine zu bewältigen ist. Doch heutige Herausforderungen sind etwas ganz anderes, denn wir müssen alle möglichen Krisenextreme unterschiedlichster Art im selben Zeitfenster meistern. Diese Tatsache unterscheidet unsere Zeit der Extreme so sehr von den Krisenzeiten der Vergangenheit.

Wenn wir nicht umdenken, dann können wir uns ziemlich sicher sein, wohin uns der Verlauf der weltweiten Extreme führen wird ... Um den uns bevorstehenden Herausforderungen erfolgreich zu begegnen, müssen wir Antwort auf drei wichtige Fragen geben. Als Individuen, Gemeinden, Länder und weltweite Familie müssen wir direkt in den Spiegel unseres Lebens blicken und uns fragen:

→ *Wie können wir die uns bevorstehenden Probleme lösen, wenn wir sie uns nicht ehrlich eingestehen?*

→ *Sind wir bereit, neue Entdeckungen zu akzeptieren, die die tiefsten Wahrheiten über unsere Beziehung zu uns selbst und zur Welt enthüllen?*

→ *Wie können wir uns durch die Anwendung moderner wissenschaftlicher und spiritueller Prinzipien auf unseren Alltag an eine sich verändernde Welt anpassen?*

Im Dezember 2012 hatte ich die Chance, genau diese Fragen einem indigenen Heiler zu stellen, der in den Dschungeln der mexikanischen Halbinsel Yucatán lebt. Nachdem wir erst einmal die Sprach- und Übersetzungshürden überwunden hatten, bekam ich schnell Antworten. Er rollte einen Bildteppich auf, den er von einem der ansässigen Händler geborgt hatte. »Ein Mann ganz nach meinem Geschmack!«, dachte ich. Ich betrachtete seinen Webteppich als Dschungel-Äquivalent der Power-Point-Folien, anhand derer ich normalerweise Ideen für mein Publikum in der ganzen Welt illustriere. Das Bildnis auf dem farbenprächtigen Gewebe zeigte eindeutig den Baum des Lebens der Maya. Der Heiler deutete darauf und wies auf die 13 Ebenen des Himmels (die Oberwelt) über dem Boden, die 9 Ebenen der Unterwelt unterhalb des Bodens und die Zweige und Wurzelns des Ceiba-Baums, des heiligen Baumes, der die Welten miteinander verbindet.

Die Vorstellung einer Ober- und einer Unterwelt (bzw. vieler solcher Welten) spiegelt auf den ersten Blick womöglich die christliche Vorstellung von Himmel und Hölle wider. Doch es gibt einen wichtigen Unterschied: In der Tradition der Maya werden die Ebenen der Unterwelt nicht als schlimme Orte betrachtet, die für jene

Menschen gedacht sind, die falsch gehandelt haben. Und die Himmel sind auch nicht nur für die guten Menschen da, die das Richtige tun. Vielmehr beschrieb der Heiler sowohl die Himmels- als auch die Unterwelten als Teile einer durchgängigen, kontinuierlichen Erfahrung. Seinen Worten zufolge erleben wir alle sowohl die Himmels- als auch die Unterwelten als Teil unserer großen Reise des Lebens, welche auf Zyklen aufbaut.

Die Fahrt durch die Zyklen der Erfahrung in allen Welten und in allem im Leben ist eine Kraft, die man bildlich nicht darstellen kann. Sie kann überhaupt nicht abgebildet werden, denn sie umfasst alles, was existiert, und ist deshalb jenseits des Beschreibbaren. In der Maya-Sprache des Yucatán heißt diese Kraft »Hunab Ku«.

Auf diesem Wissen gründete die Antwort des Heilers auf meine Fragen. Er erklärte, der Schlüssel zur Weisheit seiner Vorfahren und zu ihrem Wissen über den Wandel bestehe darin, nicht zwischen sich und der Welt zu trennen, so wie wir das heutzutage tun. Die Ahnen koppelten die eine Erfahrung nicht von der anderen ab, sie trennten Kunst nicht von Wissenschaft oder Spiritualität vom Alltag. Von den Bewegungen der Sterne bis hin zu den Wetterzyklen wurden alle Aspekte des Lebens als Teil dieses Gemenges betrachtet, als Aspekte einer einzigen, beständigen Erfahrung. Und dank dieser Weltsicht konnten unsere Maya-Vorfahren wichtige Erkenntnisse über die Zeit- und Wandlungszyklen der Natur gewinnen.

Aufmerksam lauschte ich den Worten meines neuen Freundes. Es heißt, die Ereignisse der Geschichte wiederholen sich. Vielleicht wiederholt sich auch das Wissen der Vergangenheit und zeigt sich immer wieder in unserem Leben genau dann, wenn es gebraucht wird. Diese Art ganzheitlicher Perspektive, die die Verflechtung und Kontinuität allen Lebens beschreibt, tritt heute in den Schlussfolgerungen unserer klügsten wissenschaftlichen Köpfe erneut zutage. Sowohl die heutige Wissenschaft als auch die indigenen Weisheiten rufen uns in Erinnerung, dass wir Teil von allem sind, was wir sehen. Und das bedeutet: Wir sind auch Teil der Lösungen. Der Schlüssel dazu ist in einem ersten Schritt ein Perspektivenwechsel, damit wir unsere Verbundenheit erkennen können.

Ein solches Denken macht den Unterschied zwischen dem Reagieren auf unsere Zeit der Extreme und einem Leben in Resilienz aus, welches die Extreme zu unserem Weg der Transformation macht.

▼

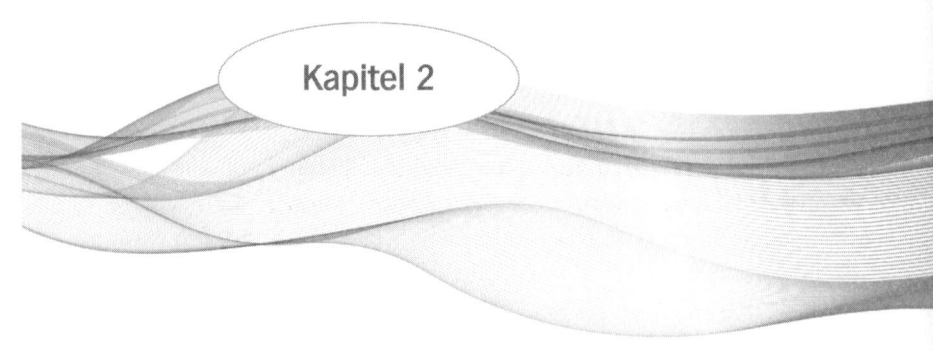

Kapitel 2

Kein Mangel an Lösungen:
Eine Krise des Denkens

Jede große Schwierigkeit birgt in sich ihre eigene Lösung.
Sie zwingt uns zum Umdenken,
damit wir diese finden können.

Niels Bohr (1885–1962),
Physiker und Nobelpreisträger

Angeblich sind wir Menschen Gewohnheitstiere. Warren Buffett hat das in seiner Umschreibung eines Ausspruchs des Schriftstellers Samuel Johnson aus dem 18. Jahrhundert vielleicht am besten zusammengefasst, als er sagte: »Die Ketten der Gewohnheit sind so leicht, dass man sie erst fühlt, wenn sie zu schwer sind, um gesprengt zu werden.«[1]

Wenn wir ehrlich sind, gelten diese Worte heute noch genauso wie vor über 200 Jahren. Wir *sind* Gewohnheitstiere, und genau deshalb ist jegliche Art der Veränderung für uns unter Umständen so schwierig. Oft ist es einfacher, an den vertrauten Gewohnheiten der Vergangenheit festzuhalten – selbst wenn diese bequemen Gewohnheiten uns nicht mehr guttun –, als sich den Ungewissheiten zu stellen, die das »Neue« womöglich in unser Leben bringt.

Peter Drucker, einer der Mitbegründer der modernen Managementlehre, sagt: »Inzwischen hat jeder die ›Unvermeidlichkeit des Wandels‹ akzeptiert. Doch Wandel ist damit immer noch etwas wie ›Tod und Steuern‹. Man sollte ihn so lange wie möglich auf die lange Bank schieben, und keine Veränderung wäre wirklich wünschenswert. *Doch in Zeiten des Umbruchs wie solchen, in denen wir gerade leben, ist Veränderung die Norm* [Hervorhebung durch den Autor].«[2]

Mein Großvater wäre mit ihm einer Meinung gewesen. Bevor er im Alter von 96 Jahren starb, pflegte mein Großvater immer stundenlang über die Welt zu reden, wie sie zu seiner Zeit war. Er wurde Anfang des letzten Jahrhunderts in Osteuropa geboren, und wie ich schon in meinem Buch »Tiefe Wahrheiten« erwähnt habe, begannen seine Geschichten immer mit der Feststellung, wie sehr sich seine Welt von damals von der heutigen unterschied. Ich wusste zwar, dass das, was er sagte, der Wahrheit entsprach, doch jedes Mal, wenn er mir von seinen Erinnerungen erzählte, verstand ich ein bisschen besser, was er meinte. Mein Großvater erzählte von einer Welt, die ich mir nur vorstellen konnte: Er schilderte eine Welt, wo von Pferden gezogene Wagen noch Vorfahrt vor den neu erfundenen Automobilen hatten und in der es in vielen Häusern keinen Strom gab und Telefone eine Seltenheit waren. Eine Welt ohne riesige Autobahnen, auf denen man superschnell fahren kann. Eine Welt, in der Toiletten im Haus ein Luxus waren. Wie Großvater immer sagte, ergab die Welt für ihn nach dem Zweiten Weltkrieg keinen Sinn mehr. Damals wurden so viele neue wissenschaftliche Entdeckungen gemacht, und der Alltag veränderte sich so schnell, dass er damit nicht Schritt halten konnte. Ihm erschien die Welle an innovativen technischen Erfindungen nach dem Zweiten Weltkrieg – von Düsenflugzeugen über Taschenradios bis hin zu Strichcodelese- und Faxgeräten – einfach verrückt. Er hatte keinen Bezug mehr zu all den um ihn herum vorgehenden Veränderungen, und deshalb fühlte er sich wie ein Außenseiter in seiner eigenen Welt. Mein Großvater hat nie Anschluss an die moderne Technologie gefunden. Für ihn war der Umbruch nach dem Zweiten Weltkrieg eine Krise, die bis zu seinem Lebensende andauerte.

Auf Veränderungen ausgelegt

Durch die Welt, wie sie mein Großvater nach dem Zweiten Weltkrieg erlebte, und unsere heutige Welt zieht sich ein gemeinsamer roter Faden: Beide sind das Produkt sehr großer Veränderungen in sehr kurzer Zeit. In beiden Welten mussten die Menschen zu einer neuen Denk- und Lebensweise finden, und zwar auf eine Art, auf die sie nicht vorbereitet waren. Und was vielleicht am wichtigsten ist: Keine der beiden Welten war für die Ewigkeit gedacht. Die Technologie beider Welten war auf Veränderungen ausgelegt.

Ein paar Beispiele: Die heutzutage unwahrscheinlich schlechte Kraftstoffeffizienz der »Muskelautos« der 1960er-Jahre, die teilweise mit einer Gallone weniger als 10 Meilen fuhren, war darauf *ausgelegt,* den heutigen effizienteren Motoren zu weichen, die mit einer Gallone meist 35 bis 40 Meilen weit kommen, wenn nicht sogar noch weiter. Die tragbaren Mehrspurbänder der 1970er-Jahre waren darauf *ausgelegt,* den kleineren Kassettenbändern und dann den CDs zu weichen, bis schließlich auch diese durch die reine Energie der elektronischen Nullen und Einsen unseres digitalen Zeitalters ersetzt wurden.

In einem größeren Maßstab sollte auch das Stromnetz aus Drähten und Kabeln, das heute noch unsere Häuser, Familien und Länder versorgt und verbindet, eigentlich etwas Vorübergehendes sein. Es war nie darauf ausgelegt, bis ins 21. Jahrhundert genutzt zu werden. Als der Erfinder Nikola Tesla das System entwickelte, durch das Wechselstrom über weite Entfernungen transportiert werden konnte, wollte er damit den Menschen in der Welt sofortigen Zugang zu den Annehmlichkeiten verschaffen, die durch Strom im privaten wie auch im geschäftlichen Umfeld ermöglicht wurden. Dieses System sollte nur vorübergehend in Gebrauch sein, bis er ein weiteres System perfektioniert hatte, über das Energie ohne lästige Drähte und Kabel verschickt werden konnte (ähnlich wie Fernsehsignale gesendet werden).

Aus finanziellen und politischen Gründen wurde Tesla die finanzielle Unterstützung entzogen, und so konnte er sein kabelloses Stromsystem nie fertigstellen. Nikola Tesla, eines der größten Elektronikgenies der Moderne, verstarb 1943, und sein »tempo-

räres« Stromnetz ist uns bis heute erhalten geblieben – 100 Jahre
länger, als es eigentlich geplant war.

Diese uns so vertrauten Technologien sind Beispiele für Denkansätze, die nie als letztendliches Ziel und zeitlose Lösungen vorgesehen waren, sondern vielmehr als Brücken dienen sollten, um die
nächsten Schritte tun zu können. Dank dieser subtilen, aber pro-
funden Erkenntnis fühlen sich viele Menschen angesichts unserer
Welt, in der scheinbar alles auf den Kopf gestellt wird, ein bisschen
besser. Wie bereits in Kapitel 1 beschrieben, werden viele der heutigen Veränderungen dadurch ausgelöst, dass die alten Denk- und
Lebensweisen nicht mehr aufrechtzuerhalten sind. Sie sind nicht
unbedingt falsch oder schlecht; wir sind nur einfach über sie hinausgewachsen. Sie passen nicht mehr in unsere Welt.

• • • •

**Vieles in der uns bekannten Welt sollte eigentlich
nur als Brücke hin zu einem besseren Leben dienen
und war nicht als letztendliches, nicht mehr abzuän-
derndes Ziel gedacht.**

• • • •

Die Blaupause für eine Vision

Am 25. Mai 1961 machte Präsident John F. Kennedy anlässlich
einer Sondersitzung des US-amerikanischen Kongresses eine
Ankündigung, die das Schicksal Amerikas und den Lauf der
menschlichen Geschichte für immer verändern sollte. Die Worte,
die auf der Welt diese Veränderung herbeiführten, lauteten: »Ich
glaube, dass dieses Land sich dem Ziel widmen sollte, noch vor
Ende dieses Jahrzehnts einen Menschen auf dem Mond landen zu
lassen und ihn wieder sicher zur Erde zurückzubringen.«[3] Mit dieser Aussage setzte Kennedy massive Anstrengungen in Bewegung,
Technologie, Unternehmen, Forschung und Investitionen entspre-

chend zu koordinieren, um dieses Ziel zu erreichen. Nur der Bau des Panama-Kanals in Friedenszeiten und das obergeheime *Manhattan Project* in Kriegszeiten waren, was Anspruch und Umfang anbelangt, mit Kennedys Mondlandungsprojekt vergleichbar.

Und Kennedys Vision wurde Wirklichkeit – durch eine höchst beeindruckende Zusammenarbeit zwischen Militär- und Zivilbehörden. Es kam so, wie er gesagt hatte, ja sogar noch schneller, als er sich das vorgestellt hatte! In den acht Jahren zwischen Kennedys Rede und dem ersten Schritt der Menschheit auf dem Mond wurden Pläne entwickelt, Antriebssysteme gebaut, Fehler beseitigt, und die Raumkapsel, die kostbares menschliches Leben transportieren würde, gelangte vom Zeichentisch auf die Startrampe. Am 16. Juli 1969 verließ die Saturn-V-Rakete – mit einer Länge von über 110 Metern und einem Gewicht von knapp 2934,8 Tonnen – die Startrampe auf Cape Kennedy und brachte drei Menschen zum Mond. Fünf Tage später verkündete der Astronaut Neil Armstrong die Landung mit den inzwischen unsterblichen Worten: »Dies ist ein kleiner Schritt für einen Menschen, aber ein riesiger Schritt für die Menschheit.«[4]

In Gesprächen über diese unglaubliche Leistung taucht meist als Erstes die folgende Frage auf: »Wie konnte das so schnell gelingen?« Wie konnten in nicht einmal zehn Jahren die Materialien produziert, die Technologie entwickelt und die Systeme gebaut werden? Die Antwort darauf ist der Grund, warum ich an dieser Stelle diese Geschichte erzähle. Der Zeitpunkt und der Erfolg der Mission wurden durch zwei Schlüsselfaktoren ermöglicht, die zur richtigen Zeit zusammenkamen:

Zunächst einmal waren die wichtigen Teile der Technologie bereits entwickelt worden. Auch wenn das Zusammenbringen so vieler Systeme und Komponenten an sich schon eine Riesenaufgabe war, so waren die zugrunde liegenden Theorien, Materialien und Kommunikationsmöglichkeiten in großen Teilen bereits vorhanden. Deshalb war der zweite Faktor so wichtig: Denn obwohl die Technologie größtenteils schon zur Verfügung stand, hatte sich zuvor niemand in einer entsprechend hohen Position und mit der entsprechenden Autorität darauf konzentriert, das alles zusammenzubringen. Als der Präsident der technisch am weitesten entwickelten Nation der Erde durch seine Rede genau das tat, galten seine Worte als Auftrag und Mandat, als Erlaubnis an die Wissenschaftler und die administrativen Behörden, dieses Ziel anzugehen. Durch dieses Mandat wurden für Innovationen und die benötigten Mittel die Schleusen geöffnet. Oder anders ausgedrückt: *Kennedy machte die Reise zum Mond zu einer Priorität.*

Heute befinden wir uns in einer ähnlichen Situation. Doch diesmal geht es nicht darum, Menschen auf den Mond zu schicken. Die Mission unserer Zeit hat mit den Geschehnissen hier auf dem Planeten Erde zu tun. So wie in den 1960er-Jahren die Technologie für die Raumfahrt bereits verfügbar war, so verfügen wir heute schon über das Wissen und die Mittel zur Linderung des menschlichen Leids, das zum Markenzeichen unserer Zeit der Extreme geworden ist. Wir sind bereits in der Lage, alle Menschen zu ernähren – jeden Mann, jede Frau und jedes Kind auf der Welt.[5]

→ **Fakt:** Die weltweite Landwirtschaft produziert heute 17 Prozent *mehr* Kilokalorien als vor 30 Jahren – genug, um jeden Menschen täglich mit mindestens 2720 Kilokalorien zu versorgen.[6]

→ **Fakt:** Unterernährung und Hunger entstehen nicht durch Lebensmittelknappheit, sondern durch Armut, schädigende Wirtschaftssysteme, Konflikte und – in geringerem, aber steigendem Maß – durch die aufgrund des Klimawandels verursachten Dürren, Überschwemmungen und nicht vorhersehbaren Wettermuster.[7]

Wir verfügen bereits über bezahlbare, saubere und nachhaltige Energieformen, welche jedem Haushalt, der sie benötigt, zugänglich gemacht werden können. Der weltweite Umstieg auf diese Energien scheint nicht von jetzt auf gleich, sondern eher schrittweise stattzufinden.

→ **Fakt:** In der ersten Phase des weltweiten Energieumstiegs kommt verflüssigtes Erdgas zum Einsatz; es verbrennt sauberer, produziert 50 Prozent weniger CO_2 und ist kostengünstiger als traditionelle Kohle und Erdöl. Das ist zwar nicht die letztendliche Lösung für die Deckung unseres wachsenden Energiebedarfs, aber es ist ein Hinweis auf ein Umdenken und ein Schritt in die richtige Richtung.[8]

↝ **Fakt:** Die Technologie, durch die weitere Formen von »alternativen« Energien nachhaltig nutzbar werden, entwickelt sich langsam, aber stetig weiter (beispielsweise Sonnenenergie, Erdwärme und Windkraft). Solche Technologien können auf lokaler Ebene traditionelle Energiequellen ergänzen und helfen, regionale Energieprobleme anzugehen.[9]

↝ **Fakt:** Energiequellen, die nach heutigen Standards noch als Exoten erscheinen, werden nach und nach fossile Brennstoffe vollständig ersetzen und Bestandteil einer Mischung aus sauberen, nachhaltigen Alternativen werden, die den Energiebedarf unserer wachsenden Bevölkerung decken können.

Wir wissen bereits, wie wir die erbärmliche Armut in der Welt verringern können, die die Ursache so vieler Mangelzustände und von so viel Leid ist.

↝ **Fakt:** Das Millennium-Entwicklungsziel der Vereinten Nationen, die extremste Armut (derjenigen, die von 1,25 US-Dollar pro Tag leben) zu mindern, ist auf einem guten Weg. Der erste Schritt, nämlich den Anteil der Weltbevölkerung, der in solcher Armut lebt, zwischen 1990 und 2015 zu halbieren, wurde sogar bereits 2010 erreicht – *fünf Jahre vor Ablauf der gesetzten Frist.* Das heißt: Echter Wandel kann tatsächlich erreicht werden und legt die Grundlage für noch größere Anstrengungen.[10]

Wie diese und andere Fakten aufzeigen, existieren die Komponenten für große Lösungen bereits. Doch derzeit fehlt (noch) eine Vision ähnlich der von Präsident Kennedy; es fehlt noch das Umdenken, durch das solche Ziele zur Priorität erhoben werden.

●●●●
Damit wir unsere Träume zum Leben erwecken können, müssen wir unsere Vision in unserem Leben zur Priorität erheben.
●●●●

Kein Mangel an Lösungen

Wie uns die oben genannten Beispiele zeigen, sind bedeutsame Veränderungen durchaus machbar und müssen sich nicht über Generationen hinziehen, bis wir in unserem Leben etwas davon merken. Die UNO verfügte über die Mittel und die Motivation, die Armut in der Welt in nicht einmal 20 Jahren erheblich zu verringern. Wir wissen also, dass solche Veränderungen möglich sind. Doch bislang hat niemand die Mobilisierung der riesigen, uns zur Verfügung stehenden Ressourcen und die Durchsetzung ähnlicher Veränderungen planetenweit zur Priorität erhoben. Wenn eine solche Vision verkündet würde, könnte man anhand der bereits vorhandenen Lösungen vielen und unterschiedlichsten Formen des Leidens in Familien und Gemeinschaften ein Ende bereiten. Doch solange keine solche Ankündigung erfolgt, werden wir Zeugen einer Welt, in der hoffnungsvolle Lösungen im Verborgenen bleiben.

Wenn ich in meinen Vorträgen behaupte, die großen Probleme der Welt – d.h. die Probleme, die durch Technologie gelöst werden *können* – wären bereits gelöst, macht sich im Publikum nicht selten Erstaunen breit. So wie die Technologie für die erfolgreiche Mondlandung bereits existierte, als Kennedy seine Rede hielt, so existieren auch heute bereits die Lösungen für die großen Probleme unseres Lebens (den sozialen Wandel, den Aufbau nachhaltiger Gemeinschaften und Städte etc.).

Eine Reihe visionärer Führungsgestalten und Vordenker hat bereits Organisationen gegründet und exzellente Bücher geschrieben, um die Möglichkeiten unseres Lebens aufzuzeigen; ihnen allen gerecht zu werden, würde den Rahmen dieses Buchs sprengen. Deshalb habe ich ein paar Beispiele aus diversen Bereichen ausgewählt, um zu verdeutlichen, wie sehr schon an der Art von Wandel, von dem hier die Rede ist, gearbeitet wird. Wir müssen das Rad nicht neu erfinden, um zu wissen, wo wir ansetzen können. Andere Menschen haben das bereits getan, und manche von ihnen haben ihr gesamtes Leben dieser Vorarbeit gewidmet, damit wir das nicht erledigen müssen.

Nun behaupte ich zwar nicht, dass die im Folgenden beschriebenen Möglichkeiten jeweils die einzigen sind, aber ich möchte aufzeigen, wie grundlegend und hochwertig die bereits verfügbaren Lösungen sind: die aufgesetzten Pläne ebenso wie ihre vorgesehene Umsetzung. Der Ball ist am Rollen. Jetzt lautet die Frage: *Worauf warten wir eigentlich noch?*

»*Plan B*«

Eine der führenden Stimmen bei der Aufklärung und Mobilisierung der Öffentlichkeit hin zu einem nachhaltigen Wandel unserer Denk- und Lebensweisen ist Lester R. Brown, Umwelt-Analytiker und früherer Leiter des *Worldwatch Institute*. Laut Brown befinden wir uns »in einem Wettrennen zwischen Wendepunkten in der Natur und Wendepunkten in unseren politischen Systemen.«[11] In einem mutigen Versuch, das Leiden unserer zusammenbrechenden Zivilisation abzuwenden, veröffentlichte er eine Reihe von Büchern, die illustrieren sollten, wie schlimm die Dinge wirklich stehen und wie viel schlimmer es noch werden könnte. Alle Bücher haben denselben Titel plus unterschiedliche Untertitel, die den Fokus der jeweiligen Publikation aufzeigen.

Das erste dieser Bücher heißt »Plan B: Rescuing a Planet Under Stress and a Civilization in Trouble« (Norton 2003) und erzählt von den Statistiken, die sozusagen die rote Flagge hissen und uns auf Probleme aufmerksam machen.

In seinem dritten Buch »Plan B 3.0: Mobilizing to Save Civilization« (Norton 2008; dt. Ausgabe »Plan B 3.0: So retten wir die

Welt«, Homilius 2008) ist angesichts der gefährlichen Trends, die sich in unserer Welt immer weiter entwickeln, ein noch stärkeres Gefühl der Dringlichkeit zu spüren.

Seit der Veröffentlichung des ersten *Plan-B*-Buchs haben sich viele der Faktoren, vor denen darin lediglich gewarnt wurde, inzwischen zu etwas sehr Realem entwickelt.

Brown wies unter anderem darauf hin, wie kritische Zeitpunkte in der Natur – beispielsweise wenn die Population einer Spezies abnimmt – den Punkt markieren, an dem es für dieses spezielle System kein Zurück mehr gibt, und beschrieb, wie eine ganze Reihe betreffender ökologischer Systeme auf der Erde heute genau auf diesen Punkt zusteuert.

Was ich an der *Plan-B*-Buchreihe ganz besonders mag, sind die angebotenen Handlungsschritte, die auf der Stelle umgesetzt werden könnten, um die bevorstehenden Probleme anzugehen. Das wären beispielsweise:

→ Eine Stadtentwicklung, welche die Menschen und deren Lebensstil unterstützt, statt Branchen und Wirtschaftssysteme zu fördern, die auf Berufspendlern basieren.

→ Umsetzung von Maßnahmen, welche die Energieeffizienz von Privathäusern, Büros, gewerblichen Gebäuden und öffentlichem Verkehrsnetz umgehend erhöhen würden.

→ Aufbau einer Wirtschaft, die Materialien zyklisch nutzt und nicht auf dem linearen Wegwerf-Modell basiert, wie es heute vorherrschend ist.

→ Umverteilung der Staatsausgaben (in den USA), inklusive eines Teils des riesigen Militärhaushalts, zum Zwecke des Aufbaus einer neuen, nachhaltigen Infrastruktur.

Browns *Plan-B*-Buchreihe ist eine ernüchternde, aber notwendige Einschätzung, die den Finger auf die wunden Stellen bzw. Probleme legt, aber auch mit Aktionsplänen Hoffnung macht. Ganz zweifellos hat Browns Werk einen starken Einfluss auf unsere

Weltsicht. Für viele Organisationen, Behörden und Menschen ist die *Plan-B*-Buchreihe eine Art Bibel zur Identifizierung möglicher Lösungen geworden.

»*Social Change 2.0*«

So wie Lester R. Brown die wichtigen Probleme und möglichen Lösungen für das große Bild des globalen Wandels dargelegt hat, hat dies David Gershon für die Institutionen, die diesen Wandel antreiben, sowie für die Gesellschaften an sich getan. Gershon ist ein angesehener Autor mehrerer aufklärender Bücher, beispielsweise »Low Carbon Diet« (Empowerment Institute 2006), welches 2007 den »Most Likely to Save the Planet«-Bücherpreis in Bronze gewonnen hat. In seinem Buch »Social Change 2.0« (High Point/ Chelsea Green 2009) argumentiert er meisterhaft auf Basis seines umfassenden Fachwissens, seiner akademischen Erfahrungen und seiner Arbeit als Berater der Vereinten Nationen und des Weißen Hauses unter Präsident Clinton.

Aufbauend auf diesen persönlichen Erfahrungen konnte Gershon die Gründe dafür nennen, warum so viele Versuche, soziale Probleme (von innerstädtischen bis hin zu globalen Problemen) zu lösen, in eine Sackgasse geraten sind: Die Lösungen basierten auf Ideen, sie sich als falsch erwiesen haben. Aus seiner Sicht der Systemtheorie beschreibt Gershon, wie die heutigen sozialen Krisen uns eines signalisieren: »Wir werden aufgerufen, nicht nur unsere Welt neu zu erfinden, sondern auch den Prozess, um dies zu vollbringen.«[12]

Einer der vielen Gründe dafür, warum ich Gershons wie auch Browns Buch mag, sind die realistischen Alternativen gegenüber traditionellen Modellen sozialen Wandels, die sie ihren Lesern anbieten. Gershons Beispiele für das, was er gelernt hat, könnten zu einer Vorlage für die Erzeugung positiver Veränderungen in fast jedem sozialen Umfeld werden: von kleinen Gemeinschaften und Gemeinden bis hin zu ganzen Ländern. Er beschreibt zunächst seine Arbeit, die darin besteht, Gespräche zwischen lokalen Behördenmitarbeitern und Gemeindemitgliedern in einigen der größten Städte Amerikas positiv zu gestalten, und nennt dann beispielhaft sinnvolle Schritte, um das, was er herausgefunden hat, entsprechend anzuwenden. Dabei geht es unter anderem um folgende praktische Handlungsschritte:

→ Veränderungen in Gemeinschaften und Gemeinden durchführen, die für das Leben der Menschen relevant sind.

→ Bürger organisieren, damit sie mehr Verantwortung für Themen wie »Gesundheit«, »Sicherheit«, »Verschönerungsmaßnahmen« etc. übernehmen.

→ Lokalen Behördenmitarbeitern mehr Verantwortung und Zuständigkeiten für die Veränderungen übertragen, die sich auf ihre Nachbarn und Familien auswirken.

→ Entwicklung und Umsetzung eines ganzheitlichen Ansatzes für kommunalen Wandel.

Wenn etwas im Leben wahr ist, dann zeigt sich diese Wahrheit an vielen Stellen gleichzeitig. Das gilt ganz bestimmt für »Social Change 2.0«, also den sozialen Wandel, wie er von Gershon aufgezeigt wird; seine Ideen und die Prinzipien überschneiden sich mit denen aus Browns Arbeiten. Ebenso kehren sie wieder in den futuristischen Visionen von Gemeinschaften, wie sie Neuerer wie Paolo Soleri haben: Bei ihm wird nachhaltige Architektur mit der Ökologie des Landes verbunden, auf dem sie steht.

Arkologie und »Earthships«

1970 geschah in der ausgetrockneten Wüstengegend nördlich von Phoenix/Arizona etwas ganz Wunderbares: Der visionäre Architekt Paolo Soleri (1919–2013) erbaute ein Gemeinwesen, wie es das bislang nirgendwo sonst auf der Erde gegeben hatte. Seine Vision eines kommunalen Umfelds ist ein perfektes Beispiel für städtischen Wohnungsbau, wie er in unserer Zeit der Extreme benötigt wird. Perfekt, weil sich dadurch viele Menschen an die gerade stattfindenden Veränderungen anpassen können, die sowohl menschengemacht sind als auch von der Natur verursacht werden. Soleri, ein Schüler des bekannten Architekten Frank Lloyd Wright (1867–1959), nannte sein Gemeinwesen »Arcosanti«. Dessen Grundideen werden am besten in den eigenen Worten der Gemeinschaft beschrieben: »Arcosanti ist ein Stadtlabor mit Fokus auf innovativem Design, Gemeinschaft und Umweltbewusstsein. Unser Ziel besteht darin, aktiv eine schlanke Alternative zur städtischen Zersiedelung zu verfolgen, auf Basis der *Arkologie* (Architektur + Ökologie), Paolo Soleris Theorie einer kompakten Stadtgestaltung.«[13]

Anhand einer Kombination aus fast außerweltlich anmutender Ästhetik und solider Ingenieurswissenschaft stellte Soleri das Design von Arcosanti unter das Thema des Arbeitens *mit* dem Land und den Naturelementen, anstatt das Land dazu zu zwingen, sich mit unseren Vorstellungen von Häusern, Schulen und Büros abzufinden. Auf das Leben übertragen bedeutet das beispielsweise, dass eine Felsenklippe an einer Stelle, wo ein Haus gebaut werden soll, zur Wand eines Wohnzimmers wird, anstatt dass sie vom Untergrund abgerissen wird, um Rigips- und Sperrholzplatten an ihre Stelle zu setzen.

Eine der Grundideen der Arkologie ist die Anpassung an das, was die Natur zu bieten hat. Im Falle von Soleris Gemeinwesen ist das unter anderem das Sonnenlicht. Die Wüsten Arizonas sind bekannt für ihr reichlich vorhandenes, hochwertiges Licht, welches prädestiniert ist für alle möglichen Solartechnologien zur Gewinnung von Sonnenenergie. Arcosanti war für eine autarke, nachhaltige Gemeinschaft von 5000 Menschen konzipiert, die sämtliche benötigte Energie aus allen möglichen Solarquellen erzeugen sollte. Das Arkologie-Modul »Two Suns« ist ein System zum Sammeln, Transport und Verbrauch von aktiver wie auch passiver Sonnenenergie, um den Bedarf des Dorfes zu decken. Terrassenförmig angelegte Treibhäuser sammeln die Sonnenwärme, die dann zum Heizen und Kühlen von anderen Gebäuden umgeleitet wird. Ich hatte die Möglichkeit, einige von Soleris Konstruktionen kennenzulernen, und fragte mich damals, warum seine und ähnliche Ideen nicht in den modernen Wohnungs- und Städtebau mit einfließen.

Auch ein weiteres visionäres Design für autarke Gemeinschaften hat seine Wurzeln in den Wüsten des US-amerikanischen Südwestens. Es handelt sich um eine Gemeinde im Wüstenhochland in der Nähe von Taos in New Mexico, die in den 1970er-Jahren errichtet wurde. In diesem Jahrzehnt begann der Architekt Michael E. Reynolds mit dem Bau einer ganzen Kommune, die nicht an das öffentliche Versorgungsnetz angeschlossen war und keine entsprechende Anbindung an das Strom-, Abwasser- und Trinkwassernetz benötigte. Für den Bau der Wände wurden Materialien verwendet, die normalerweise im Abfall landeten (beispielsweise Aluminiumdosen, Glasflaschen und Gummireifen). Darüber kam Stuckgips, wodurch wunderschöne, sehr organisch aussehende Strukturen entstanden. Er nannte die von ihm erbauten Häuser und Büros »Earthships«, unter anderem deshalb, weil er sie tatsächlich aus Erde, aus dem dort befindlichen Erdboden erbaut hatte.

Der Erdboden wurde auf unterschiedliche Weise verwendet, zum Beispiel in Form von Stampferde. Das ist genau das, wonach es klingt: Das Schichten und Stampfen von Erdboden gegen speziell aufbereitete Fundamente und Wände von Gebäuden, wodurch diese teilweise tatsächlich vergraben werden. Stampferde hat isolierende und dämpfende Eigenschaften, die im traditionellen Bauwesen ihresgleichen suchen. Diese Häuser und Büros sind wirklich warm und ruhig! Außerdem wurde Erdboden für einen Teil der Wände in alte Gummireifen gepackt, vor allem für die Wände gegen Norden hin, wo es aufgrund fehlender direkter Sonneneinstrahlung an Wärme mangelte. Durch die Dichte der gepackten Erde wird jeder Reifen zu einem perfekten, runden Baustein geformt, wobei sich in der Mitte ein sogenanntes Totluftfeld befindet. Dadurch wird eine enorm hohe Isolierung gegen die Hitze und Kälte der extremen Wüstenbedingungen erzielt.

Bei jedem »Earthship« kann dank der nach Süden gerichteten Glaswände die Wüstensonne in das Gebäude einstrahlen und die Böden aus Lehmziegeln oder Steinplatten tagsüber aufheizen. Nach Sonnenuntergang strahlen die Ziegel die Wärme auch abends weiterhin gleichmäßig und effektiv ins gesamte Haus ab. Wie ich bei

Aufenthalten in »Earthship«-Häusern selbst erlebt habe, können die Innentemperaturen im Dezember um die 27 Grad Celsius betragen und bleiben bis weit in die Nacht hinein stabil. Jedes Haus verfügt über ein in sich geschlossenes System, welches das Brauchwasser im Haus sammelt, filtert und recycelt, um es zum Bewässern der Bäume, Blumen und Gemüsegärten weiterzuverwenden, die sowohl außen als auch innen im Atrium des Gebäudes angelegt sind.

Ob diese speziellen Designs jemals in größerem Umfang genutzt werden, ist eine noch offene Frage. Ich erzähle an dieser Stelle davon, weil diese Gemeinschaften (ebenso wie weitere, die in anderen Teilen der Welt mittlerweile erfolgreich funktionieren) so etwas wie Labore sind, die uns aufzeigen, was durch ein Umdenken hinsichtlich unserer Wohngebiete oder sogar ganzer Städte möglich ist.

Im Zuge des Wiederaufbaus der Städte nach den verheerenden Auswirkungen des Klimawandels wie des F5-Tornados, der die Stadt Moore/Oklahoma im Mai 2013 dem Erdboden gleichmachte, und des Hurrikans Sandy der Kategorie 3, der an der Ostküste Amerikas im Oktober 2012 ganze Gemeinden zerstörte, könnten die nachhaltigen Prinzipien dieser visionären Gemeinschaften als Modelle für den Bau der Städte der Zukunft dienen.

Der globale Wandel

Jeder lernt ein bisschen anders. Aus genau diesem Grund haben viele sehr gute Lehrer sehr gute Bücher über unsere Zeit der Extreme geschrieben. Manche dieser Bücher beschäftigen sich eher mit dem großen Bild und untersuchen, wie sich Veränderungen in unserem Leben in Veränderungen in der Welt übertragen lassen. Andere wiederum erkennen diese Zusammenhänge zwar auch an, konzentrieren sich aber darauf, wie Wandel in unser persönliches und spirituelles Leben integriert werden kann. Edmund J. Bourne hat ein solches Buch geschrieben; es trägt den Titel »Global Shift: How a New Worldview Is Transforming Humanity« (New Harbinger 2008). Mich faszinieren daran vor allem zwei Dinge, die es zu einem meiner Lieblingsbücher über dieses Thema machen:

Zum einen mag ich, wie Bourne wissenschaftliche Erkenntnisse mit indigenen Traditionen, Spiritualität und der Realität des Alltags zusammenbringt und so ein Bild der sich entwickelnden neuen Welt darstellt. Anstatt uns eine Sichtweise als die einzig wahre aufzuzeigen und um deren Akzeptanz zu werben, zeichnet er ein ehrliches Porträt der realen Welt als einer Welt, in der die Menschen nach einer neuen, sinnvollen und – ganz besonders wichtig – funktionierenden Weltsicht suchen.

Zum anderen widmet er im Rahmen einer sich abzeichnenden neuen Weltsicht ein ganzes Kapitel den Maßnahmen, die zu ergreifen wären. Für mich beinhaltet dieses Kapitel eine Fülle von Ideen und Hilfsmitteln, die uns dabei unterstützen könnten, die Realität, wie Bourne sie im Buchtitel identifiziert hat, anzunehmen. Bourne bringt einerseits bereits bekannte Vorschläge, die man in so einem Buch erwarten würde (beispielsweise einen veränderten Lebensstil, Umweltschutz und kommunale Fürsorge). Andererseits aber stellt er auch finanzielle Handlungsvorschläge und Verhaltensweisen vor, die die ökonomischen, sich in unserem Alltag zeigenden Umwälzungen widerspiegeln. Unter anderem nennt er:

→ sozialverantwortliche Investitionsmöglichkeiten;
→ innovative Investitionsmöglichkeiten in den Kommunen;
→ bewusstes Investieren auf den weltweiten Finanzmärkten.

Dass alle in Bournes Buch vorgeschlagenen Veränderungen auf einmal umgesetzt werden, ist eher unwahrscheinlich. Doch wenn wir das Buch zu Ende gelesen haben, haben wir eine fundierte Vorstellung vom Ausmaß des Wandels, der in unserem Leben gerade stattfindet, und zusätzlich eine Vielzahl von Ideen für solide Maßnahmen an der Hand, durch die wir den globalen Wandel vielleicht ein bisschen sanfter gestalten könnten.

Natürlich kann keine einzelne Informationsquelle oder eine einzelne Idee *die eine* Antwort auf die Herausforderungen liefern, denen wir uns heute gegenübersehen. Vielmehr gibt es viele unterschiedliche Lösungen für all die vielen Aspekte der vielen Probleme, die in dieser Zeit alle gleichzeitig auftauchen. Bourne fasst das wunderbar mit folgenden Worten zusammen: »Niemand kann die immensen Probleme, mit denen sich die Erde und ihre Bewohner konfrontiert sehen, alleine lösen.«[14]

Ich stelle hier beispielhafte Denkansätze wie die von Bourne und anderen bereits genannten Menschen vor, weil ich aufzeigen möchte, dass die Ideen für den Umgang mit dem globalen Wandel bereits vorhanden sind und sich die Räder bereits in Bewegung gesetzt haben. Oder wie Bourne schreibt: »Jeder von uns kann durch ein paar einfache Maßnahmen zum Schutz der Umwelt und zur Unterstützung von benachteiligten Menschen mit dazu beitragen und eventuell auch weitere Menschen dazu bringen, ebenfalls zu handeln.«[15]

Ich kenne Leute, die unsere Zeit als eine Zeit beängstigender Dringlichkeit betrachten. Wenn sie erst einmal erkannt haben, mit welchen Extremen wir es zu tun haben, meinen sie, auf der Stelle reagieren und etwas unternehmen zu müssen. *Auf der Stelle, jetzt gleich!* Der Wunsch, schnellstmöglich etwas zu unternehmen, ist eine ganz natürliche Reaktion. Ich habe aber eher das Gefühl, wir leben in einer – wie ich das ausdrücken möchte – Zeit *gnädiger Dringlichkeit. Gnädig* insofern, als wir noch Zeit haben, etwas zu unternehmen, bevor wir wirklich die Kipppunkte des Klimawandels, der Ölverknappung und der Spitzenverschuldung erreichen und die schlimmen Konsequenzen zu befürchten haben, die so viele Experten prognostizieren. *Dringlich* insofern, als es jetzt an der Zeit ist zu reagieren. Egal, was wir tun, egal, welche Umwälzungen wir in unserer Welt bewirken, und egal, welche Veränderungen wir in unserem Leben umsetzen: Jetzt ist der perfekte Zeitpunkt für diese Anpassungen und Innovationen gekommen!

••••
**Lösungen für große Probleme wie die Nahrungs- und
Energieversorgung sowie für eine nachhaltige Wirtschaft sind bereits vorhanden. Unser wahres Problem ist eine Krise des Denkens.**
••••

Was ist dazu nötig?

Wie die im Vorfeld beschriebenen Studien, Berichte und Aussagen von Organisationen und Autoren klarmachen, verfügen wir bereits über die Grundlagen für reale Lösungen, die die Welt besser und unser Leben einfacher machen können. Ebenso klar ist, dass wir in der Lage sind, diese Lösungen bereits umzusetzen. Offensichtlich müssen wir uns also fragen: *Wo sind diese Lösungen heute zu finden? Warum setzen wir sie nicht jetzt um? Was ist nötig, damit wir das tun?*

Präsident Kennedys visionärer Plan einer bemannten Mondlandung verdeutlicht die Antwort auf diese Fragen. Bevor er umgesetzt werden konnte, musste erst noch etwas anderes passieren; es reichte nicht, einfach nur den Auftrag für die Reise zum Mond zu erteilen. *Bevor* er dem amerikanischen Volk seine Vorstellungen darlegen konnte, *bevor* die erforderliche Technologie entwickelt werden konnte, *bevor* die Flugbahnen von der Startrampe zum Mond berechnet werden konnten, *bevor* Raumanzüge entwickelt oder Frühstücksdrinks in weltraumtauglichen Beuteln verpackt werden konnten – *bevor* all dies überhaupt in die Wege geleitet werden konnte, musste zunächst etwas anderes passieren. Dieses »Etwas« fehlt heutzutage in unserem Leben. Nämlich das *Umdenken*.

Wir können durchaus sagen, dass die größte Krise in unserer Zeit der Extreme, *jenseits* der Schulden-, Energie- und Nahrungsmittelkrise, eine Denkkrise ist. Unser Denken könnte die bereits vorhandenen lebensrettenden Lösungen zu einer Priorität in unserem Alltag erheben und uns dazu motivieren, diese Lösungen auch wirklich umzusetzen. Dieses benötigte Denken käme aus einem tiefen Wunsch heraus, der Welt etwas zu *geben*, und beruhte nicht auf einem Gefühl des Mangels oder der Einstellung des *Nehmens*. Vielmehr hätte es mit *Zusammenarbeit* und nicht mit *Wettstreit* zu tun.

Genau diese Art zu denken wird jetzt von neuen Entdeckungen und dem Besten, was die Wissenschaft zu bieten hat, gestützt. Um die Antwort auf die Frage »Was wäre nötig, um die bereits existierenden Lösungen in unser Leben zu bringen?« zu erhalten, müssen wir zum Anfang zurückgehen und fragen: *Wo hatte das Denken, das uns zu den größten Krisen seit 5000 Jahren Menschheitsgeschichte geführt hat, seinen Ursprung?* Die Antwort auf diese Frage ist womöglich eine Überraschung.

Falsche Annahmen der Wissenschaft neu überdenken

Tief in unserer Kultur ist eine Geschichte vergraben, die in unserem heutigen Alltag eine unglaublich große Rolle spielt. Es handelt sich um die meist nicht erzählte Geschichte unserer selbst: wer wir sind, wo wir herkommen und wie unsere Welt anscheinend funktioniert. Ich will keineswegs andeuten, diese Geschichte sei unbedingt etwas, über das wir ständig nachdenken oder der wir uns permanent bewusst sein müssten. Diese Geschichte erzählen wir unserer Familie nicht jeden Morgen am Frühstückstisch, und wir sinnen darüber auch nicht nach, wenn wir unseren Ritualen nachgehen, die uns auf den Tag vorbereiten. Für viele von uns ist diese Geschichte so tief in unseren Denk- und Handlungsweisen vergraben, dass wir ihre Konsequenzen automatisch akzeptieren, ohne auch nur einen weiteren Gedanken daran zu verschwenden. Doch auch wenn sie noch so tief verborgen sein mag, so ist sie doch so präsent, dass sie unsere Entscheidungen lenkt und sich darauf auswirkt, wie wir Tag für Tag mit unseren Lieben, unseren

Familien, Kollegen, Freunden und der Welt umgehen. Es ist eine *Geschichte des Getrenntseins.*

Seit der Geburt der modernen Wissenschaft vor fast 300 Jahren lässt uns die Geschichte unseres Lebens glauben, wir seien nur ein bisschen mehr als ein Staubkörnchen im Universum und biologische Randerscheinungen im Gesamtplan des Lebens. Wir sind davon überzeugt, wir seien voneinander getrennt. Uns wurde beigebracht, wir seien im Wesentlichen machtlos, wenn es um das Heilen unseres Körpers oder um unsere Friedensfähigkeit geht, sei das nun in unserer (kleinen) Gemeinschaft oder darüber hinaus.

Zu unserer Geschichte des Getrenntseins gehört auch Charles Darwins (1809–1882) Überzeugung, das Leben sei ein Kampf und wir müssten für das Gute im Leben kämpfen. Viele Menschen wurden als Kinder zu diesem Denken durch das »Mantra« der Ellenbogengesellschaft konditioniert, in der der Stärkere gewinnt und es darum geht, zu fressen oder gefressen zu werden. Das trifft genau die Überzeugung, die Welt sei so etwas wie ein großer Kuchen, der irgendwann einmal aufgegessen ist, und wir müssten deshalb um unser Stück vom Kuchen kämpfen oder gingen ansonsten leer aus. Darauf beruhen die weitverbreitete Sicht einer Welt der Knappheit oder des Mangels und auch der von uns als notwendig erachtete gewalttätige Wettstreit zwischen Menschen und Nationen. *Vielleicht ist es kein Zufall, dass in der Zeit, in der diese Überzeugung vorherrschte, die Welt die größten Krisen ihrer Geschichte (Kriege, Leiden und Krankheiten) erlebt hat.*

Ist es wirklich ein Wunder, dass wir uns angesichts der großen Lebenskrisen machtlos fühlen und meinen, wir könnten uns und unseren Lieben nicht helfen? Ist es wirklich ein Wunder, dass wir uns oft hilflos fühlen, wenn sich unsere Welt so schnell verändert und »an den Nähten auseinanderzugehen« scheint? Auf den ersten Blick gibt es scheinbar keinerlei Grund, anders darüber zu denken oder zu meinen, wir hätten mehr Kontrolle über uns oder darüber, wohin unser Leben steuert. Schließlich findet sich auch in unseren traditionellen Schulbüchern bzw. unserer traditionellen Weltsicht nichts, was etwas anderes möglich erscheinen ließe – bis wir bestimmte Entdeckungen der letzten Jahre des 20. Jahrhunderts noch einmal aus einem anderen Blickwinkel betrachten.

Die Ergebnisse von Forschungsarbeiten, die zu einem Paradigmenwechsel führen, wurden zwar in führenden Fachzeitschriften veröffentlicht, doch oft sind sie in der komplexen Sprache der Wissenschaft geschrieben und verschleiern dadurch deren große Bedeutung vor den Nicht-Wissenschaftlern. »Otto Normalverbraucher«, der kein Wissenschaftler und kein Fachmann ist, spürt und erkennt deshalb nicht, welche Auswirkungen diese neuen Entdeckungen haben, denn er bleibt außen vor.

Die neuesten Entdeckungen aus den Bereichen der Biologie, der Physik, der Archäologie und der Genetik zwingen die Wissenschaftler dazu, die Geschichte darüber, wer wir sind und wie wir in diese Welt passen, umzuschreiben. In der Biologie haben beispielsweise über 400 Studien, die aufzeigen, dass die Natur auf einem Modell der Kooperation und nicht auf Darwins »Überleben-des-Stärkeren« basiert, das Denken der Evolutionswissenschaft auf den Kopf gestellt. Angesichts solcher und weiterer Entdeckungen können ein paar der wichtigsten Annahmen der Vergangenheit – *die mittlerweile als falsche wissenschaftliche Behauptungen gelten* – nicht mehr als Tatsachen anerkannt und gelehrt werden. Zum Beispiel die folgenden:

→ **Falsche Annahme 1:**
Die Natur beruht auf dem Überleben des Stärkeren.[16]

→ **Falsche Annahme 2:**
Willkürliche evolutionäre Geschehnisse bieten eine Erklärung für die Entstehung des Menschen.[17]

→ **Falsche Annahme 3:**
Das Bewusstsein ist etwas von unserer physischen Welt Getrenntes.[18]

→ **Falsche Annahme 4:**
Der Raum zwischen physischen Gegenständen ist leer.[19]

→ **Falsche Annahme 5:**
Hoch entwickelte Zivilisationen nahmen vor rund 5000 bis 5500 Jahren ihren Anfang.[20]

Über solche Entdeckungen Bescheid zu wissen, wäre jederzeit interessant. Doch in dieser Zeit der Extreme ist es absolut überlebensnotwendig, denn die Lösungsansätze für die Probleme unseres Lebens basieren auf der Sicht unserer selbst in Beziehung zur Welt. Denken wir nur einmal an unser alltägliches Leben – wie wir uns um uns und unsere Familie kümmern, wie wir unsere Probleme lösen, welche Entscheidungen wir treffen –, dann ist ganz offensichtlich, dass vieles, was wir als allgemein bekanntes Wissen akzeptieren, in Kernüberzeugen wurzelt, die auf diesen falschen Annahmen beruhen.

Anstatt also den wissenschaftlichen Bildern zu folgen, die uns als unbedeutende Kreaturen darstellen, welche aufgrund einer wundersamen Reihe biologischer »Glückstreffer« entstanden sind und dann in 5000 Jahren Zivilisation als machtlose Opfer in einer harten Welt überlebten (von der sie aber wohlgemerkt getrennt sind), schlägt die neue Wissenschaft ein radikal anderes Bild vor. Ende der 1990er-Jahre und Anfang des 21. Jahrhunderts enthüllten von Experten gegengeprüfte wissenschaftliche Studien folgende Tatsachen:

→ **Fakt 1:** Hoch entwickelte Zivilisationen gibt es seit mindestens doppelt so langer Zeit wie die traditionell geschätzte Zeitspanne von 5000 bis 5500 Jahren.[21]

→ **Fakt 2:** Um zu überleben, verlässt sich die Natur auf Kooperation und gegenseitige Hilfeleistung und nicht auf Wettbewerb und Konkurrenz.[22]

→ **Fakt 3:** Das menschliche Leben weist untrügliche Anzeichen eines planvollen Designs auf.[23]

→ **Fakt 4:** Unsere Emotionen haben direkten Einfluss darauf, was im Meer der Energie passiert, in dem wir baden.[24]

→ **Fakt 5:** Das Universum, unsere Welt und unsere Körper bestehen aus einem gemeinsamen Energiefeld, einer Matrix: Sie ermöglicht die Einheit, die unter dem Namen »Verschränkung« bekannt ist.[25]

Albert Einstein (1879–1955) hat angeblich gesagt, »Wahnsinn« tue immer wieder dasselbe und erwarte andere Ergebnisse. In dieser Aussage steckt meiner Meinung nach viel Wahres. Es ergibt kaum einen Sinn, zu versuchen, die heutigen Herausforderungen in unserer Zeit der Extreme dadurch zu lösen, dass wir sie durch die Brille eben der Überzeugungen betrachten, die überhaupt erst *zu* diesen Krisen geführt haben. Und dies heute zu tun, wo wir doch um die Falschheit dieser Überzeugungen wissen, ergibt noch weniger Sinn.

Um die Herausforderungen unserer Zeit der Extreme zu bewältigen, müssen wir bereit sein, anders über uns zu denken als in den letzten 300 Jahren. Und das bedeutet, wir müssen ein paar der traditionellen Grenzen überschreiten, die bisher die Entdeckungen in den einzelnen wissenschaftlichen Gebieten voneinander isoliert gehalten haben. Wenn wir das tun, geschieht etwas ganz Wunderbares.

Die unterbrochene Kette des Wissens

Es gibt eine Kette des Wissens, die unsere moderne Welt mit der Vergangenheit verbindet. Jedes Mal, wenn diese Kette unterbrochen wird, geht uns der Zugang zu wertvollen Informationen über uns und die Welt verloren. Wie wir wissen, wurde diese Kette mindestens zweimal im Laufe der Menschheitsgeschichte unterbrochen: einmal durch den Brand der Großen Bibliothek von Alexandrien während der Eroberung von Ägypten durch die Römer und ein weiteres Mal durch die Bearbeitung der Bibel durch die katholische Kirche im 4. Jahrhundert n. Chr. Ich als Wissenschaftler meine: Je mehr wir uns den ursprünglichen Lehren annähern können, wie sie existierten, *bevor* das Wissen verlorenging, desto besser können wir verstehen, über welches Wissen unsere Ahnen damals verfügten, um es dann auf unsere Zeit anzuwenden.

Einen Großteil meines Erwachsenenlebens habe ich an Orten, die bislang weitestgehend von der modernen Welt verschont wurden, nach den Quellen uralter und indigener Weisheit gesucht. Auf dieser Reise gelangte ich an einige der erstaunlichsten Plätze der Erde. Überall, von den herrlichen Klöstern der tibetischen Hochebene über die bescheidenen Klöster in den Bergen Ägyptens und Südperus bis hin zu den Schriftrollen vom Toten Meer und den mündlichen Überlieferungen der Urvölker aus der ganzen Welt, habe ich Geschichten gelauscht und Aufzeichnungen studiert. Sosehr sich die einzelnen Kulturen auch scheinbar voneinander unterscheiden, so ziehen sich durch sie doch gemeinsame Themen und verbinden sie zu einem kollektiven Gewebe, welches unsere Vergangenheit darstellt. Diese Themen spiegeln sich auch in den weisen Ausführungen des Maya-Ältesten wider, den ich im Herbst 2012 im Dschungel der mexikanischen Halbinsel Yucatán traf. Zusammenfassend sagte er, unsere Ahnen hätten keinen Trennstrich gezogen zwischen …

→ sich und ihrer Umwelt;
→ Kunst, Wissenschaft und Alltagsleben;
→ Vergangenheit und Zukunft.

Solche Weisheiten sind zwar sicherlich nichts Wissenschaftliches, doch die darin enthaltenen Leitmotive wurden sehr wohl von der besten Wissenschaft, die es heute zu haben gibt, bestätigt.

Angesichts dieser Bestätigungen frage ich mich immer wieder: *Wenn unsere Ahnen ein solch tief gehendes Verständnis der Erde und unserer Beziehung zu ihr hatten und die moderne Wissenschaft erst jetzt in der Lage ist, diese Beziehung zu beweisen, was haben sie sonst noch gewusst, was bei uns in Vergessenheit geraten ist?*

Die Frage, die die Wurzel einer jeden Entscheidung ist

Eine einzige Frage führt uns durch jeden Tag des Lebens, mal bewusst, mal unbewusst. In jedem Fall ist die Antwort auf diese Frage der Schlüssel zu jeder Entscheidung, die wir jemals im Leben getroffen haben oder treffen werden. Und sie ist das Herzstück einer jeder Herausforderung, der wir uns jemals gegenübersahen. Die Frage, die für uns als Individuen eine solche Macht hat, ist so einfach, dass viele Leute ihre Bedeutung für ihr Leben fälschlicherweise abtun. Sie lautet einfach: *Wer bin ich?* Und weil in der heutigen Welt so viele von uns große Entscheidungen treffen, lautet die Frage auch: *Wer sind wir?*

Seit über 5000 Jahren beantworteten die alten, indigenen Völker der Welt diese Frage so, dass die Antwort für sie funktionierte. Ihre Weltsicht führte sie zu einem Leben in Harmonie mit der Erde, anstatt diese beherrschen zu wollen. Ihre Weltsicht war ihnen Anlass dafür, als Gemeinschaften zusammenzuarbeiten und regionale Ratsversammlungen zu gründen, die daran arbeiteten, gemeinsam die Ressourcen des Planeten zu nutzen, anstatt sie besitzen zu wollen.

Mit der Geburt der wissenschaftlichen Methode zur Zeit von Sir Isaac Newton (1642/43–1726/27) wandelte sich das alles. Seitdem, also seit über 300 Jahren, versucht die Wissenschaft, empirisch das nachzuweisen, was die indigenen Völker unserer Vergangenheit intuitiv gemeistert haben. In dieser Zeit wurde die Geschichte des Getrenntseins und der Notwendigkeit des Wettstreits und der Konkurrenz so tief unserem Weltbild eingeprägt, dass wir manchmal nicht einmal mehr erkennen, welche große Rolle sie spielt. Und dennoch hat genau dieses Denken der Vergangenheit zu den Krisen geführt, mit denen wir heute konfrontiert sind.

Um die Frage beantworten zu können, wer wir sind, müssen wir zunächst einmal sechs grundsätzliche Fragen über die Beziehung zu uns selbst und zur Welt beantworten. Diese Antworten müssen von jeder Zivilisation, jeder Gesellschaft, jeder religiösen Organisation und den Mitgliedern jeder spirituellen Tradition beantwortet werden, damit die Bedürfnisse derjenigen, die an der Gruppe teilhaben oder den Lehren der Gruppe folgen, gestillt werden können. Bei den Fragen geht es um die grundsätzlichsten existenziellen Themen. Abbildung 2.1 zeigt auf, wie diese Ideen zueinanderpassen und eine »Pyramide des Denkens« bilden. Die Fragen, die sie aufwerfen, ergeben intuitiv einen Sinn und bilden hierarchische, immer komplexere Beziehungen.

Die Hierarchie
des Denkens

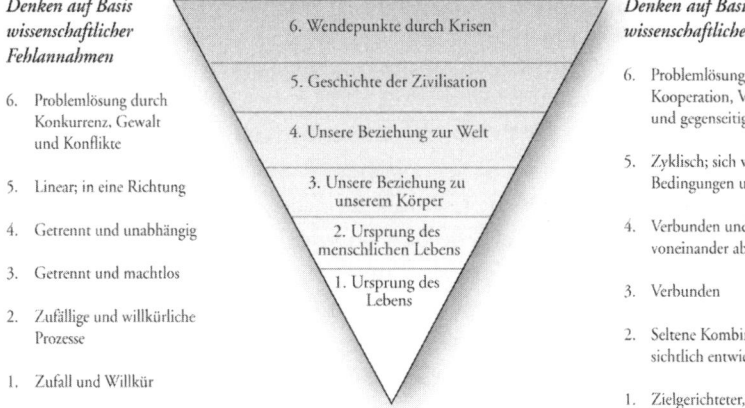

Denken auf Basis wissenschaftlicher Fehlannahmen

6. Problemlösung durch Konkurrenz, Gewalt und Konflikte

5. Linear; in eine Richtung

4. Getrennt und unabhängig

3. Getrennt und machtlos

2. Zufällige und willkürliche Prozesse

1. Zufall und Willkür

6. Wendepunkte durch Krisen

5. Geschichte der Zivilisation

4. Unsere Beziehung zur Welt

3. Unsere Beziehung zu unserem Körper

2. Ursprung des menschlichen Lebens

1. Ursprung des Lebens

Denken auf Basis neuester wissenschaftlicher Erkenntnisse

6. Problemlösung durch Kooperation, Verständnis und gegenseitige Hilfe

5. Zyklisch; sich wiederholende Bedingungen und Krisen

4. Verbunden und voneinander abhängig

3. Verbunden

2. Seltene Kombination von absichtlich entwickelten Systemen

1. Zielgerichteter, absichtlicher Prozess

Abbildung 2.1
Die »Pyramide des Denkens«. Wie wir die sechs grundsätzlichen Fragen beantworten, ist die Linse, durch die wir uns in der Welt sehen und die unser Denken über das Leben bestimmt. Die links aufgeführten falschen Annahmen gründen auf 300 Jahren der Wissenschaft und der Überzeugung des Getrenntseins. Die neuen Annahmen auf der rechten Seite basieren auf den besten wissenschaftlichen Ergebnissen unserer Zeit, die eine Welt des Einsseins und unsere Rolle darin offenbaren. Die hinter dieser Linse stehenden Prinzipien bestimmen, wie wir Probleme im Leben, in der Familie, den Gemeinschaften und sogar zwischen Nationen lösen. [Quelle: »Deep Truth« (Hay House 2011); dt. Ausgabe: »Tiefe Wahrheiten« (KOHA Verlag 2011)]

Beginnend mit der grundsätzlichsten Frage am unteren Ende der Pyramide lauten diese Fragen:

1. Woher kommt das Leben?
2. Woher kommt das menschliche Leben?
3. Welche Beziehung haben wir zu unserem Körper?

4. Welche Beziehung haben wir zur Welt?
5. Welche Beziehung haben wir zur Vergangenheit?
6. Wie lösen wir unsere Problem? (Diese Frage wird zuletzt gestellt, weil die Art der Antwort von dem Denken abhängt, welches die Antworten auf die vorgehenden Fragen liefert.)

Auf der linken Seite der Pyramide stehen die falschen Annahmen der Wissenschaft. Diese sechs falschen Annahmen beinhalten ein Denkparadigma, das die Grundlage unserer Geschichte in der modernen Welt gebildet hat. Die Überzeugungen des Getrenntseins und des Konkurrenzkampfes stehen im Widerspruch zu führenden wissenschaftlichen Entdeckungen vom Ende des 20. Jahrhunderts. Akzeptiert man diese inzwischen veralteten Überzeugungen, ergeben Darwins Ideen tatsächlich einen Sinn. Doch das Problem ist: Die neuen Daten stützen diese alten Theorien nicht mehr.

• • • •

Unser Denken über uns selbst in der Welt erzeugt die Linse, durch die wir unsere Probleme sehen und dann zu lösen versuchen.

• • • •

Gefährliches Denken

Die Teilnehmer meiner Seminare fragen oft, warum es eine Rolle spielt, dass die Annahmen der Vergangenheit falsch sind. Charles Darwins Ideen sind ein wunderbares Beispiel dafür. Sie entstanden Mitte des 19. Jahrhunderts, und jetzt sind wir im 21. Jahrhundert angelangt. Ganz ehrlich, warum ist es wichtig, ob sie falsch oder richtig sind? Das sind gute Fragen, und die Antworten kommen für viele Leute überraschend. Eben weil so viele der falschen wissenschaftlichen Annahmen zum damaligen Zeitpunkt entstanden, hatten sie so großen Einfluss auf unsere Welt. Da so viele dieser falschen Annahmen Ende des 19. und Anfang des 20. Jahrhunderts in die Welt gesetzt wurden – also genau dann, als das Fundament unseres modernen Lebens gelegt wurde –, zeigen sich diese Grundsätze in so vielen Aspekten der heutigen Welt. In dieser Zeit fanden die Theoreme der damaligen Wissenschaft – beispielsweise die Überzeugung, es gebe kein Energiefeld, welches die Welt miteinander verbindet (alles ist von allem anderen getrennt) und die Überzeugung, die Natur beruhe auf Wettstreit und dem Überleben des Stärkeren – schnelle Akzeptanz und wurden auf das Denken über Krieg, Wirtschaft und auf alle Möglichkeiten der Problemlösung übertragen.

Manchmal auf subtile und manchmal auf weniger subtile Weise gelten diese falschen Überzeugungen auch heute noch. Studien von Experten, wie etwa dem Archäologen Lawrence H. Keeley von der University of Illinois, Autor des Buchs »War Before Civilization« (Oxford University Press 1996), sind mit daran schuld, dass Krieg als normaler Ausdruck menschlichen Verhaltens akzeptiert wird. Auf Basis seiner wissenschaftlichen Erforschung unserer Vergangenheit und seiner Interpretation der von ihm gefundenen Nachweise ist Keeley der Meinung, Krieg sei ein natürlicher Zustand des Menschseins: »Krieg ist so etwas wie Handel oder Tausch«, sagt er, »etwas, was alle Menschen tun.«[26]

Diese Denkweise (Konkurrenzkampf und das »Überleben des Stärkeren« als natürliche Elemente des Menschseins) spiegelt sich in den administrativen Strukturen der großen Systeme wider, die heute von Krisen befallen sind. Die Wirtschaftssysteme der Welt, die Geschäftsmodelle vieler moderner Unternehmen und unsere Art des Umgangs mit lebensnotwendigen Dingen wie Nahrung und Energie – all das sind Beispiele für die modernen Konsequenzen, die dieses veraltete Denken widerspiegeln.

Diese falschen Überzeugungen existieren auch auf weniger subtilen Ebenen. Das schlimmste Leid des 20. Jahrhunderts wurde mit dem »Überleben des Stärkeren« gerechtfertigt. Zu diesem Denken gehörten Völkermorde, und in manchem ihrer Rechtfertigungen finden sich sogar die direkt formulierten Verbindungen zu Darwins Naturbeobachtungen, genau wie dieser es in seinen Schriften darlegte. Dieses Denken spiegelt sich ebenso wider in philosophischen Werken wie dem berühmt-berüchtigten »kleinen roten Buch« (offiziell »Worte des Vorsitzenden Mao Tse-tung«) und in »Mein Kampf«, dem Buch, in dem Adolf Hitler seine Weltsicht darlegte. Beide Bücher dienten als Rechtfertigung für brutales Töten, durch das im letzten Jahrhundert insgesamt mindestens 40 Millionen Menschen ihr Leben verloren haben.

Das Modell der Natur: Kooperation

Bei seiner Eröffnungsrede auf dem »Symposium on the Humanistic Aspects of Regional Development« (»Symposium über die humanistischen Aspekte regionaler Entwicklung«) im russischen Birobidschan im Jahr 1993 bot der Co-Vorsitzende Ravi Logan den Teilnehmern einen Denkanstoß: Sie sollten die neuen Entdeckungen über Kooperationsverhalten in der Natur als Modell für erfolgreiche Gesellschaften betrachten. Logan zitierte die Arbeiten von Alfie Kohn, Autor von »No Contest« (Houghton Mifflin 1992), und beschrieb die Erkenntnis Kohns hinsichtlich einer positiven und nützlichen Menge an Konkurrenz und Wettstreit innerhalb von Gruppen. Kohn kommt nach der Auswertung von über 400 Studien über Kooperation und Konkurrenz zu folgendem Schluss: »Die ideale Menge an Konkurrenz [...] in jedem Umfeld, ob nun Klassenzimmer, Arbeitsplatz, Familie oder Spielfeld, ist null [...]. [Konkurrenz] ist immer destruktiv.«[27]

Die Welt der Natur wird gemeinhin als Erprobungsfeld für Experimente zum Thema »Einheit, Kooperation und Überleben« bei Insekten und Tieren anerkannt. Wie uns die Lektionen der Natur eindeutig aufzeigen, sind Einheit und Kooperation für Lebewesen von Vorteil. Solche erprobten und bewährten Strategien aus unserer Umwelt bringen uns vielleicht letztendlich doch noch dazu, einen neuen Plan für unser eigenes Überleben zu entwickeln. Doch um eine kooperative Strategie anwenden zu können, muss in unserer Welt ein weiterer Faktor berücksichtigt werden, der im Tierreich nicht vorkommt: Als Individuen und als Spezies müssen wir Menschen normalerweise wissen, »wohin« wir gehen und was wir erwarten können, wenn wir »dort« angekommen sind, bevor wir überhaupt bereit sind, unsere Lebensweise zu ändern. Wir müssen wissen, dass sich das Resultat lohnt und etwas ist, auf das wir uns freuen können.

Offensichtlich wissen wir nicht alles, was es über die Funktionsweise des Universums und unsere eigene Rolle darin zu wissen gibt. Zukünftige Untersuchungen fördern bestimmt neue Erkenntnisse zutage. Doch manchmal ist es am besten, Entscheidung auf das zu stützen, was wir zurzeit wissen – damit wir überleben und später eine Feinabstimmung treffen können.

Werden wir die Enthüllungen der Wissenschaft akzeptieren?

Sir Martin Rees, eine einflussreiche Stimme der wissenschaftlichen Gemeinschaft und Professor der Astrophysik an der University of Cambridge, meint: »Die Chancen stehen gerade einmal 50 zu 50, dass unsere gegenwärtige Zivilisation bis zum Ende des nächsten Jahrhunderts überleben wird.«[28] Schon immer mussten wir gegen Naturkatastrophen ankämpfen; doch nun müssen wir auch noch eine neue Art von Bedrohungen in Betracht ziehen, die Rees als »menschengemacht« oder »vom Menschen verursacht« bezeichnet.

Neuere Studien, wie sie auch in der Sonderausgabe »Crossroads for Planet Earth« (»Der Planet Erde am Scheideweg«) des *Scientific American* vom September 2005 zu finden sind, wiederholen Rees' Warnung: »Die nächsten 50 Jahre werden darüber entscheiden, ob die menschliche Rasse – die gerade in eine einmalige Zeit ihrer Geschichte eintritt – für sich selbst die bestmögliche Zukunft gewährleisten kann.«[29] Doch es gibt auch eine gute Nachricht, über die sich fast alle Experten einig sind: »Wenn die Entscheidungsträger den richtigen Rahmen schaffen, wird die Zukunft der Menschheit durch Tausende von simplen, tagtäglich getroffenen Entscheidungen abgesichert sein.«[30] In den Kleinigkeiten des Alltags finden die »wirklich umwälzenden Fortschritte statt.«[31]

Zweifellos sind wir alle schon bald gefordert, unzählige Entscheidungen zu treffen. Doch ich meine einfach, dass eine der wichtigsten und vielleicht die einfachste dieser Entscheidungen darin besteht, das anzunehmen, was die neue Wissenschaft uns aufgezeigt hat: Wer wir sind und welche Rolle wir in der Welt spielen. Wenn wir die überzeugenden Beweise der einzelnen Wissenschaftsbereiche akzeptieren, anstatt sie zu leugnen, dann verändert sich alles. Und im Zuge dieses Wandels können wir von vorne beginnen!

Für manche Menschen bieten die aufgrund neuer Entdeckungen angedeuteten Möglichkeiten eine erfrischende Weltsicht; für andere erschüttern sie das Fundament seit Langem geltender Traditionen. Manchmal ist es einfacher, sich auf den falschen und veralteten wissenschaftlichen Annahmen auszuruhen, als Informationen zu akzeptieren, die unser gesamtes Verständnis verändern. Doch wenn wir das tun, leben wir in einer Illusion der Lüge. Wir belügen uns darüber, wer wir sind und welche Möglichkeiten uns erwarten. Wir belügen jene, die uns vertrauen und sich darauf verlassen, dass wir ihnen die neuesten und größten Wahrheiten über unsere Welt nahebringen.

Wenn ich vor Publikum darüber spreche, ist in den Reaktionen der Zuhörer oft ein Widerhall der weisen Worte des Science-Fiction-Autors Tad Williams zu spüren, der geschrieben hat: »Wir erzählen Lügen, wenn wir Angst haben …, Angst vor dem, was wir nicht kennen, Angst vor dem, was andere über uns denken, Angst vor dem, was man über uns herausfindet. Doch mit jeder Lüge wird das, wovor wir Angst haben, stärker.«[32]

Wenn uns heute Entdeckungen wissen lassen, dass die Lehren der Vergangenheit nicht mehr der Wahrheit entsprechen, müssen wir eine Entscheidung treffen. Lehren wir weiterhin die falschen Prinzipien und leiden unter den Konsequenzen falscher Annahmen? Falls ja, müssen wir eine noch tiefgründigere Frage beantworten: *Wovor haben wir Angst?* Was an den tiefsten Wahrheiten darüber, wer wir sind, wo wir herkommen und welche Beziehung wir zueinander und zur Erde haben, stellt eine so große Bedrohung für unsere Lebensweise dar? Das herauszubekommen ist vielleicht eine der größten Herausforderungen unserer Zeit. Wir werden dadurch dazu gezwungen, eine Antwort auf die große Frage zu finden, die für manche Menschen unangenehm, für andere bedrohlich ist: *Können wir der Wahrheit, die wir ja finden wollen, ins Auge schauen?* Haben wir den Mut, das, was die besten Wissenschaftler unserer Zeit uns darüber enthüllen, wer wir innerhalb des Universums sind und wie wir in die Welt passen, zu akzeptieren? Wenn wir diese Fragen mit Ja beantworten, dann müssen wir auch die Verantwortung annehmen, die das Wissen, dass wir die Welt verändern können, mit sich bringt, und uns entsprechend verändern.

Unser bereitwilliges Akzeptieren der tiefen Wahrheiten des Lebens ist der Schlüssel dazu, ob unsere Kinder unsere Entscheidungen überleben und die Chance haben werden, die *nächsten* tiefen Wahrheiten, welche während *ihrer* Lebenszeit entdeckt werden, zu erforschen oder nicht.

• • • •

Die Weigerung, neue wissenschaftliche Erkenntnisse in die Massenmedien, den Unterricht und die Schulbücher einfließen zu lassen, lässt uns in dem Denken verharren, das die Ursache für die größte Krise der Menschheitsgeschichte ist.

• • • •

Der Katalysator: Immer mehr Menschen

Die Zahl an Menschen, die gemeinsam auf der Erde leben, und die Notwendigkeit, Möglichkeiten zur Deckung ihrer täglichen Bedürfnisse zu finden, sind sicherlich der größte Katalysator für den Wandel in unserer Welt. 1968 veröffentlichten der Biologe Paul R. Ehrlich und seine Frau Anne ihre ernüchternde Einschätzung dahingehend, was man von der wachsenden Weltbevölkerung erwarten kann. Drei Sätze gleich zu Anfang ihres Buchs »The

Population Bomb« (Sierra Club/Ballantine 1968; dt. Ausgabe »Die Bevölkerungsbombe«, Fischer 1973) sagen eigentlich alles: »Der Kampf, alle Menschen zu ernähren, ist vorbei. In den 1970er-Jahren werden trotz der jetzt kurzfristig ins Leben gerufenen Programme Hunderte Millionen Menschen verhungern. Zu diesem späten Zeitpunkt kann nichts einen erheblichen Anstieg der weltweiten Sterberate verhindern.«[33]

Laut Aussage der Autoren sollte ihr Buch in erster Linie die Probleme ins Bewusstsein bringen, die durch die wachsende Weltbevölkerung verursacht werden, und zweitens auf das Leiden hinweisen, welches im Zuge weiteren Wachstums und des steigenden Ressourcenbedarfs unvermeidbar wäre. Das Buch war wegen seiner beunruhigenden Prognosen über menschliches Leiden und Massenhungersnöte großer Kritik ausgesetzt, doch die Autoren sind davon überzeugt, dass ihr Buch tatsächlich sein eigentliches Ziel erreicht hat. »[Es] brachte den Menschen die Bedeutung von Umweltproblemen zu Bewusstsein und führte dazu, dass die Bevölkerungszahl ein Thema in der Diskussion über die Zukunft des Menschen wurde«, erklärten sie kürzlich.[34] In ihrem Nachfolgewerk »The Population Bomb Revisited« reagierten sie folgendermaßen auf die damalige Kritik: »Der größte Makel an unserem Buch war vielleicht sein allzu großer Optimismus im Hinblick auf die Zukunft.«[35]

Neben natürlichen Wandlungszyklen, über die wir keine Kontrolle haben, ist wohl genau das vom Ehepaar Ehrlich 1968 beschriebene Thema der wichtigste Einzelfaktor hinter den Problemen unserer Zeit der Extreme: das Bevölkerungswachstum auf der Erde. Das von ihnen vorhergesagte unermessliche Leiden und Sterben trat tatsächlich ein, allerdings im Laufe von über vier Jahrzehnten und nicht in dem ursprünglich von ihnen angesetzten engen Zeitrahmen der 1970er- und 1980er-Jahre. Die bloße Anzahl von Menschen, die heute in der Welt leben, die schiere Menge an Ressourcen, die jeder Einzelne von ihnen tagtäglich benötigt, und der Wunsch nach einem energieintensiven Lebensstil, wie er durch die westliche Kultur populär wurde, erhalten eine sich selbst aufrechterhaltende Schleife oder einen Zyklus an Verhältnissen am Leben, die unsere Zeit der Extreme weiter verstärken. Eine solche

Schleife entwickelt sich beispielsweise zwischen der wachsenden Bevölkerung in Ländern wie Indien und China (die mittlerweile zusammen etwa 38 Prozent der gesamten Weltbevölkerung ausmachen) und ihrem aufkommenden Energiebedarf. Immer mehr Bewohner dieser beiden Länder kommen aufgrund der Globalisierung, der boomenden Industrie und besser bezahlter Jobs in den Genuss neuen Wohlstands und folgen dem westlichen Modell. Sie streben nach denselben Luxusgütern – mehrere Autos pro Familie und ein Leben in den von Pendlern bewohnten Vorstädten, wie es seit dem Aufschwung der 1950er-Jahre nach dem Zweiten Weltkrieg im Westen mit Wohlstand gleichgesetzt wurde.

Durch diese Vorstellungen von Wohlstand und Erfolg sowie die Art und Weise, wie sie zum Ausdruck kommen, entsteht ein Teufelskreis, in dem immer mehr Energie zur Versorgung von immer mehr Häusern und Wohnungen, Gebäuden mit Klimaanlagen, mehr öffentlichen Verkehrsmitteln und mehr privaten Autos benötigt wird und wodurch dann wiederum mehr Möglichkeiten für mehr Menschen geschaffen werden etc. Die bloße Anzahl weltweit produzierter Autos gibt uns eine Vorstellung davon, was ein solcher Bedarf bedeutet: Noch bis zum Jahr 2006 wurden weltweit etwa 50 Millionen neue Kraftfahrzeuge pro Jahr produziert. Doch innerhalb von gerade einmal sechs Jahren stieg diese Zahl auf 60 Millionen Autos jährlich. Oder anders ausgedrückt: In nur 10 Jahren kamen 10 Millionen neue Autos pro Jahr – das sind ungefähr 165.000 pro Tag – auf den Straßen dazu![36]

Das Problem dabei: Der Energiebedarf, der durch dieses moderne Phänomen entsteht, wird nach wie vor auf der Basis des Energiedenkens des letzten Jahrhunderts gedeckt. Benzin ist für Autos nach wie vor der bevorzugte Kraftstoff. Und hier erreicht der Zyklus unhaltbare Höchstgrenzen. Benzin wird aus Erdöl produziert. Und der steigende Bedarf an Erdöl hat immense Auswirkungen – vom höheren Ausstoß von Treibhausgasen und der dadurch verursachten gesundheitsschädlichen Umweltverschmutzung bis hin zu den daraus resultierenden Preissteigerungen für Brennstoffe und ihren Folgen für die Weltwirtschaft.

Ob es nun die Umweltschutzbewegung der 1960er-Jahre oder die Warnungen der Wissenschaftler in den 1970er-Jahren waren:

Bedenken hinsichtlich der Weltbevölkerung und der Tatsache, dass die wachsende Anzahl von Menschen die schrumpfenden Ressourcen noch mehr belastet, sind sicherlich kein Geheimnis. Doch genau weil wir seit so langer Zeit von diesem Problem hören und eine sinnvolle Lösung nicht in Sicht ist, fühlen wir uns manchmal schon vom bloßen Gedanken daran völlig überfordert.

Feedback-Schleife 1:
Mehr Menschen/mehr Energie/
mehr Menschen ...

Wie die Statistiken zur Weltbevölkerung besagen, lebten fast 11.500 Jahre lang weniger als 500 Millionen Menschen auf der Erde. Schauen wir uns an, wie stark diese Zahl in so relativ kurzer Zeit nach einer so langen Zeit der Stabilität gestiegen ist, müssen wir uns fragen: *Warum?* Wodurch konnte die Bevölkerungszahl auf der Erde so schnell ansteigen? Dabei spielen mehrere Faktoren eine Rolle, unter anderem die Klimaerwärmung nach der letzten Eiszeit sowie die Entdeckung der Landwirtschaft zur Ernährung menschlicher Gemeinschaften. Doch ein Faktor sticht ganz besonders hervor: der unleugbare Zusammenhang zwischen Menschen, Energie und Nahrung.

Doch was kam eigentlich zuerst? Hat die Zunahme der Weltbevölkerung die Suche nach mehr Nahrung und nach einer Energiequelle ausgelöst, durch die der Energiebedarf der Menschen gedeckt werden konnte? Oder hat die Entdeckung einer im Überfluss vorhandenen und effizienten Energiequelle es den Menschen ermöglicht, mehr Nahrung anzubauen und sich zu vermehren? Für beide Szenarien scheint es Belege zu geben, je nachdem, welchen Forscher bzw. welche Studie man dazu befragt.

Der kanadische Ökologe Paul Chefurka fasst die dynamische Beziehung zwischen Energie und Menschen schön zusammen: »Es ist auf einen Blick erkennbar, dass Nahrung, Erdöl und die Bevölkerungszahlen eng miteinander zusammenhängen«, sagt er, »doch welcher Art diese Beziehung ist, ist Interpretationssache.«[37]

Chefurka beschreibt mögliche Sichtweisen und sagt weiter: »Als Ökonom könnte man sagen, dass wir mit zunehmender Zahl an Menschen mehr Nahrungsmittel anbauen und mehr Erdöl finden, um unseren steigenden Bedarf zu decken. Umgekehrt könnte man als Ökologe sagen: Steigende Vorräte an Erdöl und Nahrungsmitteln ermöglichen das Bevölkerungswachstum. Oder man könnte sagen (so wie ich), dass das alles in einer komplexen Feedback-Schleife abläuft.«[38]

Unabhängig davon, was unseren Rückschlüssen zufolge nun die Bevölkerungszahl und den Energieverbrauch angehoben hat: Tatsache ist, dass die Entdeckung billiger und leicht zugänglicher Brennstoffquellen in direktem Zusammenhang mit dem stärksten Bevölkerungswachstum in der Geschichte der Welt steht. Die erste Verdoppelung der Weltbevölkerung im Jahr 1804 veranschaulicht diesen Zusammenhang, denn sie fiel genau in die Zeit, als Kohle weltweit als Brennstoffquelle an Bedeutung gewann.

Kohle war im 19. Jahrhundert in Europa und Nordamerika in großen Mengen und kostengünstig verfügbar, und so wurde sie sowohl im privaten als auch im industriellen Umfeld schon bald standardmäßig zum Heizen verwendet. Kohle wurde bereits Mitte des 18. Jahrhunderts genutzt, aber zu diesem Zeitpunkt befanden sich die Bergbau- und Verarbeitungsmethoden und auch die Eisenbahn zum Fördern und Transport von Kohle in großen Mengen noch im Entwicklungsstadium. Erst Mitte bis Ende des 19. Jahrhunderts und auch noch in der ersten Hälfte des 20. Jahrhunderts wurde Kohle zur Energiequelle der Wahl. Nach dem Ende des Zweiten Weltkriegs konnten dann auch andere Heizöle wie Rohöl und Ölprodukte sicher, effizient und kostengünstig genutzt werden. Dadurch sank zwar die Bedeutung und Nutzung von Kohle (insbesondere als bevorzugte Energiequelle), doch der wachsende Zusammenhang zwischen Menschen und Energie blieb weiter bestehen. Heute stehen wir an einem Scheideweg, ähnlich wie im letzten Jahrhundert in Bezug auf Kohle und Erdöl, ausgelöst durch die schrumpfenden Reserven an billigem Erdöl und die Entdeckung neuer Energieformen, die deren (frei gewordenen) Platz einnehmen. Es werden unter anderem erneuerbare Energieformen genutzt, aber auch riesige Erdgasvorkommen angezapft, durch die die Energiegleichung der Welt auf den Kopf gestellt wird. Entscheidend dabei ist: Die Nutzung kostengünstiger, leicht zugänglicher Energie korreliert stark mit dem Bevölkerungswachstum.

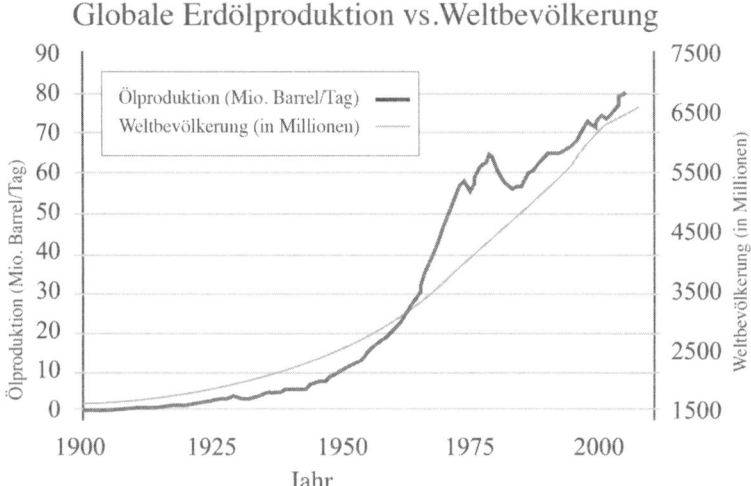

Abbildung 2.2
Der Anstieg der Weltbevölkerung ist eng mit der Verfügbarkeit billiger Energie verknüpft. Dieser Zusammenhang ist im parallelen Anstieg der Erdölproduktion gegen Ende des letzten Jahrhunderts und dem zeitgleichen dramatischen Bevölkerungswachstum klar erkennbar. (Quelle: Internationale Energieagentur)

Dank der Nutzung billiger Energie hatten unsere Vorfahren mehr Zeit für Freizeitaktivitäten, denn ihr Fokus war nicht mehr ausschließlich auf das Überleben gerichtet. Und dieser höhere Lebensstandard führte umgehend zur Bevölkerungsexplosion.

Um das einmal zu relativieren: Zwischen 1926, als Elizabeth II. geboren wurde, und 2013 war die Königin von England Zeuge eines weltweiten Bevölkerungsanstiegs von zwei auf sieben Milliarden Menschen. Die Verbindung zwischen Bevölkerungszahl und billiger Energie, die vor 200 Jahren ihren Anfang nahm, geht weiter; bis 2050 wird ein Wachstum der globalen Familie auf 8,5 bis 10,6 Milliarden Menschen erwartet.[39]

Feedback-Schleife 2:
Mehr Menschen/mehr Nahrung/
mehr Menschen ...

So wie die weltweite Bevölkerungszahl mit den Energievorräten in Zusammenhang steht, sind auch die Lebensmittel zur Ernährung unserer globalen Familie direkt mit Energie verknüpft. Wir müssen nur einmal überlegen, wie Nahrung heutzutage produziert wird, dann leuchtet diese Beziehung intuitiv ein. Mit der Zunahme der Weltbevölkerung stieg auch der Nahrungsmittelbedarf. Im Zuge der von billigem Erdöl angetriebenen landwirtschaftlichen Maschinen, wie sie im 20. Jahrhundert entwickelt wurden, konnten die Landwirte mehr Lebensmittel zur Ernährung von mehr Menschen in immer kürzerer Zeit produzieren.

Als kleiner Junge wuchs ich im Mittleren Westen der USA auf und erinnere mich noch gut an die Schilder an der Interstate 70, einem Teil des damals neu entstehenden Autobahnnetzes des Landes, die uns darauf hinwiesen, wenn wir eine Landesgrenze überschritten. Während unserer häufigen Fahrten zwischen Missouri und Kansas bekamen wir nicht nur die bunten Schilder zu sehen, die uns also mitteilten, dass wir über eine Landesgrenze fuhren, sondern auch ein weiteres Schild, auf dem stolz verkündet wurde, welchen Beitrag die Landwirtschaft des Bundesstaates für unser Land leistete. Dieses Schild wurde jedes Jahr aktualisiert, um die wechselnden Wetterbedingungen und Wasservorräte wiederzugeben. In unserer Familie machten wir ein Spiel daraus, zu erraten, bevor wir das Schild erreichten, welche Zahlen diesmal draufstehen würden. Wer gewann, kaufte der Familie an der nächsten Raststätte ein Erfrischungsgetränk.

Anfang der 1960er-Jahre stand auf dem Schild: »Ein Landwirt aus Kansas ernährt 26 Menschen.« Im Jahr 2010 konnte man auf diesem Schild lesen: »Ein Landwirt aus Kansas ernährt 155 Menschen.« Die Informationen in Abbildung 2.3 der Ernährungs- und Landwirtschaftsorganisation der Vereinten Nationen (FAO) bestätigen auf weltweiter Ebene, was das Schild in Kansas lokal aussagte.

Global scheint der Trend dahin zu gehen, dass mehr Nahrungsmittel von weniger Menschen produziert werden.

Weltbevölkerung vs. globale Nahrungsproduktion

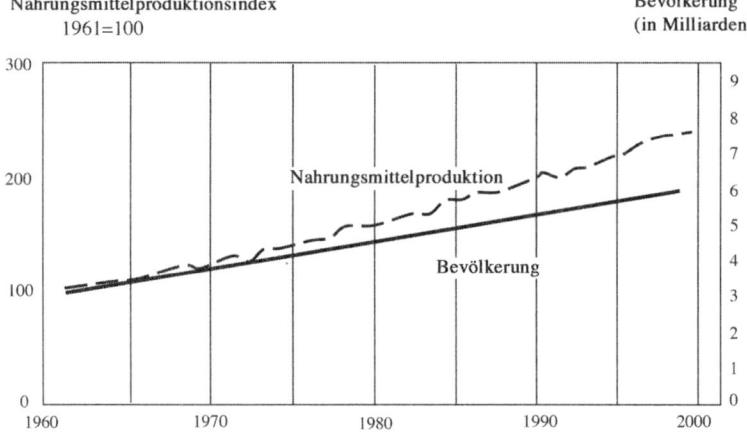

Abbildung 2.3
Es gibt einen direkten Zusammenhang zwischen der wachsenden Weltbevölkerung und dem Bedarf an mehr Lebensmitteln zur Ernährung unserer globalen Familie. Diese Beziehung wird in dieser Grafik deutlich aufgezeigt. Ebenso wird deutlich, dass die Nahrungsmittelverknappung nicht auf Produktionsproblemen beruht. (Quelle: Ernährungs- und Landwirtschaftsorganisation der Vereinten Nationen, FAO)

Das ist auch die Quelle für manchmal als widersprüchlich erachtete Informationen. Einerseits besagen die Daten, wir hätten genug Nahrung, um sämtliche hungrigen »Mäuler« des Planeten zu füttern. Andererseits werden wir mit Hilfegesuchen überschüttet, mit Bitten, Lebensmittel für die Unmengen an Menschen zur Verfügung zu stellen, die tagtäglich in vielen Ländern am Verhungern sind. *Ganz offensichtlich ist nicht die Menge an verfügbaren Nahrungsmitteln das Problem, sondern die Frage, wie diese vorhandenen Lebensmittel zu den Menschen gelangen, die sie brauchen.* Dieses Dilemma wird als *Ernährungsunsicherheit* bezeichnet. Ganze Organisationen wurden aufgebaut, um diesem Problem ein Ende zu setzen.

2010 veröffentlichte die FAO in ihrem Jahresbericht den weltweiten Status und Fortschritt hin zu einer größeren Ernährungssicherheit. Ihren Schätzungen zufolge war fast eine Milliarde Menschen weltweit chronisch unterernährt, trotz eines erstmaligen Rückgangs seit 15 Jahren.[40] Die meisten dieser Menschen lebten in Entwicklungsländern. Der Bericht kommt zu einem ähnlichen Schluss, wie Sie oder ich ihn auch ohne die stützenden statistischen Daten ziehen würden: Die Unterernährung in der Welt ist auf einem »untragbar hohen Niveau«.[41]

Unser Farmer aus Kansas versorgt heute also 496 Prozent mehr Menschen als in den 1960er-Jahren; doch die Produktionskosten für die Nahrungsmittel sind um *ein paar Tausend Prozent* gestiegen!

Ein Beispiel: 1960 betrugen die Kosten für sechs Maiskolben etwa 25 Cent, 2011 waren es 3 Dollar – das ist ein Anstieg um 1100 Prozent in 51 Jahren!

Ähnlich sieht es bei den Kartoffeln aus: 1960 kostete ein (amerikanisches) Pfund etwa 39 Cent, 2011 waren es 4,99 Dollar – das sind 1129 Prozent mehr. Selbst inflationsbereinigt sind das immer noch unglaublich hohe Preissteigerungen.

Einer der Hauptfaktoren für diese Preisanstiege sind die Kosten für die Energie, die zur Produktion der Nahrung erforderlich ist. Wenn man darüber einmal nachdenkt, ist das auch durchaus logisch. Die Nahrungsmittelproduktion ist sehr energieintensiv; die Traktoren zum Pflügen, Bearbeiten und Bepflanzen des Bodens brauchen Brennstoff. Während das Getreide heranreift, muss mit

Strom Wasser aus den Brunnen zu den Bewässerungssystemen gepumpt werden, um die Pflanzen am Leben zu erhalten. Für die Ernte braucht man Traktoren und riesige Mähdrescher, die wiederum Brennstoff benötigen. Und auch die Fließbänder, auf denen die landwirtschaftlichen Produkte transportiert, sortiert und aufbereitet werden, laufen mit Brennstoff, ebenso wie die Fahrzeuge, die die Produkte von ihrem Erzeugungsort zu den lokalen Märkten befördern.

Der technologische Fortschritt hat die Effizienz der landwirtschaftlichen Maschinen verbessert, doch das sind relative Verbesserungen.

Lebensmittelpreis vs. Erdölpreis

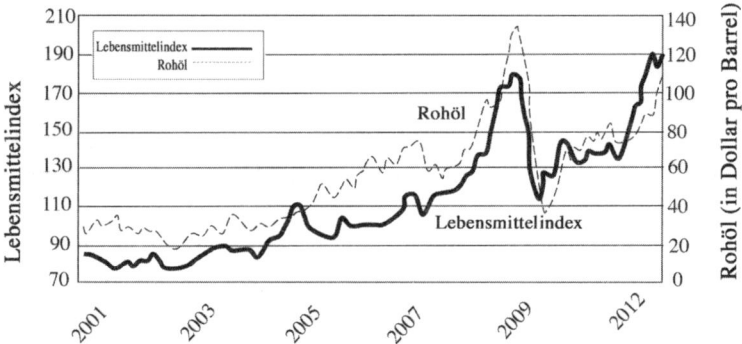

Abbildung 2.4
Mit dem zunehmenden Rückgang billiger Erdölreserven schlagen sich die Kosten für die teureren Brennstoffe zur landwirtschaftlichen Erzeugung von Nahrungsmitteln in den weltweiten Lebensmittelpreisen nieder. Die obige Abbildung zeigt diesen Zusammenhang deutlich auf. Die Konsequenzen einer Nutzung von kostengünstigeren bzw. alternativen Brennstoffen sind offensichtlich. Doch solange keine solchen Maßnahmen ergriffen werden, haben genau diejenigen keinen Zugang zu Lebensmitteln, die sie am dringendsten benötigen. (Quelle / in Anlehnung an: Internationaler Währungsfonds – Preisindex für Primärrohstoffe)

Ein 1980 hergestellter Traktor brauchte beispielsweise eine Gallone Benzin für etwa 14,4 Meilen; die Traktoren des Jahres 2000 waren nur wenig effizienter, sie schafften mit einer Gallone durchschnittlich 16,5 Meilen. Angesichts des hohen Energieaufwands in der Nahrungsmittelproduktion ist es kaum überraschend, dass das Ende des billigen Benzins auch das Ende billiger Nahrungsmittel einläutete. Abbildung 2.4 verdeutlicht diesen Zusammenhang auf klare und für manche vielleicht verblüffende Weise. Die Konsequenzen sind gewaltig.

Angesichts der zunehmenden Weltbevölkerung mit ihrem höheren Nahrungsmittelbedarf und der steigenden Kosten für die Energie zur Produktion dieser Nahrungsmittel leben wir heute in einer Zeit, in der sich ein Großteil der ärmsten Bevölkerungsgruppen der Welt nicht einmal die Grundnahrungsmittel wie Reis und Getreide leisten kann.

Ganz offensichtlich bestehen zwischen der Bevölkerungszahl und der Nahrungs- und Energieversorgung komplexe Zusammenhänge. Und genauso offensichtlich ist der eine Aspekt dieser Zusammenhänge nur schwer von den anderen zu trennen. Auf der Suche nach erfolgreichen Lösungen für die damit zusammenhängenden Probleme wie die in diesem Kapitel untersuchten ist einer der wichtigsten Schritte, sich direkt dem gemeinsamen Nenner zuzuwenden, durch den diese Probleme miteinander verbunden sind. In unserer Zeit der Extreme kann man die Liste der Möglichkeiten auf einen einzigen Faktor reduzieren, von dem alle anderen Faktoren abhängen: unser Denken. Die Denkkrise, die unser Leben durchzieht, beruht auf unserem Unwillen, die von den besten wissenschaftlichen Köpfen unserer Zeit gemachten Entdeckungen und deren Bedeutung für unser Leben anzuerkennen.

• • • •

Um unsere Zeit der Extreme zu transformieren, müssen wir den Mut aufbringen, die Krise des Denkens zu überwinden.

• • • •

Betrachtet man die derzeit zusammenkommenden Krisen durch den Filter einer Weltsicht, die auf den falschen Annahmen beruht, wie sie gerade erläutert wurden, dann bestärkt das in vielen Menschen den Glauben, dass wir auf einer Einbahnstraße mit Kollisionskurs sind und dass unvermeidlich Niedergang und Zerstörung bevorstehen. Wissenschaftler und Medienberichterstatter sind sehr gut darin, solche Konsequenzen vorherzusagen – beispielsweise die Kipppunkte hinsichtlich der Erdölverknappung und der Spitzenverschuldung –, doch viele dieser Experten übersehen und ignorieren dabei eine Tatsache: nämlich dass diese Kipppunkte in unserem Leben vielleicht nie auftauchen müssen.

Bevor wir den Kipppunkt erreichen, an dem es kein Zurück mehr gibt, gewährt uns die Natur die Chance, die Krise zu transformieren! Das ist die gute Nachricht. Ja, wir stehen an einem *Wendepunkt.*

▼

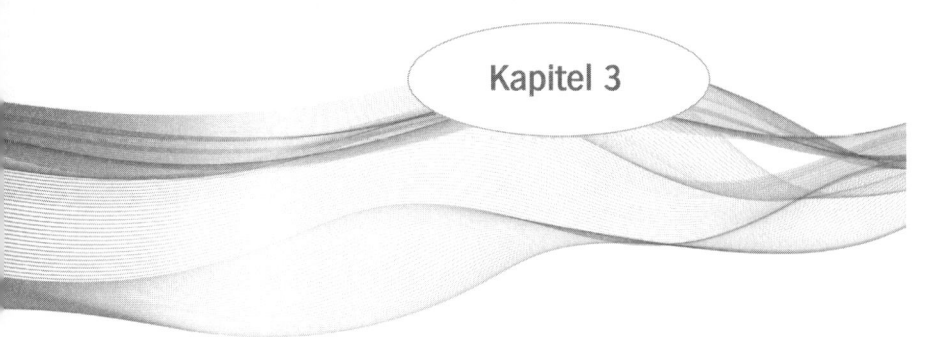

Kapitel 3

Der Wendepunkt:
Die Antwort der Natur
auf die Extreme des Lebens

Wenn du die Richtung nicht änderst,
gelangst du womöglich genau dorthin,
worauf du zusteuerst.

Dem chinesischen Philosophen
Laotse (ca. 604–531 v.Chr.) zugeschrieben

2008 erlebte Tom Stoppard, der bekannte, in Tschechien geborene britische Dramatiker, unsere Zeit der Extreme auf heftige Art und Weise. Er hatte das Gefühl, es würde auf unserer Welt viel Wichtiges gleichzeitig passieren. Laut seiner Selbstdiagnose überforderte und verwirrte ihn dies dermaßen, dass es zu einer Schreibblockade führte. Während eines Interviews mit Reuters gestand der Verfasser so klassischer Stücke wie »Die Küste Utopias« und »Rosenkranz und Güldenstern sind tot«, er fühle sich von den globalen Extremen derart überwältigt, dass er nicht mehr wisse, in welche Richtung er mit seiner Arbeit gehen solle. »So vieles steht jetzt im Vordergrund, riesengroße, wichtige Themen, dass man eigentlich nur noch Stielaugen machen kann«, beschrieb Stoppard ganz offen sein Dilemma im Interview.[1] »Soll ich das Thema der globalen Erwärmung angehen oder doch lieber über den Irak oder Afghanistan schreiben? Und letztendlich bringe ich dann gar nichts zu Papier«, gab er zu.[2] Schließlich überwand er seine Schreibblockade und schuf weitere innovative Stücke, beispielsweise »Darkside« zu Ehren des 40. Jahrestags von Pink Floyds wegweisendem Album »The Dark Side of the Moon«.

Stoppard ist nicht der Einzige, der sich überfordert fühlt. Seine Geschichte an dieser Stelle ist nur ein Beispiel für das, was viele Menschen heutzutage fühlen: Sie stehen fassungslos vor all den großen Geschehnissen, die gleichzeitig passieren. Konferenzteilnehmer aus aller Welt haben mir erzählt, wie hilflos und hoffnungslos, aber auch wie beeindruckt sie sich angesichts des Tempos fühlen, mit dem sich ihr Leben und die Welt verändern.

Vom Ausmaß des Wandels in unserer Welt kann man sicherlich leicht überwältigt werden. Zudem fällt es schwer, zu erkennen, wie irgendetwas, was wir als einzelne Menschen tun könnten, in der Welt wirklich etwas verändern sollte. Ich zweifle nicht daran, dass ein einziger Mensch sehr viel zum Positiven verändern kann, doch wie ich auch weiß, muss man dem oft sein ganzes Leben widmen oder sogar sein Leben dafür opfern.

Von Mutter Teresa über Mahatma Gandhi und Nelson Mandela bis hin zu John Lennon gibt es ergreifende Beispiele dafür, wie ein Mensch im Rampenlicht der Weltbühne für andere die Tür hin zu neuen Möglichkeiten, Visionen und Ideen öffnen kann. Nicht ganz so offensichtlich ist dagegen, was geschehen musste, bevor diese Menschen solche mächtigen und leuchtenden Hoffnungsträger sein konnten. Bevor sie das Licht ihrer Botschaft in die Welt aussenden konnten, mussten sie zunächst einmal ehrlich im Hinblick auf ihre Träume sein und auch bezüglich der zu treffenden Entscheidungen, durch die diese Träume zum Leben erweckt werden konnten.

Die Geschwindigkeit des Wandels

Egal, ob wir nun die Auswirkungen der globalen Erwärmung auf unserer wöchentlichen Lebensmittelrechnung serviert bekommen oder sich die Last der weltweiten Schulden im Verlust von Arbeitsplätzen bemerkbar macht: Wir sollten uns ehrlich eingestehen, was in unserem Leben realistisch ist und was nicht. Ständig erzählen mir Menschen, sie wollten die Welt verändern. Die Frage lautet: *Wie denn?* Was können wir als Einzelpersonen angesichts so vieler gleichzeitig auftretender Krisen realistischerweise unternehmen? Wie können wir unsere Zeit der Extreme in eine Zeit der Transformation verwandeln? Und wie lassen wir unsere Gemeinschaften und Lieben an unserer persönlichen Transformation teilhaben?

An dieser Stelle kommt die Ehrlichkeit uns selbst gegenüber ins Spiel. Zwei Faktoren sollten dabei berücksichtigt werden:

↝ **Fakt 1:** Wenn wir ehrlich sind, dann wird sich die Welt wohl nicht ändern, während wir dieses Buch lesen.

↝ **Fakt 2:** Wenn wir ehrlich sind, kann sich sehr wohl aber unsere Reaktionsweise auf die Welt verändern, während wir dieses Buch lesen.

Ein weiterer Fakt macht die ersten beiden zu wahren Fakten; er basiert auf der Wissenschaft von der Welt der Natur und der Anpassung der Natur an Veränderungen:

↝ **Fakt 3:** Die Natur macht immer Platz für neue Möglichkeiten und positive Veränderungen.

Unter Berücksichtigung dieser dritten Tatsache ist unsere Zeit der Extreme keineswegs eine Ausnahme.

Viele Experten und Medien-Gurus betrachten die sich zusammenballenden Krisen in der Welt als unvermeidliche Meilensteine auf der Einbahnstraße hin zu irreversiblem Niedergang und unabänderlicher Zerstörung. Wissenschaftler und Medienberichterstatter sind ganz schnell mit solchen Prognosen bei der Hand; doch die meisten Experten ignorieren die gute Nachricht vom *Wendepunkt* und der Schaffung von Resilienz in einer Zeit der Extreme. In jeder Krise gibt es einen Zeitpunkt, an dem die Krise hin zu einer positiven Transformation gelenkt werden kann, wenn es nicht nur ums bloße Überleben geht, sondern um freudvolles Wachstum und Gedeihen. Das ist in unserem Leben der Wendepunkt. Und dieser Zeitpunkt ist in unserer Welt *jetzt* gekommen!

Anders ausgedrückt können wir sagen: Es sieht zwar so aus, als ob wir angesichts der Auswirkungen des Klimawandels, der Ölverknappung und der Spitzenverschuldung auf Kollisionskurs seien (so wie unter anderem die Vereinten Nationen meinen). Doch diese und andere Krisen können wir umgehen, wenn wir jetzt handeln. Die Frage lautet: *Werden wir uns auf die Wendepunkte einlassen, die zur größten Transformation unserer Lebens- und Denkweisen führen, die die Welt je gesehen hat?* Angesichts der Fakten werden wir das wohl bald herausfinden.

• • • •

Es gibt einen Zeitpunkt, an dem jede Krise in eine Transformation und schlichtes Überleben in Wachstum verwandelt werden kann. Dieser Zeitpunkt ist der Wendepunkt.

• • • •

Kipppunkte:
Kleine Auslöser für große Veränderungen

Es gibt Zeiten im Leben, in denen das, was scheinbar kleinen und unbedeutenden Dingen zugrunde liegt, zu großen Veränderungen führen kann. Ein Topf mit kochendem Wasser auf dem Küchenherd ist ein wunderbares Beispiel dafür. Wir haben zwar alle schon einmal siedendes Wasser gesehen, doch wir haben vielleicht nicht erkannt, wann das, was wir da sahen, genau geschehen ist. Und wenn wir nicht einmal das erkannt haben, was wir auf der Herdplatte beobachten konnten, dann haben wir wohl auch eine der treibenden Kräfte des Wandels der Natur in unserem Leben übersehen. Und so funktioniert es:

Wenn wir den Topf auf die Herdplatte stellen, kocht das Wasser nicht sofort. Das ist vielmehr ein Prozess. Zunächst sehen wir eine so winzige Veränderung, dass es vielleicht aussieht, als würde fast gar nichts passieren. Also schauen wir zu und warten. Das Wasser erwärmt sich um ein Grad nach dem anderen. Unser Thermometer zeigt 91 °C an, dann 92 °C …, dann 97 °C. Bei 99,98 °C passiert etwas Ungewöhnliches: Das Wasser sieht zwar immer noch mehr oder weniger genauso aus wie zu dem Zeitpunkt, als wir den Herd eingeschaltet haben und die Herdplatte langsam heiß wurde, doch auf einer subtilen Ebene geschieht etwas. Schauen wir genau hin, dann sehen wir, dass sich im Topf ein paar Bläschen gebildet haben. *Und wenn die Temperatur nur noch um den Bruchteil eines Grads auf 100 °C steigt, kommt es zu einer großen Veränderung.* Ganz plötzlich steigen überall im Topf Blasen auf, und das Wasser blubbert chaotisch vor sich hin. Jetzt kocht unser Wasser wirklich, und wir können Reis oder Nudeln kochen, den Teebeutel hineinhängen oder sonst irgendetwas damit machen, wozu wir kochendes Wasser eben gerade benötigen.

Entscheidend dabei ist: Ein winzig kleiner Unterschied war alles, um das Wasser an den Siedepunkt zu bringen. Auch wenn die niedrigeren Temperaturen notwendige Schritte waren, um an diesen Punkt zu gelangen, haben sich die Bedingungen im Wasser doch erst dann verändert und das Wasser zum Sieden gebracht, als die Temperatur um dieses letzte bisschen stieg. Wegen dieses letzten Bruchteils eines Grads beschreibe ich diesen Prozess. Es ist der sogenannte *Kipppunkt,* der alles verändert.

Der englische Begriff »tipping point« für »Kipppunkt« ist in der Mathematik und anderen Kreisen schon lange bekannt; doch im Jahr 2000 wurde er nach der Veröffentlichung von Malcolm Gladwells gleichnamigem Buch plötzlich zum Teil des Alltagsvokabulars. Der Autor erforscht, wodurch Veränderungen in der Gesellschaft ausgelöst werden und wie diese Veränderungen letztendlich unsere Alltagswelt verändern. Gladwell definiert den »tipping point« als den »Moment der kritischen Masse, die Schwelle, den Siedepunkt«.[3]

• • • •

Eine kleine Verlagerung kann ausschlaggebend für große Veränderungen sein.

• • • •

Ein Kipppunkt wird oft als der Punkt beschrieben, an dem es kein Zurück mehr gibt und an dem Bedingungen schließlich einen Punkt oder einen Zeitpunkt erreichen, an dem sie den Status quo nicht mehr unterstützen. Genau an diesem Punkt hört die ursprüngliche Bedingung auf zu existieren, und eine neue Bedingung taucht auf. Genau das passierte in unserem Beispiel mit dem kochenden Wasser. Bei 100 °C verhielten sich die Wassermoleküle auf einmal anders – was die neuen Gegebenheiten widerspiegelte.

Im Rahmen dieses Buchs können wir uns einen Kipppunkt als eine Anhäufung von Gegebenheiten vorstellen, wodurch ein Punkt entsteht, an dem es kein Zurück mehr gibt. Und wenn von einem solchen Punkt die Rede ist, dann hat das meistens nichts Gutes zu bedeuten.

Wendepunkte:
Die Antwort der Natur
auf die Extreme des Lebens

Kipppunkte gibt es überall um uns herum. In den Massenmedien werden mit diesem Begriff alle möglichen Bedingungen und Gegebenheiten beschrieben: Ob es nun darum geht, wie lange sich die globalen Wirtschaften noch gegen die steigenden Schuldenlasten stemmen können, oder darum, um wie viel die Arbeitslosenzahl in den USA noch ansteigen kann, bis die Steuern nicht mehr ausreichen, oder wie sehr sich die Beziehungen zwischen Israel und Iran noch verschlechtern können, bis es zu einem unvermeidlichen Krieg kommt. Doch im Allgemeinen wird dieser Begriff in letzter Zeit vor allem verwendet, wenn vom Klimawandel und seinen Folgen die Rede ist.

Wie sehr kann sich die Erde noch erwärmen, bis wir den Kipppunkt erreicht haben, an dem die Erde nicht mehr lebenserhaltend ist? Wie hoch können die durch das Klima verursachte Verteuerung von Nahrungsmitteln und Energie noch steigen, bis der durchschnittliche Haushalt sich das nicht mehr leisten kann? Bei unserer Untersuchung dieser und weiterer Kipppunkte liegt der Fokus auf der Vorstellung, dass es überhaupt Kipppunkte gibt, und der guten Nachricht, die damit einhergeht. Jetzt also zur guten Nachricht.

Wir haben es ja schon gesagt: Bevor wir überhaupt einen Kipppunkt erreichen, an dem es kein Zurück mehr gibt, lässt die Natur Veränderungen zu, die zu neuen Ergebnissen führen können! Die Stelle, an der dieser Umbruch stattfindet, ist der Wendepunkt. Die Tatsache, dass Wendepunkte existieren, steht in scharfem Widerspruch zu dem, was man uns über uns und die Welt glauben gemacht hat. *Im wahren Leben bedeutet das, dass es immer einen Ausweg aus schwierigen Situationen gibt.* Es gibt *immer* eine Möglichkeit, den Weg, der zu einem Ergebnis führt, in einen Weg zu verändern, der ein anderes Ergebnis bereithält. Diese Tatsache ist zu jedem Zeitpunkt im Leben attraktiv. Doch heutzutage, wo man uns erzählt, dass unsere Zukunft, was Arbeitsplätze, Nahrung und Energie betrifft, an beängstigende Kipppunkte gelangt, ist es überlebensnotwendig, diese Tatsache anzuerkennen.

Egal, wie sehr wir unserer Meinung nach die Kräfte der Natur beherrschen oder uns von den Elementen abgeschottet haben: Tatsache bleibt doch, dass wir Teil der natürlichen Welt sind, immer schon waren und immer sein werden. Und das gilt auch für die heutige Zeit! Um zu erkennen, wie tief wir mit der Natur verbunden sind, brauchen wir uns nur einmal die Macht der Mondzyklen anzusehen, die den Menstruationszyklus des weiblichen Körpers beeinflussen, die Macht des Wechsels von Tag und Nacht, der sich auf unseren Schlafzyklus auswirkt, oder die Macht, mit der das Fehlen natürlichen Lichts dort zu Depressionen und Selbstmorden führt, wo Sonnenlicht Mangelware ist. Selbst in einer Welt mit hoch aufragenden Büro- und Apartmenttürmen, in der so manche Menschen tagelang herumlaufen, ohne mit dem Erdboden unter ihren Füßen in Kontakt zu kommen oder die Strahlen der Sonne auf ihrer Haut zu spüren, sind wir doch ganz offensichtlich nach wie vor mit den Rhythmen der Natur verwoben. Und genau wegen dieser tiefen Verbindung zur Natur ist es vollkommen sinnvoll, dass die Mathematik der Natur auch *unsere* Mathematik ist.

Das sind gute Neuigkeiten, denn wenn wir auf einen alles andere als gewollten Kipppunkt zusteuern, wird uns die Natur eine Möglichkeit aufzeigen, damit wir einen neuen Kurs hin zu einem anderen Resultat einschlagen können. Übrigens wird auch in der Mathematik der Schlüssel zu natürlichen Veränderungen als *Wendepunkt* bezeichnet. An einem solchen Wendepunkt haben wir die Möglichkeit, umzukehren und die normalerweise nicht erwünschten Konsequenzen abzuwenden.

Ein Wendepunkt der Hoffnung

Wir alle haben schon einmal Wendepunkte erlebt, entweder selbst oder bei Familienangehörigen und Freunden. Sie können spontan auftreten oder willentlich herbeigeführt werden. Gut möglich, dass wir beides erlebt haben, ohne zu merken, worum es dabei eigentlich ging. Woran lässt sich ein solcher Wendepunkt also erkennen?

Ein vertrautes Beispiel wäre eine Operation eines Freundes oder Familienmitglieds, um einen gesundheitsgefährdenden körperlichen Zustand wieder in Ordnung bringen zu lassen. Egal, ob es sich um einen lebensbedrohlichen Tumor oder eine Operation an einem lebenswichtigen Organ handelt: Wenn so etwas passiert, dann, so sagen wir gerne, hat diese Person durch die erfolgreiche

Operation eine »zweite Chance« erhalten. Anders ausgedrückt: Anstatt weiterhin einen Weg zu gehen, auf dem sich der Gesundheitszustand immer mehr verschlechtert und schließlich ein Punkt erreicht wird, an dem es kein Zurück mehr gibt – der Körper also nicht mehr mitmacht –, gewährt die Operation als Wendepunkt eine neue Lebenschance.

Ich war selbst Zeuge eines solchen Wendepunkts in meiner eigenen Familie, als meine Mutter sich im Jahr 2000 entschloss, einen Krebstumor in der Lunge operieren zu lassen. Anscheinend war sie, ohne es zu wissen, in ihrer Jugend an Tuberkulose erkrankt gewesen, was damals nicht erkannt wurde. Ihr Körper hatte sich ohne entsprechende Medikamente selbst geheilt. Laut Aussage der Ärzte kann sich die durch eine Tuberkulosewunde entstandene Narbe zu Krebs entwickeln, wenn die Person so lange lebt, dass das Gewebe verkalken kann. Das war anscheinend bei meiner Mutter der Fall. Ich hatte mit ihr oft über die erstaunliche Selbstheilungsfähigkeit des Körpers gesprochen, und meine Mutter hatte aufgrund ihrer Teilnahme an vielen meiner Seminare selbst Spontanheilungen miterlebt. Doch als es um ihre eigene Gesundheit ging, hatte sie sehr klare Vorstellungen. In einem Telefonat mitten in der Nacht sagte sie zu mir: »Ich weiß, solche Heilungen sind möglich, aber das ist nichts für mich. Ich will einfach, dass dieses Ding rauskommt!« Ich hörte sie laut und deutlich, unterstützte sie bei ihrer Entscheidung und half ihr auch, die besten Ärzte zu finden.

Wir besuchten also Krankenhäuser und universitäre Forschungszentren, und meine Mutter hatte die Möglichkeit, persönlich mit allen infrage kommenden Chirurgen zu sprechen. Sie stellte ihre Fragen, um jeden Einzelnen von ihnen kennenzulernen, und ich hörte mit einem zweiten Paar Ohren zu, was die besten Lungenchirurgen ihr zu sagen hatten. Nach jedem Gespräch stellte ich eine zusätzliche Frage. Wenn alle Sorgen und Bedenken meiner Mutter angesprochen worden waren, schüttelte ich dem Arzt die Hand, schaute ihm bzw. ihr in die Augen und fragte: »Welche Rolle spielt Ihrer Meinung nach eine höhere Macht bei Ihrer Arbeit?« Mit nur *einer* Ausnahme war es aufgrund dieser Frage mit dem Händeschütteln aus, denn jeder der Ärzte drehte sich um und verließ den Raum.

Doch bei unserem Gespräch mit dem allerletzten Arzt auf unserer Liste, der an einem Universitätslehrkrankenhaus in Albuquerque/New Mexico arbeitete, ging der Chirurg nicht, sondern ergriff nach meiner Frage meine Hand noch fester und lachte aus dem Bauch heraus. Ich war überrascht. Mit leuchtenden Augen sah er mich direkt an und beantwortete meine Frage mit einem starken europäischen Akzent, den ich nicht so ganz einordnen konnte. Seine Gegenfrage lautete: »Wer, meinen Sie wohl, arbeitet durch diese Hände, um die Wunder im OP zu vollbringen?« Er hob dabei seine Arme, damit wir seine Hände sehen konnten. Er lachte erneut auf, umarmte meine Mutter, drehte sich um und verließ das Büro.

Ich blickte meine Mutter an und sagte: »Ich glaube, du hast gerade deinen Arzt gefunden!«

Die Operation meiner Mutter war ein voller Erfolg. Der Krebs ist seitdem nicht mehr zurückgekommen, und sie hat ihr Leben verändert, damit das auch so bleibt.

Ich erzähle diese Geschichte hier, um ein weiteres Beispiel dafür anzuführen, wie eine Entscheidung im Leben zu dem Wendepunkt werden kann, der zu etwas Gutem führt. Für meine Mutter war das sichere Wissen, dass es in ihrem Körper kein tödliches Gewebe mehr gab, der Wendepunkt, der ihr die Freiheit gab, ihre Ernährungs- und Sportgewohnheiten sowie die angelernte Denk- und Lebensweise aufzugeben. Doch es war die Entscheidung, etwas zu tun, was zu ihrem Glaubenssystem passte – nämlich sich operieren zu lassen –, durch die diese weiteren Veränderungen überhaupt erst möglich wurden.

• • • •

Unsere persönlichen Wendepunkte müssen in unser Weltbild passen.

• • • •

Naturgesetz: Keep it simple!

Die Natur basiert auf dem Grundsatz der Einfachheit. Sie wird erst dann komplex, wenn wir sie komplex machen. Die Prinzipien des Lebens und unserer Welt können anhand einfacher Ideen und in einfachen Worten beschrieben werden. Und genau weil die Natur so einfach *ist,* können natürliche Beziehungen anhand einfacher Mathematik beschrieben werden.

Ein fraktales Muster ist dafür ein gutes Beispiel: In den 1970er-Jahren entwickelte Benoit Mandelbrot (1924–2010, Mathematik-professor an der Yale University) eine Möglichkeit, um die einfachen Muster der Natur sichtbar zu machen, aus denen die Welt und alles, was darin ist, besteht. Er nannte seine neue Betrachtungs-weise der Dinge »fraktale Geometrie« bzw. einfach »Fraktale«. Bis zu Mandelbrots Entdeckung beschrieben Wissenschaftler die Welt anhand der Euklid'schen Geometrie.

Gemäß dem alten Denken ist die Natur so komplex, dass man sie nicht mittels eines einzigen Zahlensystems beschreiben kann. Aus diesem Grund haben wir als Schulkinder fast alle eine Form der Geometrie gelernt, die die natürlichen Muster nur annähernd berechnet. Diese Geometrie arbeitet mit perfekten Linien, per-fekten Quadraten, perfekten Kreisen und perfekten Kurven. Das Problem dabei ist: Die Natur verwendet keine perfekten Linien und perfekten Kurven, um Berge, Wolken und Bäume zu erschaf-fen, sondern arbeitet mit unperfekten Fragmenten: hier eine Zick-zacklinie, dort eine wackelige Kurve. Diese zusammengenommen werden dann zu Bergen, Wolken oder Bäumen. Diese unperfekten Fragmente sind fraktale Muster. Das Entscheidende dabei ist, dass in einem Fraktal, egal, wie winzig es sein mag, *jedes Fragment aus-sieht wie das größere Muster,* von dem es ein Teil ist. Diese sich selbst wiederholenden Muster werden als *»selbstähnlich«* bezeichnet.

Und eben weil die Natur aus nur wenigen selbstähnlichen Mus-tern besteht, die es in vielen verschiedenen Größenordnungen gibt, sieht eine Computertomografie der Blutgefäße, die in die Arterien unseres Körpers einmünden, wie ein Satellitenbild von Nebenflüs-sen aus, die in den Amazonas münden. Aus eben diesem Grund sieht die Energie eines Elektrons, das einen Atomkern umkreist, so ähnlich aus wie ein Planet, der um die Sonne kreist. Die Natur besteht aus diesen einfachen, selbstähnlichen Mustern, die immer wieder in allen möglichen Größen auftauchen.

Abbildung 3.1
In den 1970er-Jahren erzeugte Benoit Mandelbrot mithilfe eines Computers die ersten fraktalen Bilder. Das Farnblatt und die Landschaft wurden beide auf dem Computer hervorgebracht, und zwar indem die Werte derselben Formel $z = z^2+c$ verändert wurden. (Quellen: Fraktaler Farn: Dreamstime © Tupungato; fraktale Landschaft: Wikimedia Commons: Stevo-88)

Diese natürliche Einfachheit wird bei Mandelbrots Formel, die er im Computer programmierte, berücksichtigt, und das Ergebnis ist überwältigend. Da Mandelbrot alles in der Welt der Natur als kleines Fragment betrachtet, das ganz ähnlich wie andere kleine Fragmente aussieht, und diese ähnlichen Fragmente in größere Muster zusammenführt, sind die daraus entstehenden Bilder mehr als nur eine Annäherung an die Natur. *Sie sehen genauso aus wie die Natur!* Und eben das zeigt uns Mandelbrots neue Geometrie über unsere Welt. Die Natur setzt sich aus einfachen Mustern zusammen.

Wenn man so denkt, überrascht es nicht, dass auch die Geometrie uns auf so wunderschöne Weise einen Wendepunkt aufzeigt.

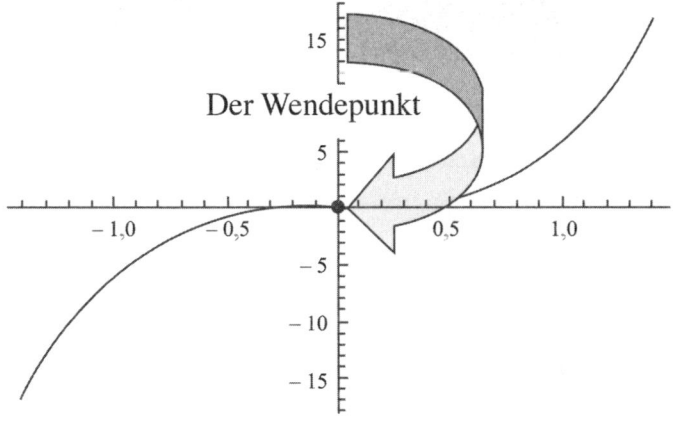

Abbildung 3.2
Illustration zum Wendepunkt der Natur, der Stelle, an der Energie, die in eine Richtung auf ein Ergebnis zuläuft, in eine andere Richtung verlaufen und zu einem anderen Ergebnis führen kann. Da wir Teil der Welt der Natur sind, stehen uns solche Wendepunkte ebenfalls zur Verfügung.

In Abbildung 3.2 ist ein Wendepunkt abgebildet, und zwar als die Stelle, an der eine in eine bestimmte Richtung verlaufende Linie die Form verändert und in eine andere Richtung läuft. Folgen wir der Linie in der Grafik von oben nach unten, bildet sich eine Form, die sich kurz senkt, dann eben weitergeht und daraufhin einen neuen Weg nach unten einschlägt. Der Punkt, an dem die Linie in der Grafik ihre Form verändert, stellt die Stelle in der realen Welt dar, um die es in diesem Buch geht: den Wendepunkt.

Da sich die Linie verändern kann, wissen wir ganz sicher, dass auch wir uns verändern können. Unser Leben basiert auf denselben Naturgesetzen. Die Grafik zeigt uns ganz genau, wie das vor sich geht. Hier verändert sich einfach der Verlauf einer Linie. In unserem Leben kann der Wandel, der an einem Wendepunkt stattfindet, den Unterschied zwischen Erfolg und Misserfolg, Überfluss und Mangel und sogar Leben und Tod ausmachen.

Eine einfache Möglichkeit, sich den Wendepunkt vorzustellen, hängt mit der Form der eigentlichen Kurve zusammen. Wenn unsere zweidimensionale Abbildung auf magische Weise dreidimensional werden würde, so würde die Kurve vom oberen rechten Teil der Zeichnung bis zum Wendepunkt wie eine Tasse mit einer konkaven Form aussehen. Anders ausgedrückt, sie könnte Wasser halten, wenn welches da wäre. Vom Wendepunkt nach unten bis hin zum linken unteren Teil der Zeichnung verändert die Linie ihre Form, als ob die Tasse auf den Kopf gestellt worden wäre. Diese konvexe Form könnte kein Wasser halten. Die Stelle, an der die Veränderung vor sich geht, ist der Wendepunkt. Für diese Stelle zwischen den zwei Tassen wird nun wissenschaftlich bestätigt, was unterschiedliche mystische Traditionen uns seit Jahrhunderten sagen: Der Raum dazwischen ist voller Kraft!

• • • •

Aus der Einfachheit der Natur lässt sich schließen, dass auch Wendepunkte etwas Einfaches sind.

• • • •

Das Mysterium im Raum »dazwischen«

Viele indigene Kulturen wissen, dass der geheimnisvolle Raum zwischen Dingen neue Möglichkeiten birgt. Die nordamerikanischen Ureinwohner glauben beispielsweise, dass der Raum zwischen Tag und Nacht die Tür zu allen Wegen und neuen Resultaten im Leben öffnet.

Denken wir einmal darüber nach, wofür die Zeit zwischen Tag und Nacht steht, erkennen wir deutliche Parallelen zwischen den Traditionen der Ureinwohner und der Macht des Wendepunkts.

Zweimal täglich geschieht etwas Bemerkenswertes mit der Position der Erde im Raum und deren Auswirkungen auf uns. Wenn die Abendsonne vom Himmel verschwindet und am Horizont untergeht, eröffnet sich für eine kurze Zeit das Tor zu einer geheimnisvollen Zeitspanne. Obwohl die Sonne nicht mehr zu sehen ist, ist der Himmel immer noch hell. Es ist nicht mehr Tag, aber auch noch nicht ganz Nacht. Dieser Raum zwischen Tag und Nacht wurde als »Riss zwischen den Welten« bezeichnet. Während der Morgendämmerung, wenn der Himmel nicht mehr in die Dunkelheit der Nacht gehüllt, aber auch noch nicht zum Licht des Tages erwacht ist, taucht dieser »Riss« erneut auf.

In den Beschreibungen der alten Ägypter und peruanischen Schamanen, aber auch der Heiler aus den Wüstengegenden im Südwesten der USA geht es bei diesen Wendepunkten um dasselbe Thema. Zweimal täglich schenkt uns die Natur eine Zeit, in der unseren Gebeten höchstmögliches Veränderungspotenzial für unser Leben innewohnt. In der Sprache ihrer Zeit überlieferten unsere Ahnen die Kraft dessen, was die Natur uns in Abbildung 3.2 (S. 121) zeigt. Wendepunkte sind die Art der Natur, Veränderungen zu ermöglichen.

Das Schöne am Wissen, dass ein Wendepunkt existiert, ist die damit verbundene Chance, uns zu verändern, *bevor* wir etwas erleben, das wir in unserem Leben nicht wollen.

Wendepunkte:
manchmal bewusst herbeigeführt,
manchmal spontan

Die Natur kennt zwei Arten von Wendepunkten; sie stammen aus unterschiedlichen Quellen und zeigen sich auf unterschiedliche Art und Weise im Leben. Wie bereits erwähnt, gibt es *spontane* Wendepunkt, wie beispielsweise die Zeitspanne zwischen Tag und Nacht, und *bewusst herbeigeführte* Wendepunkte. Anders ausgedrückt: Wir können einen Wendepunkt erzeugen, wenn wir einen brauchen. Das ist eine gute Nachricht, denn das bedeutet, wir können uns unsere Wendepunkte im Leben und auch in der Welt selbst erschaffen – bei Problemen in den Bereichen Gesundheit, Finanzen, Beruf und Beziehungen. Wir können dies häufig oder nur ab und zu tun. Jedes Mal nutzen wir dabei den sicheren Mechanismus der Natur, mit dem wir die Verletzungen, das Herzeleid, die Zerstörung und das Leiden umgehen können, die nur allzu oft auftreten, wenn wir die Gunst der Stunde, die die Natur uns gewährt, nicht nutzen.

Jetzt, wo wir wissen, *was* Wendepunkte sind, lernen wir am besten anhand von Beispielen aus dem wahren Leben, *wie* sie funktionieren. Der drastische Gewichtsverlust von Bill, der noch vor nicht allzu langer Zeit über 136 Kilo wog, veranschaulicht deutlich, was ich damit meine.

Ein bewusst herbeigeführter Wendepunkt

Leider beginnen viele Geschichten so wie Bills Geschichte. Bill war unglücklich über sein Übergewicht; alle möglichen bekannten Diäten hatte er schon erfolglos ausprobiert, doch nichts schien zu helfen. Bills Ehefrau, die auch übergewichtig war, konnte mithilfe eines Abnehmprogramms erfolgreich ihr Gewicht reduzieren. Als Bill keine solchen Resultate erzielte, wurde ihre Beziehung aufgrund ihrer unterschiedlichen Lebensstile immer mehr zum Kampf, und seine Frau wollte die Scheidung einreichen. Bill konnte also die überflüssigen Pfunde nicht loswerden, und gleichzeitig war seine Ehe bedroht. Wie vorherzusehen war, fühlte er sich hoffnungslos, verloren und deprimiert. »Ich fing an, mich zu hassen für das, was ich war«, erzählt er, »und erkannte, dass es im Leben doch eigentlich noch viel gab, auf das ich mich freuen konnte.«[4]

Bill ging noch einmal zu einer Abnehmgruppe, mit der er schon in Verbindung gestanden hatte. So wie das siedende Wasser, von dem zu Beginn dieses Kapitels die Rede war, veränderten sich sein Gewicht und in der Folge auch sein Leben zunächst langsam. Mit dem Schwinden seiner überflüssigen Pfunde, zunächst nur zögerlich und dann schneller, intensivierte er sein Fitnessprogramm. Innerhalb von sieben Monaten nahm Bill 45 Kilo ab, und seine Hosen waren zehn Größen kleiner. Er fühlte sich toll! Er war gesünder als seit Langem und übertrug die erfolgreiche persönliche Transformation seines Körpers auf sein Leben: Er wurde Seelsorger in seiner Kirche, wo er anderen Menschen helfen konnte.

In derselben Zeit erlitt Bill bei einem Autounfall ernsthafte Verletzungen. Bevor Hilfe eintraf, war er in seinem Auto mit diversen Verletzungen für längere Zeit eingeklemmt, unter anderem mit gebrochenen Rippen, einer gebrochenen Schulter und Verletzungen im Gesicht. Nach seiner Rettung schwebte er drei Tage lang in einem kritischen Zustand und musste drei Wochen im Krankenhaus verbringen. Dank seines Willens, seines Durchhaltevermögens und seiner besseren körperlichen Kondition erholte er sich von seinen Verletzungen. Die Ärzte und Sanitäter waren sich einig: Hätte Bill den Unfall erlitten, bevor er begonnen hatte, sein Leben zu verändern, hätte er allein durch sein starkes Gewicht geringere Rettungs- und Überlebenschancen gehabt. Wichtig an dieser Geschichte ist: Der Wendepunkt in Bills Leben war seine *Entscheidung, etwas zu unternehmen* und abzuspecken. Er beschloss, 45 Kilo abzunehmen – ein bewusst herbeigeführter Wendepunkt.

• • • •

Mit einer einzigen Entscheidung können wir einen Wendepunkt herbeiführen.

• • • •

Ein spontaner Wendepunkt

Im Jahr 1928 bemerkte ein schottischer Wissenschaftler, der im Labor mit Bakterienkulturen arbeitete, dass während seines Urlaubs etwas Ungewöhnliches geschehen war. Während seiner Abwesenheit hatten sich manche Kulturen auf unerwartete Weise verändert. Bevor er in Urlaub gefahren war, hatte er ein paar benutzte Petrischalen, auf denen sich noch Bakterien befanden, beiseitegestellt, um Platz für einen Kollegen zu machen. Als er aus dem Urlaub zurückkam, war auf manchen Petrischalen Schimmel gewachsen. Das Aussehen des Schimmels an sich war eigentlich nichts Ungewöhnliches; doch was ihm auffiel, war, wie die Bakterien auf den Schimmel reagierten. Die dünne Schicht, mit der sich Bakterien normalerweise auf Oberflächen ausbreiten, war an den verschimmelten Stellen abgetötet worden. Anders ausgedrückt: Der Schimmel hatte die Bakterien abgetötet.

Dieser Mann hieß Alexander Fleming (1881–1955), und der Schimmel, der seine Petrischalen »kontaminiert« und die darauf befindlichen Bakterien abgetötet hatte, enthielt das starke Antibiotikum Penicillin. Penicillin war das erste Medikament seiner Art, das nur schädliche Bakterien im menschlichen Körper, aber nicht die guten Bakterien des Körpers abtötete. Umgehend wurde Penicillin das Medikament der Wahl bei allen möglichen bakteriellen Infektionen, von Hauttransplantationen, bei denen es leicht zu Infektionen mit Staphylokokken kommt, über sexuell übertragbare Krankheiten bis hin zu einer Vielzahl an von Tieren und Insekten übertragenen Infektionen. Doch so mächtig dieses »Wundermittel« damals auch war: Der Anwendung und Effektivität waren – wie man herausfand – Grenzen gesetzt. Und schon bald wurden noch stärkere Formen von Penicillin entwickelt, um diese Einschränkungen zu überwinden. Viele davon finden heute noch Verwendung, beispielsweise Ampicillin, Amoxicillin und Dicloxacillin.

Flemings Entdeckung ist ein perfektes Beispiel für einen spontanen Wendepunkt – spontan deshalb, weil Fleming sich nicht mit vorsätzlicher Absicht daran gemacht hatte, das Antibiotikum herzustellen, bevor er seinen Urlaub antrat. Es geschah unerwartet. Doch durch seine Bereitschaft, das, was er sah, zu akzeptieren und zu nutzen, ermöglichte er einen Wendepunkt. Hätte er den Schimmel einfach ignoriert, die Petrischalen gesäubert und mit seinen Experimenten weitergemacht, die er vor seinem Urlaub eingeleitet hatte, wäre die Welt, in der wir heute leben, eine ganz andere. Doch zum Glück für uns alle war dem nicht so, und er nutzte einen Wendepunkt für sich und für die unzähligen Menschen in aller Welt, die seitdem von seiner Entdeckung profitiert.

• • • •

Wir können einen in unserem Leben spontan auftretenden Wendepunkt für uns nutzen.

• • • •

Diese beispielhaften Wendepunkte sind scheinbar verschieden, doch beide beschreiben ein Geschehnis im wahren Leben, das auf unterschiedliche Art und Weise Leben veränderte. In Bills Fall wurde der Wendepunkt des Gewichtsverlusts von ihm *bewusst*, als Folge der von ihm getroffenen Entscheidung geschaffen. Im Falle Alexander Flemings handelte es sich bei der Nutzung des Schimmels als Heilmittel um einen *spontanen* Wendepunkt; er bemerkte etwas Ungewöhnliches und erkannte die Bedeutung dessen, was er da sah.

Diese beiden Beispiele verdeutlichen, auf welche Weisen sich Wendepunkte gerne in unserem Leben zeigen. Ihre Existenz an sich ist eigentlich nichts Ungewöhnliches. Aber was wir damit anfangen, wenn sie auftreten, ist das, was ihnen solche Macht verleiht. Die beiden Faktoren, die einem Wendepunkt Bedeutung verleihen können, sind ...

→ die Weisheit, ihn zu erkennen, wenn er auftaucht;
→ die Stärke, das zu akzeptieren und dann zu nutzen, was er uns aufzeigt.

Jetzt wissen wir also, *wie* sich Wendepunkte in unserem Leben zeigen. Nun müssen wir uns fragen, *woher* sie kommen.

Woher kommt ein Wendepunkt?

Die Quelle eines Wendepunkts kann nur an einer Stelle sein: Sie liegt in *uns selbst* und der Bedeutung, die wir einer direkten, persönlichen Erfahrung verleihen. Der wesentliche Punkt dabei ist: Es ist *unsere* Erfahrung und nicht etwas, was jemand am Arbeitsplatz von seiner Lieblings-Reality-TV-Show erzählt, oder das, was wir gemäß unserer Religion fühlen sollten, oder etwas, was in unserer Familie einfach *so ist,* weil es schon immer als richtig akzeptiert wurde. Ein Wendepunkt kann für uns nur real werden, wenn wir selbst die Erfahrung machen. Er ist das Ergebnis von etwas, das uns so stark bewegt, dass wir unsere Überzeugungen verändern müssen, damit sie zu den Tatsachen unserer Erfahrung passen.

Solche Wendepunkte treten entweder einzeln oder in Kombination folgendermaßen auf:

→ Eine Entdeckung verändert unsere Denkweise und unsere Überzeugungen.
Oder:
→ Ein Geschehnis führt zu einem Paradigmenwechsel und verändert unsere Weltsicht.

Bei eben solchen Erfahrungen helfen oft große Lehrer ihren Schülern, die Kluft zwischen deren einschränkenden Überzeugungen und den Möglichkeiten der eigenen Kraft zu überbrücken, indem sie ihnen etwas zeigen oder für sie eine Erfahrung kreieren, die zu einem Paradigmenwechsel führt. In beiden Fällen muss der Schüler diese Lektion in sein Denken und seine Überzeugungen integrieren.

Der spirituelle Meister Jetsün Milarepa aus dem Himalaya, ein Yogi, der im 11. Jahrhundert gelebt hat, führte beispielsweise seine Schüler in einen Bewusstseinszustand, in dem sie mit ihren Händen durch die Wände aus festem Felsgestein greifen konnten, die die Höhlen ihrer »Klassenzimmer« bildeten. So entdeckten die Schüler selbst, dass nicht die Höhlenwände ihnen Einschränkungen auferlegten, sondern ihre eigenen Überzeugungen über die Wände. Ich habe während meiner Pilgerreisen auf das tibetische Hochplateau diese Lehrhöhlen selbst kennengelernt und meine

Hände in die Eindellungen gelegt, die die Hände der Meister im Felsen hinterlassen haben. Selbst die Überreste solcher Demonstrationen haben auf diejenigen, die sie mit eigenen Augen sehen, eine starke Wirkung.

Auch in jüngeren Zeiten wurde mit einem ähnlichen Effekt Schülern des Kampfsports etwas über ihre Überzeugungen beigebracht. Wir haben alle schon mal gesehen, wie Kampfsportler mit der bloßen Hand einen Stapel Betonklötze durch einen einzigen Schlag zertrümmern. Solche Demonstrationen sind sicherlich dramatisch und ein erstaunlicher Anblick. Doch was einem Zuschauer oft nicht so klar ist, ist die Tatsache, dass die Leistung des Kampfkünstlers nicht so sehr in der bloßen Stärke und dem Willen liegt, mit denen er die Klötze durchschlägt, sondern vielmehr in seinem Glauben und der Kraft seines Fokus.

Aus persönlicher Erfahrung kann ich Ihnen das Geheimnis verraten, wie man den Stapel Betonklötze durchschlägt, auf den der Schüler seine Aufmerksamkeit richtet. Der Kampfkünstler hat geübt, einen Punkt im Raum etwas oberhalb der Unterseite des ganz zuunterst liegenden Klotzes zu identifizieren. Das ist der Hauptpunkt der ganzen Demonstration. Der Kampfkünstler denkt nicht darüber nach, wie hart er zuschlagen muss oder wie dick der Stapel ist. Er benutzt einfach diesen unteren Punkt als Referenzpunkt und denkt ansonsten überhaupt nicht über die Klötze nach.

Bei der Übung geht es darum, für einen einzigen Augenblick alle Gedanken, Gefühle, Emotionen und Überzeugungen des Körpers, des Geistes und der Seele des Kampfkünstlers komplett auf einen einzigen Punkt in Raum und Zeit zu fokussieren, den Punkt gerade unterhalb des Klotzes. Das ist der »Treffpunkt« im Raum, wo seine Hand eine Bewegung ausführt. In diesem fokussierten Augenblick existiert nichts anderes, auch nicht der Betonblock.

Solche Demonstrationen erfüllen die Kriterien für beide Quellen, die wir für Wendepunkte oben identifiziert haben. Der eigentliche Akt ist ein Geschehnis, das einen *Paradigmenwechsel* bewirkt und die Gefühle der betroffenen Person über sich selbst und über ihre Beziehung zur Welt verändert. Und die Tatsache, dass der Kampfkünstler diese Tat vollbringt, wird zum Beweis, dass die Tat möglich ist. Beide Kriterien erfordern ein Umdenken.

Ein Sommer, zwei globale Wendepunkte

Wir alle haben schon Wendepunkte im Leben erlebt, wobei manche denkwürdiger waren als andere. Im Sommer 1969 erlebte ich zwei Wendepunkte, die mein Leben veränderten, und zwar innerhalb von nicht einmal einem Monat! Ich war in diesem Sommer nicht in der Schule, sondern arbeitete auf einer Ranch im südlichen Missouri. Die Temperaturen betrugen fast 38 °C; hinzu kam eine Luftfeuchtigkeit von fast 100 Prozent, wie es für diese Gegend um diese Jahreszeit typisch ist. Jegliche Tätigkeit im Freien war dadurch ziemlich unangenehm. Das galt insbesondere für meine Hauptarbeit, die darin bestand, mit Draht zusammengebundene Heuballen auf einen langsam fahrenden Laster zu werfen.

Ich lief also neben dem Fahrzeug her und sollte dabei jeden dieser um die 27 Kilo schweren Ballen vom Boden aufheben, auf den Wagen werfen und stapeln, noch bevor der Laster schon beim nächsten Ballen war, wo ich das Ganze dann wiederholte. Das ging stundenlang am Stück so weiter. Jeden Abend freute ich mich auf das Abendessen, nicht nur, um nicht mehr dem Staub, den Insekten, der Feuchtigkeit und der Hitze ausgesetzt zu sein, sondern auch weil das die einzige Möglichkeit war, die Abendnachrichten zu schauen und mich mit dem Rest der Welt zu verbinden.

Wendepunkt 1: Auf zum Mond!

In einer Ecke des Esszimmers, wo sich alle Ranchbewohner zu den Mahlzeiten versammelten, stand ein winziger Schwarz-Weiß-Fernseher. Meistens war er so leise gestellt, dass wir nur erraten konnten, was die Leute in den körnigen Bildern sagten. Doch eines Nachts war das anders. Als sich das Stimmengewirr am Tisch legte, damit das Abendgebet gesprochen werden konnte, waren die Worte, die aus dem Fernseher tönten, unmissverständlich: »Dies ist ein kleiner Schritt für einen Menschen, aber ein riesiger Schritt für die Menschheit«, sagte die Stimme.[5] Als ich das hörte, durchströmte meinen Körper die Welle zweier verschiedener Realitäten:

zum einen die Welt, die uns vor dieser Ankündigung voneinander getrennt hatte, und zum anderen die Welt, wo das Getrenntsein nach dieser Ankündigung verschwand – wenn auch nur für kurze Zeit. Diese Worte wurden von Neil Armstrong gesprochen, und seine Stimme reiste von der Leiter des zerbrechlichen Raumfahrzeugs auf der Oberfläche einer anderen Welt durch den Weltraum bis hin zu den Fernsehsendern auf der ganzen Erde und in den kleinen Fernseher hinein, der da vor mir stand.

Der erste Mensch hatte gerade den Mond betreten, und durch die Aufnahme durchlebte ich den Augenblick des Geschehens. Das war der Moment, in dem das kollektive Menschenbild, wie es in zahllosen Generationen weitergegeben worden war, plötzlich einer neuen, erweiterten Vision der Hoffnung und der Möglichkeiten wich. Es veränderte sich für immer. Es veränderte mein Gefühl für die Welt. Es veränderte mein Gefühl für die Menschen auf der Welt. An jenem Tag waren wir eine globale Familie, nicht nur Amerikaner, Europäer, Asiaten, Australier und Afrikaner! In jenem Moment waren wir Menschen, und wir hatten gerade etwas erreicht, was bis dahin nur Stoff für Träume gewesen war. Doch plötzlich war alles Wirklichkeit geworden! Wir waren auf dem Mond, und das spürte ich in meinem Körper. Dieser Augenblick war ein Wendepunkt für mich, und bis heute erinnere ich mich sehr lebhaft daran.

Wendepunkt 2: Drei Tage des Friedens

Gerade als ich dachte, ich könnte die Ehrfurcht, die ich erlebt hatte, wohl nicht noch einmal erfahren, geschah das Undenkbare. Die Fernsehsender, die erst vor ein paar Wochen die Bilder von Neil Armstrong auf dem Mond gezeigt hatten, übertrugen jetzt eine andere Geschichte – und auch diesmal schaute die ganze Welt zu.

Als ich zum Fernseher trat und die Lautstärke hochdrehte, war klar, dass die Geschichte auch die Aufmerksamkeit der müden Arbeiter, die mit mir zusammen am Esstisch saßen, gefesselt hatte. Durch eine Ironie des Schicksals, wie sie in einem Fantasy-Roman nicht besser hätte erzählt werden können, zeigte das Fernsehen über 500.000 Menschen, die friedlich auf dem Woodstock-Music-Festival im Bundesstaat New York zusammen waren. Und zwar im Sommer der Mondlandung. »Wie groß sind wohl die Chancen eines Zufalls?«, dachte ich, als ich über dieses Zusammentreffen von Ereignissen nachsann. Die Kraft und die Synchronizität dessen, was ich auf dem Fernsehbildschirm sah, waren surreal und gleichzeitig sehr bewegend. In den Nachrichten wurde beschrieben, wie plötzlich nicht die von den Festival-Veranstaltern ursprünglich erwarteten 50.000, sondern 500.000 Menschen gekommen waren! Für die Infrastruktur war diese Menschenmenge zu groß, sie konnte deren Sicherheit nicht mehr garantieren. Und so taten die Veranstalter das Einzige, was sie tun konnten: Sie erklärten, das Festival sei umsonst, und gaben sich dann alle Mühe, das vom Regen durchweichte Publikum, das die New-York-State-Schnellstraße auf dem Weg zum Festival praktisch in einen Parkplatz verwandelt hatte, mit Essen und Wasser zu versorgen sowie medizinische Hilfe und sanitäre Anlagen zur Verfügung zu stellen.

Schon lange wusste man, dass sowohl eine Mondlandung als auch das Zusammenkommen einer so großen Menschenmenge machbar waren. Doch unbekannt war, wie solche Ereignisse ausgehen würden. Die Tatsache, dass Woodstock zum größten und friedlichsten Treffen seiner Art in der neueren Geschichte wurde, machte das Festival für viele Menschen in der ganzen Welt zu einem Augenblick, der einen Paradigmenwechsel einläutete. Angesichts so vieler junger Leute auf so engem Raum mit so wenig Überwachung, und das vor dem Hintergrund der erhitzten Gemüter wegen des Vietnamkriegs, war man allgemein davon ausgegangen, dass es Chaos geben und die Veranstaltung sich als eine Katastrophe erweisen würde. Doch was da an diesem Wochenende nach außen drang, zeigte den »normalen« Amerikanern, dass ihre Ängste unbegründet waren. Während der ganzen drei Tage (die dann zu vier Tagen wurden) voller Musik, Liebe, Nacktheit, Sex, Drogen, Regen und Matsch wurde die Realität dieses Festivals zum Thema einer ganzen Generation: Frieden und Liebe.

Die Menschen reisten zum Mond, wandelten auf der Mondoberfläche und kehrten sicher nach Hause zurück; diese Tatsache veränderte das Paradigma, demzufolge die Menschen an diese Welt gebunden waren. Dass sich die Mondlandung im selben Sommer wie Woodstock ereignete, ist eine Synchronizität, die zukünftige Generationen voller Verwunderung und Erstaunen untersuchen werden. Innerhalb von wenigen Wochen zeigten wir uns, dass wir über die Technologie verfügen, um andere Welten zu besuchen, und dass wir die Weisheit in uns tragen, um friedlich auf dieser Welt zu leben, ohne Gesetzeshüter oder höhere Autoritäten, die uns zu diesem friedlichen Zusammenleben zwingen.

Sosehr sich diese Ereignisse auch voneinander unterscheiden, so erwiesen sich doch sowohl die Mondlandung als auch Woodstock als mächtige Wendepunkte in meinem Leben – und im Leben zahlloser anderer Menschen auch. Wie wir wissen, haben Millionen Menschen beide Ereignisse am Fernsehbildschirm verfolgt; doch ich kann nur den Grund nennen, warum beide *mein* Leben so verändert haben: Beide Szenarien stellten das bis dahin geltende Denken, die früheren Vorstellungen und Überzeugungen der Welt infrage. Und beide Szenarien bewiesen mir, was möglich war.

Die vorgestellten Beispiele zeigen auf, wie Wendepunkte in unserem Leben auftreten können – entweder bewusst herbeigeführt oder spontan. Durch weitere, bekannte Beispiele können wir vielleicht ein Gespür dafür entwickeln, wann sie in der Vergangenheit aufgetreten sind und wie machtvoll sie sein können. In Abbildung 3.3 (S. 134) habe ich ein paar wichtige dieser Wendepunkte aufgeführt.

Egal, ob ein Wendepunkt spontan auftritt oder bewusst herbeigeführt wird – es geht darum zu verstehen, dass durch dieses Auftreten sich für uns eine Tür zu völlig neuen Möglichkeiten und Ergebnissen öffnet, damit wir diese zu unserem Vorteil nutzen können. Angesichts der Art und der Anzahl von Krisen, denen wir uns heute gegenübersehen, wird das Erkennen bzw. bei Bedarf auch Erzeugen kritischer Wendepunkte vielleicht zur entscheidenden Fähigkeit, um unser Leben zu transformieren!

Kategorie	Bekanntes Beispiel
↦ Ereignis, das zu einem Paradigmenwechsel führt	• Wahl von Barack Obama zum ersten schwarzen Präsidenten der USA • Terroranschläge vom 7. Dezember 1941 und Anschläge 60 Jahre später am 11. September 2001 • Landung des ersten Menschen auf dem Mond und seine sichere Heimkehr • Tatsache, dass der Klimawandel unsere Lebensweise auf der Erde verändert
↦ Entdeckung *oder* Offenbarung	• Entdeckung, dass die DNA den Code des Lebens enthält • Entdeckung einer Art der Stromerzeugung für unsere Häuser, Schulen und Arbeitsstätten • Entdeckung von Impfstoffen, die lebensbedrohliche Krankheiten wie Kinderlähmung und Tuberkulose fast gänzlich ausgerottet haben • Entdeckung, dass die Natur auf Kooperation und gegenseitige Hilfeleistung und nicht auf Wettstreit beruht, wie Darwins Hypothese besagt

Abbildung 3.3
Beispiele für zwei Arten von Wendepunkten. In beiden Beispielen – also zum einen ein Ereignis, wodurch sich unser Leben verändert, und zum anderen eine Entdeckung, die unsere Denk- und Handlungsweise verändert – werden wir mit Tatsachen konfrontiert, die wir entweder verwerfen oder akzeptieren müssen. Sobald wir erst einmal über diese Fakten Bescheid wissen, bestimmt unsere Entscheidung, wohin der Wendepunkt führt.

Was passiert nach dem Wendepunkt?

Damit sich die Macht eines von uns (an)erkannten Wendepunkts entfalten kann, müssen wir die sich dadurch ergebenden Möglichkeiten annehmen und nutzen. Abbildung 3.4 veranschaulicht dies.

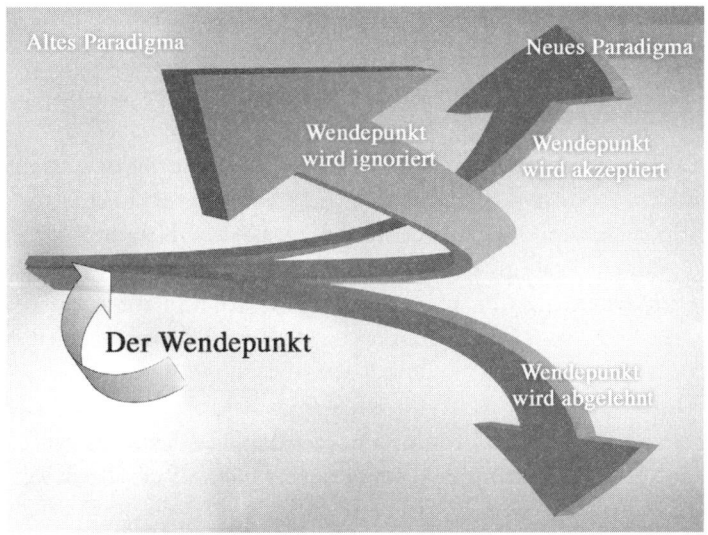

Abbildung 3.4

Das, was *nach* einem Wendepunkt passiert, ist die eigentliche Geschichte. In dieser Abbildung wird der Wendepunkt, der durch den helleren Pfeil links angezeigt wird, zur Quelle von drei sehr unterschiedlichen Optionen: Er kann *akzeptiert, abgelehnt* oder *ignoriert* werden. Die Option rechts oben steht für das Akzeptieren und Nutzen des Wendepunkts und der dadurch sich zeigenden Möglichkeiten. Die Option, die nach rechts unten führt, ist die Ablehnung des Wendepunkts in dem Versuch, sich weiterhin an eine Vorstellung einer Realität zu klammern, die jedoch nicht mehr existiert. Die dritte Option besteht darin, den Wendepunkt zu ignorieren, was durch den Pfeil in der Mitte dargestellt wird, der in die Vergangenheit weist. (Quelle: Dreamstime: © MIK3812345)

Die Grafik ist in zwei Bereiche aufgeteilt: das »alte Paradigma« und das »neue Paradigma«. Die Stelle, an der das eine endet und das andere beginnt, also der Wendepunkt, wird durch einen Pfeil angezeigt. Da dieser Wendepunkt einen Bruch oder eine »Pause« in einem bestehenden Fluss an Ereignissen repräsentiert, ebnet das, was *nach* dieser Unterbrechung passiert, den Weg zu einem neuen Resultat.

An einem Wendepunkt stehen uns drei Wahlmöglichkeiten offen, die auf einen von drei Wegen führen. Jeder Weg kreiert ein anderes Szenario mit einem ganz anderen Ausgang. Man kann diese Szenarien wie folgt zusammenfassen:

Weg 1: Wir erkennen den Wendepunkt, akzeptieren und nutzen ihn. In diesem Szenario verändern wir aufgrund neuer Informationen unser Denken und Handeln. Unser Verstand wird mit den Fakten versorgt, die wir manchmal zur Rechtfertigung großer Veränderungen im Leben benötigen. Unsere Bereitschaft, das durch diese Fakten Aufgezeigte anzunehmen, kann der Auslöser für ein neues Denken sein.

Im Beispiel von Bill und seiner Entscheidung, ein gesünderes Leben zu führen, brachte eine emotionale Krise den Wendepunkt. Er fühlte sich hoffnungslos, verloren und deprimiert. »Ich fing an, mich zu hassen«, sagte er. Und mitten in dieser tiefen Krise tauchte der Wendepunkt auf. Für ihn war der Hoffnungsschimmer die Erkenntnis einer anderen Möglichkeit. Wie Bill erklärte, erkannte er, »dass es im Leben doch eigentlich noch viel gab, auf das ich mich freuen konnte.«[6] Diese Erkenntnis war der Wendepunkt. Er verleugnete seine Hoffnungslosigkeit und sein Aufgeben nicht, folgte diesen Gefühlen aber auch nicht bis zu ihrem destruktiven Ende, sondern nahm seine Erkenntnis an, dass nämlich mehr im Leben möglich war. Durch diese Entscheidung wählte Bill an seinem Wendepunkt den ersten Weg.

Weg 2: Der Wendepunkt wird abgelehnt. Wer Informationen aufgrund neuer Entdeckungen ablehnt, begibt sich auf den zweiten Weg. Solche Menschen weisen diese neuen Erkenntnisse zurück und hegen die Überzeugung, sie könnten weiterhin so denken und leben wie in der Vergangenheit und einfach ganz »normal« weitermachen. Das Problem dabei ist: Die Bedingungen und Gegebenheiten haben sich verändert, entweder in der Welt oder auch im Körper. Und wegen dieser Veränderungen ist es unmöglich, den Status quo aufrechtzuerhalten. Durch eine solche Entscheidung stehen sie zukünftig sozusagen auf Kriegsfuß mit der realen Welt.

Hätte es Bill beispielsweise nicht geschafft abzunehmen, wären weitere gesundheitliche Probleme aufgetaucht, und letztendlich hätte ihn das vielleicht sogar das Leben gekostet.

Weg 3: Der Wendepunkt wird ignoriert. Dieser Weg ist vielleicht am schwierigsten zu erkennen, insbesondere im Leben unserer Lieben und Familienangehörigen. Es ist deswegen so schwierig, weil diejenigen, die sich für diese Option entscheiden, oft meinen, sie täten das zu ihrem Besten, selbst wenn neue Informationen ihre Überzeugungen nicht mehr unterstützen.

Ein perfektes Beispiel für dieses Szenario sind die widersprüchlichen Informationen über die Rolle der Fette in unserer Ernährung, denn inzwischen besagen die Forschungsergebnisse dazu genau das Gegenteil von dem, was man früher geglaubt hat.

Vor noch nicht allzu langer Zeit wurden sämtliche Fette in der Ernährung als die Ursachen für alle möglichen Gesundheitsprobleme angesehen, unter anderem wurden sie für Fettleibigkeit und Diabetes verantwortlich gemacht. Aufgrund dieser extremen Denkweise eliminierten die Leute jedes nur denkbare Fett aus ihrer Ernährung, auch Kokosnüsse, Avocados, Butter und sogar kaltgepresstes Olivenöl. Sie glaubten fest daran, diese Entscheidung wäre ihrer Gesundheit zuträglich und würde ihr Leben verlängern. Sie hielten sich an ihre neue Ernährungsweise mit einer Sturheit, wie man sie in einer Kaserne finden könnte. (Das weiß ich, weil ein paar meiner Familienangehörigen und Kollegen eine solche Diät einhielten und alles taten, um auch alle anderen davon zu überzeugen.)

Dann gab es neuere Studien, die aufzeigten, dass eine Ernährungsweise ganz ohne Fett Krankheiten wie Krebs, Depressionen und eine Schwächung des Immunsystems fördern können. Wie man durch bessere Testverfahren nachweisen konnte, wurden durch die Empfehlungen der Vergangenheit dem Körper essenzielle Nährstoffe vorenthalten, die sogenannten guten Fette, beispielsweise Omega-3-Fettsäuren, die entzündungshemmend wirken und das Risiko einer Herz- und Krebserkrankung senken.[7]

Wer diesen Weg gegangen ist, erlebt sicherlich einen Konflikt zwischen seinen früheren Überzeugungen und den Aussagen auf Basis neuer Informationen. Manchmal sind die Realität und die Überzeugung so voneinander abgetrennt, dass die Leute einfach keine Möglichkeit finden, neue Entdeckungen in ihr bestehendes Denken zu integrieren. Meiner Erfahrung nach weisen Menschen, die sich mit so einem Konflikt herumschlagen, neuere Informationen nicht unbedingt zurück, sondern ignorieren sie einfach. In ihrer Familie bzw. ihrem religiösen oder spirituellen Glaubenssystem gibt es einfach keinen Platz für die neuen Entdeckungen und Erkenntnisse.

Dieser Punkt zwischen Akzeptanz und Ablehnung neuer Entdeckungen angesichts neuer Fakten wird auch als »Dissonanzzone« bezeichnet. Der Begriff »kognitive Dissonanz«, welcher 1956 von dem Psychologen Leon Festinger (1919–1989) geprägt wurde, wird definiert als das »Unbehagen, welches man empfindet, wenn man zwei oder mehr sich widersprechende Vorstellungen, Überzeugungen, Werte oder emotionale Reaktionen hat.«[8] In Abbildung 3.4 (S. 135) befindet sich diese Dissonanzzone zwischen dem Annehmen und dem Ablehnen des Wendepunkts. Wer sich in so einer Dissonanzzone befindet, verbleibt dort lediglich aufgrund der Kraft seiner Überzeugungen. Nichts hält ihn davon ab, sich in Richtung einer der beiden Polaritäten, also der Akzeptanz oder der Ablehnung, zu bewegen.

• • • •

Die Entscheidung, die wir am Wendepunkt treffen, bestimmt, welche Bedeutung er für unser Leben hat.

• • • •

Einen Wendepunkt zu erzeugen sieht in einem Diagramm ganz sinnvoll aus; doch die Frage lautet: *Wie erzeugen wir einen solchen Wendepunkt in der realen Welt?*

Auch hier illustriert ein Beispiel die Antwort wohl am besten. Lesen wir also die Geschichte eines Mannes, der einen Wendepunkt kreierte, indem er zunächst einmal herausfand, was in seinem Leben das Wichtigste war. Dadurch entdeckte er für sich persönlich einen Wendepunkt und das neue Leben, das dahinter auf ihn wartete.

Ein Wendepunkt in der realen Welt

Er war ein erfolgreicher Mann, das war Ken Kuhne bewusst. Sein Leben, seine Familie und sein Geschäft waren der Beweis dafür. Er war Inhaber und Betreiber von *Biomes Construction,* einer Firma für ungiftige und umweltfreundliche Baustoffe, und hielt sein Unternehmen für die perfekte Wahl für die umweltbewussten Bewohner des Wüstenhochlandes im Norden von New Mexico. Doch im Frühjahr 2008 veränderten sich die Dinge. Für Ken war klar, dass die Welt dabei war, sich umfassend zu wandeln, was auch für die Wohnungswirtschaft und sein Unternehmen große Umwälzungen bedeutete. Schon vor dem katastrophalen Zusammenbruch der Wirtschaft im Oktober desselben Jahres fragte er sich, wie er die Krise, unter der die fragilen Finanzmärkte der Welt bereits einknickten, positiv angehen könnte. Wie er selbst sagt, wachte er eines Nachts auf und dachte »darüber nach, was das Wichtigste sei, und das ist im Grunde die eigenständige Nahrungs- und Wasserversorgung. Ich muss den Leuten helfen, ihre eigenen Nahrungsmittelvorräte anzubauen.«[9]

Ken hatte eine klare Vision. Die Frage war, wie er sie umsetzen konnte. Seine Antwort war intuitiv und einfach. Er entschied sich, seine Kenntnisse als Bauunternehmer einzubringen und seine Fähigkeiten auf die Bedürfnisse anzuwenden, die die heutige Welt mit sich bringt. Früher hatte Ken Häuser für Menschen gebaut. Doch das war nicht das, was die Welt jetzt brauchte. Also fing er an, eine andere Art von Häusern zu bauen – nicht mehr als Wohnraum für Menschen, sondern als »Wohnraum« für Pflanzen. Ken entwarf und baute auf Modulen basierende Hochbeet-Gärten als einzigartige, nachhaltige und kostengünstige Möglichkeit, die eigenen Lebensmittel anzubauen. Seine witterungsbeständigen Hochbeet-Gärten mit eigener Bewässerung gehören zu einer Erfolgsgeschichte, die bis heute anhält. Kens Gärten tragen den passenden Namen «Grow Y'Own» und sind im gesamten Norden von New Mexico und darüber hinaus inzwischen so beliebt, dass ich wirklich überrascht wäre, wenn Ken jemals wieder Häuser für Menschen bauen würde.

Die Geschichte von Ken stammt aus erster Hand, denn Ken ist mein Nachbar. Ich bin mit seiner Arbeit seit Jahren vertraut, und meine Frau und ich sind stolze Besitzer von zwei seiner Hochbeet-Systeme. Ken und ich haben in unserer Gemeinde schon harte Zeiten erlebt: Die Dürre Anfang der 1990er-Jahre war beispielsweise bis heute die allerschlimmste, die wir jemals erlebt haben. Und inzwischen haben die Auswirkungen des Klimawandels, zusammen mit der weltweiten Wirtschaftskrise, einen ähnlichen Effekt.

Kens Geschichte zeigt beispielhaft einen vorsätzlich kreierten Wendepunkt auf. Kens Bereitschaft, die heutigen Bedürfnisse seiner Familienangehörigen, Freunde und Nachbarn zu erfüllen, anstatt sich irgendwo »einzurichten«, wo seine Kenntnisse und Fähigkeiten früher das Passende waren, machte seinen Wendepunkt zum Erfolg. Aus diesen und ähnlichen Geschichten können wir lernen, wie man Ideen von der Theorie in die Praxis umsetzt und direkt auf unser heutiges Leben anwendet.

Die Frage anders stellen

In Kapitel 2 ging es um die »Pyramide des Denkens«, die darüber bestimmt, wie wir uns im Leben und in der Welt sehen. Es wurde zudem auf neue Entdeckungen eingegangen, die aufzeigen, wo das Denken der Vergangenheit – wie inzwischen bekannt – unvollständig und in manchen Fällen auch falsch war. Alle in Kapitel 2 genannten Entdeckungen (siehe Abbildung 2.1; S. 91) revolutionierten die Antwort auf die Frage »Wer bin ich?«. Zwei davon waren maßgeblich an unserem Umdenken beteiligt und wirken sich darauf aus, wie wir uns unsere eigenen Wendepunkte kreieren können.

↦ **Fakt 1:** Das Universum, unsere Welt und unsere Körper bestehen aus einem gemeinsamen Energiefeld, einer Matrix: Sie ermöglicht die Einheit, die unter dem Namen »Verschränkung« bekannt ist.

↦ **Fakt 2:** Um zu überleben, verlässt sich die Natur auf Kooperation und gegenseitige Hilfeleistung und nicht auf Darwins »Überleben des Stärkeren«.

Diese und weitere wissenschaftliche Entdeckungen geben uns Gründe für ein Umdenken über uns selbst an die Hand. Unsere Entscheidungen und Problemlösungsansätze in unserem alten Denken gründeten auf der folgenden Frage:

Was kann ich von der existierenden Welt gewinnen?

Heute ist es angesichts der neuen Entdeckungen und unserer Zeit der Extreme sinnvoll, die Frage abzuwandeln und zu fragen:

Was kann ich der Welt, die im Entstehen begriffen ist, geben bzw. mit ihr teilen; was kann ich dazu beitragen?

Wie das Beispiel von Ken so schön verdeutlicht, verändert unsere Antwort auf diese Frage alles. Die Antwort auf die Frage »Was kann ich der Welt, die im Entstehen begriffen ist, geben?« ist der Schlüssel zu neuen Jobs, beruflichen Laufbahnen, einer neuen Art von Beziehungen zu anderen Menschen und – vielleicht am wichtigsten – zu einer neuen Beziehung zu uns selbst. Unsere Antwort verändert die Gründe dafür, warum wir das Leben so angehen, wie wir es angehen. Sie verändert unser Denken über uns in der Welt – und unser Denken über unseren Wert für die Welt.

Um es noch einmal ganz klar zu sagen: Diese machtvolle Frage hat nichts mit unseren Qualifikationen zu tun. Es geht dabei nicht um das, was wir *meinen,* tun zu können, oder wofür wir entsprechend (mit Brief und Siegel) zugelassen sind. Es geht auch nicht darum, in welchem Bereich wir einen Abschluss gemacht haben oder wie viel Geld wir brauchen. Vielmehr geht es um eine Selbsteinschätzung. Und das ergibt in unserer Zeit der Extreme sehr viel Sinn.

Wir wissen, dass sich die Welt auf entscheidende Weise verändert; und deshalb verändert sich natürlich auch unsere Rolle in dieser Welt. *Was kann ich der Welt, die im Entstehen begriffen ist, geben?* Das ist eine ehrliche Frage an uns selbst, denn sie bringt uns dazu, die Realitäten unserer sich verändernden Welt anzuerkennen.

Falls Sie das nicht schon gemacht haben, ist das Folgende eine Chance für Sie, in Ihrem Leben das zu erfahren, was Ken in seinem Leben erfahren hat. Wir können eine solche Einschätzung unseres Lebens auf vielerlei Weise durchführen; die folgenden Vorschläge bieten eine einfache Vorlage für den Anfang.

1. Fragen Sie sich, wie Ihre Welt sich verändert hat.

→ Finden Sie heraus, welche vertrauten Routinen der Vergangenheit heute nicht mehr existieren.

→ Finden Sie heraus, welche neuen Routinen heute an ihre Stelle getreten sind.

→ Finden Sie heraus, welche neuen Verantwortlichkeiten Sie in Ihrem Leben haben.

→ Finden Sie heraus, welche Beziehungen anscheinend nicht mehr in Ihr Leben »passen«.

2. Fragen Sie sich, was gerade für Sie wichtig ist.

→ Was fehlt in Ihrem Leben?

→ Was fehlt im Leben Ihrer Freunde, Familienangehörigen und Kollegen?

→ Welche Bedürfnisse gibt es jetzt für Sie und Ihre Welt, die vor zehn Jahren noch nicht da waren?

3. Fragen Sie sich, was Sie zu bieten haben.

→ Wie können die heutigen Bedürfnisse durch Ihr Wissen, Ihre Fähigkeiten und Ihre Leidenschaft gestillt werden?

Ich möchte Sie bitten, jeder dieser Fragen die ihr zustehende Zeit und Aufmerksamkeit zu widmen. Schreiben Sie Ihre Antworten auf ein Blatt Papier und bewahren Sie es an einem sicheren Ort auf, wo es nicht im Weg liegt. Nach ein paar Tagen können Sie es wieder hervorholen, die Antworten noch einmal anschauen und überarbeiten. Wenn man einmal eine Weile nicht mehr über die Fragen nachgedacht hat, scheinen nicht selten völlig neue Antworten sozusagen aus dem Nichts aufzutauchen.

Auf diese drei Fragen gibt es keine richtigen oder falschen Antworten. Und es geht bei den Antworten auch nicht um einen Test oder um irgendwelche Hintergedanken; sie sollten ehrlich und direkt sein und sind der Schlüssel dazu, dass Sie mit großer Energie an die ebenso großen Veränderungen in Ihrem Leben herangehen können, so wie Ken Kuhne das getan hat.

• • • •

Neue Entdeckungen geben uns Gründe dafür an die Hand, unser Leben in eine andere Richtung zu lenken, weg von »Was kann ich von der existierenden Welt gewinnen?« hin zu »Was kann ich der Welt, die im Entstehen begriffen ist, geben?«.

• • • •

Woher wissen wir,
wann Veränderungen angesagt sind?

Wenn wir erst einmal wissen, wie einfach es ist, Wendepunkte zu kreieren und zu nutzen, lautet die nächste Frage: *Woher wissen wir, wann ein solcher Wendepunkt ansteht?* Diese Frage wird mir oft gestellt. Ich habe sie nicht nur anderen Menschen auf unterschiedlichste Weise beantwortet, sondern musste auch für mich selbst eine Antwort finden. Und obwohl die Frage gut ist, gibt es nicht immer eine einfache Antwort, denn meistens geht es dabei um Beziehungen. Ob wir nun eine Einschätzung unseres Arbeitsplatzes, unserer Familie oder unseres Liebespartners vornehmen oder ein Glaubenssystem bewerten, das uns lieb und teuer ist: Veränderungsbedarf hat fast immer mit den engsten Beziehungen in unserem Leben zu tun.

Der Name meines Freundes, um den es in der folgenden Geschichte geht, wurde geändert, um seine Privatsphäre zu respektieren. Das, was erzählt wird, kann uns allen dabei helfen, zu verstehen, was entscheidend ist, um im Leben große Veränderungen herbeizuführen und zu wissen, wann es notwendig oder vorteilhaft ist, einen Wendepunkt zu kreieren.

In den 1980er-Jahren, in der Zeit des Kalten Kriegs, arbeitete ich als Ingenieur in der Raumfahrtindustrie und konnte aus erster Hand erleben, welche Auswirkungen der Stress am Arbeitsplatz auf meine Kollegen, ihre Familien und Beziehungen hatte. Stundenlange Büroarbeit und dann tage-, manchmal wochenlanges Herumreisen, um Software auf Computern der *Air Force* im ganzen Land zu installieren, war wahrlich kein normaler Acht-Stunden-Job von neun Uhr morgens bis fünf Uhr abends. Für die Männer und Frauen meines Teams war es etwas ganz Normales, irgendwo anzukommen und dort, wo sich die Computeranlage befand, schon Feldbetten, Decken, Unmengen an Kaffee und die Speisekarte für den Essens-Bringdienst vorzufinden. Denn sobald wir uns authentifiziert hatten und im Sicherheitsbereich eines Computerraums eingesperrt waren, konnte niemand mehr gehen, bis die neue Software installiert, sämtliche Fehler behoben waren und alles funktionierte. Manchmal war diese Arbeit innerhalb von ein paar Stunden erledigt, doch manchmal dauerte das auch Wochen. Man kann sich leicht vorstellen, welchem Stress die einzelnen Personen, Ehen und Familien unter solchen Umständen ausgesetzt waren.

Während einer solchen Installation vor Ort fand einer meiner Kollegen heraus, dass seine Frau seine vielen Abwesenheitszeiten von zu Hause, in denen sie oft tagelang nichts von ihm hörte, nicht mehr aushielt. Während eines gemeinsamen Abendessens vertraute mir Gary an, dass die wichtigste Beziehung in seinem Leben, seine Ehe, in Schwierigkeiten war. Wie im Laufe des Gesprächs schnell klar wurde, beruhten die Probleme zwischen ihm und seiner Frau nicht nur auf seinen langen Arbeitszeiten; vielmehr waren die vielen Stunden, in denen er von zu Hause weg war, ein Katalysator, durch den die durch tiefer liegende Probleme bereits belastete Ehe kurz vor dem Aus stand.

Gary schaute mich über den mit chinesischen Essensschachteln und Verpackungen von Glückskeksen übersäten Tisch hinweg an und stellte mir die eine Frage, von der ich hoffte, dass er sie mir nicht stellen würde, weil ich keine Antwort darauf geben konnte. »Was soll ich bloß tun?«, fragte er.

Für mich war das eine schwierige Frage, denn ich war sowohl mit ihm als auch mit seiner Frau befreundet. Und es gab – wie mir auch klar war – nur eine einzige Wahrheit, auf die ich mich verlassen konnte, ganz unabhängig von dem, was er mir in dem Gespräch erzählt hatte: Nur Gary und seine Frau wussten alles, um eine Antwort auf seine Frage zu finden. Nur sie beide wussten, was zwischen ihnen passiert war. Nur sie wussten um die Einzelheiten der Gespräche, der Versprechen, die gemacht, auf die sie sich verlassen und die dann gebrochen worden waren, und um all das, was letztendlich zu dem Gespräch geführt hatte, das wir gerade führten. Ich erzählte ihm von meinen Erkenntnissen und dachte, das Gespräch wäre damit zu Ende. Doch dem war nicht so.

Gary lachte über die Prophezeiung eines Glückskekses vor sich hin, die er mir nicht zeigen wollte, schaute auf und stellte dann eine weitere Frage, bei der ich mich etwas wohler fühlte als bei der vorigen: »Was würdest du an meiner Stelle tun? Würdest du versuchen, dich zusammenzuraufen, oder würdest du die Ehe aufgeben?«

»Wow ...«, sagte ich, »das ist keine einfache Frage! Ich kann dir wohl nicht sagen, was ich tun würde. Das wüsste ich erst in dem Moment, in dem ich die Entscheidung treffen müsste. Aber ich kann dir sagen, *wie* ich meine Entscheidung treffen würde. Ich kann dir die Fragen nennen, die ich stellen würde, um mir darüber klar zu werden und um herauszufinden, was für *mich* die Wahrheit wäre.« Ich wusste, das war nicht die Antwort, die sich Gary erhofft hatte. Doch ich wusste auch, dass er neugierig war; schließlich war er ein Ingenieur. Seine Arbeit bestand darin, herauszufinden, was nötig war, damit etwas funktionierte. Ich ging davon aus, dass diese Neugierde auch für seine Ehe galt.

»Na ja, damit muss ich mich wohl zufriedengeben«, sagte er und richtete sich auf dem Stuhl auf. »Was also ist es? Wie würdest du eine Entscheidung treffen?«

Was ich ihm nun anbot, war für mich ein Leichtes, denn ich gab ihm dieselben Fragen mit denselben Entscheidungsfindungskriterien an die Hand, die ich mir selbst schon unzählige Male im Leben gestellt hatte. Drei Fragen helfen mir immer, um mir darüber klar zu werden, was ich gerade erfahre; und um zu wissen, welche Möglichkeiten existieren; und um zu erkennen, welche Optionen ich in der jeweiligen Situation habe. Ob es nun um eine Liebesgeschichte oder die Ehe, den Arbeitsplatz oder die Familie ging – diese drei Fragen haben mir immer weitergeholfen.

Ich führe diese Fragen hier auf, weil sie – wie ich glaube – auch Sie bei Ihren wichtigen Lebensentscheidungen unterstützen können, vor allem, wenn Sie bereits wissen, dass eine Entscheidung ansteht. Diese Fragen ergeben oft Antworten, die selbst zu einem Wendepunkt werden können.

Als echter Ingenieur nahm ich also einen Stift und einen Zettel aus der Jackentasche, schrieb die Fragen auf und reichte sie Gary über den Tisch. Die einzige Bedingung, die ich stellte, war: Er sollte jede Frage ehrlich beantworten.

Wissen, wann eine Veränderung angesagt ist

1. Bin ich in dieser Beziehung glücklich?

↝ Mit ein paar Ausnahmen, die es immer gibt, drehen sich fast alle unsere Entscheidungen um Beziehungen, allerdings nicht unbedingt um eine Beziehung zu einem anderen Menschen. Es kann dabei auch um die Beziehung zu uns selbst gehen, oder sie kann mit einer Arbeit, einem Lebensstil, einer Ernährungsweise oder auch einer Gewohnheit zu tun haben.

↝ Wenn die Frage erst einmal klar gestellt worden ist, taucht die Antwort meist ganz schnell in unserem Kopf auf. Unsere Aufgabe besteht nun darin, uns selbst zu respektieren, indem wir die Realität dessen, was da offenbar geworden ist, ehrlich annehmen.

2. Ist das eine gesunde Beziehung?

↝ Diese Frage ist unter Umständen die einfachste, denn Sie wissen die Antwort bereits. (Zum Beispiel: Behandeln Sie Symptome wie Bluthochdruck, einen hohen Cholesterinspiegel, chronische Hautausschläge und ein schwaches Immunsystem mit Medikamenten? All das hat mit ungelösten Emotionen wie Frust, Wut, Ärger und Verletztsein zu tun.[10])

↝ Sind Sie auf der Suche nach Ablenkungen, beispielsweise durch zu viel Essen, Alkohol oder andere Beziehungen, um der Person bzw. dem Ort aus dem Weg zu gehen, mit der/dem Sie nicht glücklich sind?

3. Besteht die Wahrscheinlichkeit, dass es besser wird?

↪ Diese Frage ist wohl am schwierigsten zu beantworten. Und Sie können die Antwort darauf nicht wissen, solange Sie noch nicht versucht haben, etwas zu verändern.

↪ Haben Sie sich ehrlich und direkt mit Ihrem Vorgesetzten oder Kollegen, dem Familienmitglied, Beziehungspartner oder sich selbst darüber ausgetauscht, was für Sie nicht stimmt?

↪ Haben Sie sich um objektive und professionelle Hilfe von einem Therapeuten, Berater oder Coach bemüht?

Sobald die Antworten auf diese drei Fragen gefunden sind, beginnt im nächsten Schritt die eigentliche Arbeit. Sind zwei der drei Fragen mit Nein beantwortet worden, dann steht in Ihrem Leben wohl eine Veränderung an. Ich möchte keineswegs sagen, dass Sie die Zukunft Ihrer Ehe oder das Schicksal der Menschheit von Ihren Antworten abhängig machen sollten; doch ich meine sehr wohl, dass sie sehr nützliche Werkzeuge sind, um herauszufinden, wie Sie einige der wichtigsten Entscheidungen Ihres Lebens treffen können.

Ich weiß beispielsweise wirklich nicht, wie oft ich mich angesichts einer schwierigen Situation schon gefragt habe, ob es sich dabei um einen zeitweiligen schwierigen »Streckenabschnitt« auf der Straße des Lebens handelt oder ob die Straße, auf der ich mich befinde (die Situation, der Job, die Beziehung, die Ernährung oder die Gewohnheit, die den Tumult verursacht) sich inzwischen zu einer brandneuen Schnellstraße entwickelt hat, die mich zu einem unerwünschten Ziel führt.

Die drei Fragen der vorstehenden Liste »Wissen, wann eine Veränderung angesagt ist« haben mir geholfen, die Antwort darauf zu finden. Und sie halfen auch Gary, eine Entscheidung zu treffen. In Garys Fall hatte *er* zwar beschlossen, sich mit seiner Frau zusammenzuraufen, doch während wir unterwegs waren und Software installierten, traf seine Frau eine andere Entscheidung. Als Gary nach Hause zurückkam, war seine Frau weg. Auch seine Kinder waren weg. Und seine Möbel, ja sogar seine Hunde waren weg. Gary musste jetzt mit einer Welt zurechtkommen, die völlig anders war als noch vor einer Woche.

Wenn wir dazu gebracht werden, unsere Beziehungen zu hinterfragen, dann oft deshalb, weil wir die Antworten auf unsere Fragen intuitiv bereits wissen. Je länger wir unsere Entscheidungen hinauszögern, desto weniger Optionen stehen uns zur Verfügung, denn unsere Möglichkeiten werden durch die Entscheidungen anderer eingeschränkt.

▼

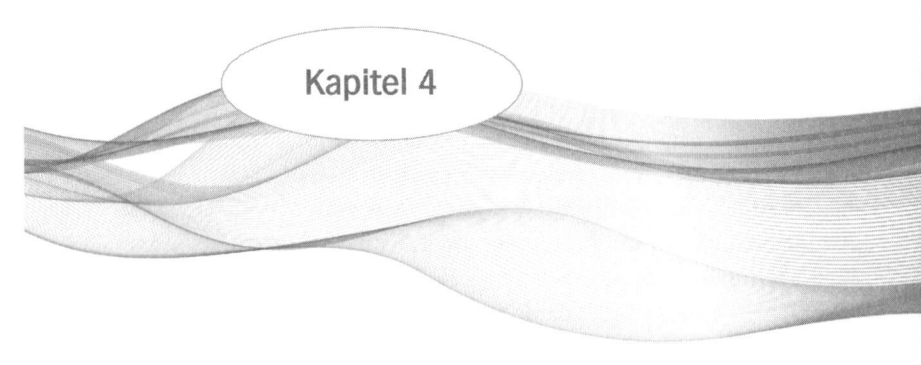

Kapitel 4

Der Weg:
Wendepunkte persönlicher Resilienz

Persönliche Transformation kann sich
auf globaler Ebene auswirken und tut das auch ...
Die Revolution, die die Welt retten wird,
ist letztendlich persönlicher Art.

Marianne Williamson (*1952),
spirituelle Lehrerin, Autorin und Vortragsrednerin

Am 11. September 2011 brachte das Magazin *Time* anlässlich des zehnten Jahrestags der Terrorangriffe auf die USA eine Sonderausgabe heraus, mit der die Art und Weise geehrt werden sollte, wie einzelne Personen, Familien und die gesamte Nation, für die diese Tragödie ein schwerer Schlag gewesen war, mit ihrem Leben weitermachten. Der Titel sagt alles: »Beyond 9/11: Portraits of Resilience« (»Nach dem 11.9.: Porträts der Resilienz«).

Falls man sich jemals gefragt hat, welche Rolle Resilienz bei der Erholung Amerikas von diesem Schlag gespielt hat, beantwortet schon der erste Satz dieser Sonderausgabe die Frage: Resilienz sei das Thema der Nation im 21. Jahrhundert.[1] Anhand sehr persönlicher Geschichten von Bürgern und politischen Größen versuchte das Magazin zu definieren, »was es bedeutet, auf Widerstände zu stoßen und diese dann zu überwinden.«[2]

Es ist oft von Resilienz die Rede, durch die wir die Mühsal des Lebens hinter uns lassen. Doch ist Resilienz vielleicht mehr als das? Gibt es eine Form der Resilienz, die man in größerem Rahmen »kultivieren« kann? Kann man *jeden Tag mit einer resilienten geistigen Struktur leben,* die die Auswirkungen dramatischer Veränderungen abfedert, anstatt erst dann Resilienz aufzubauen, wenn etwas passiert ist? Die Antwort auf diese Frage ist ein lautes Ja und der Grund dafür, dass ich dieses Kapitel geschrieben habe.

Resilienz zu kultivieren ist Teil eines Trends, der in Gesellschaften weltweit immer stärker Fuß fasst. Mit der Entscheidung für den Weg der Resilienz – in uns selbst, unseren Familien und Gemeinden – können wir positive Wendepunkte in unserer Zeit der Extreme kreieren. Resilienz lindert nicht nur die Nöte und Schwierigkeiten, die unerwartete Veränderungen mit sich bringen können; wie viele Menschen inzwischen entdeckt haben, sind die Bausteine persönlicher Resilienz auch eine tolle Möglichkeit der Lebensführung, die in unserer heutigen Welt Sinn macht.

* * * *

Wir können als Einzelpersonen, Familien und Gemeinschaften Wendepunkte der Resilienz kreieren, durch die die Auswirkungen abrupter Veränderungen abgemildert werden und wir uns im Falle von Schwierigkeiten und Leid schneller wieder erholen.

* * * *

Resilienz: Was bedeutet das?

Je nach Kultur, Altersgruppe und Wortgebrauch bedeutet Resilienz für verschiedene Leute etwas ganz anderes. Resilienzanforderungen hinsichtlich der Alltagsroutinen eines Paares, das gerade sein gemeinsames Leben beginnt, sind beispielsweise anders als bei Paaren, die seit 50 Jahren verheiratet sind. Für Teenager im Westen, deren Alltag in allem von ihren Eltern abhängt, bedeutet Resilienz etwas völlig anderes als im Leben eines Stammes, wo junge Leute ihre eigenen Gemeinschaften bilden, um sich um sich selbst und andere Gleichaltrige zu kümmern. Die Prinzipien, die Resilienz auf dem Schlachtfeld erzeugen, sind auf andere Bedürfnisse abgestimmt als die Prinzipien von Organisationen wie dem *Post Carbon Institute,* welche herausfinden wollen, wie ein nachhaltiges Leben nach der Erdöl-Ära aussehen könnte. Resilienz ist ganz offensichtlich eine der Eigenschaften im Leben, die an die jeweiligen Umstände angepasst werden muss.

Das Thema »Resilienz« wird vor allem im Hinblick auf ganze Gemeinschaften und die Gesellschaft erforscht. Doch jegliche Resilienz hat ihren Ausgangspunkt in uns selbst! Im Grunde geht es dabei immer um Menschen. Unsere Welt der Extreme bringt uns als Einzelpersonen und als Familien dazu, umzudenken und anders zu leben, um unsere Bedürfnisse zu erfüllen – und manchmal haben wir auch kaum eine andere Wahl.

Wir wollen also am Ausgangspunkt anfangen. Was braucht man, um einen resilienten Lebensstil zu kreieren, zu entwickeln und beizubehalten? Was ist für eine resiliente Lebensweise erforderlich?

In unserer modernen Welt beschreibt Resilienz oft die Fähigkeit, sich von etwas bereits Geschehenem zu erholen, beispielsweise von einem niederschmetternden Rückschlag im Leben oder einem traumatischen Verlust.

»Das Ehepaar hat sich vom Verlust seines Sohnes im Krieg durch seine enorme Resilienz erholt« ist beispielsweise ein Satz, den man leider allzu oft hört. Oder in einem anderen häufigen Kontext: »Mein Freund zeigte, nachdem ihn seine Frau verlassen hatte, eine Resilienz, die für uns alle inspirierend war.«

In letzter Zeit beschreibt der Begriff der Resilienz auch die Haltung und physische Stärke ganzer Gemeinschaften oder sogar von Nationen, wenn sie sich von verheerenden Hurrikanen, Tornados, Erdbeben und Terroranschlägen erholen.

Doch Resilienz ist nicht auf die menschliche Erfahrung beschränkt, sondern kann auf alle lebenden und nicht lebenden

Systeme angewendet werden, die sich dynamisch verändern. Über Jahrtausende hinweg entwickelten beispielsweise die komplexen Ökosysteme der Regenwälder am Amazonas Resilienz in Anpassung an dynamische Veränderungen des Erdklimas. Heute spricht man auch von der Resilienz ausgeklügelter Computerprogramme: Sie können Softwarefehler, die sie von der ihnen zugedachten Arbeit abhalten, erkennen und beseitigen. Vom Immunsystem, das uns gesund erhält, über das Nervensystem, das uns Sicherheit gewährt, bis hin zur Produktion lebenswichtiger Hormone und neuer Blutzellen, die uns am Leben erhalten, verfügt unser Körper über eine Vielzahl miteinander verbundener Systeme, von denen wir abhängen – und jedes einzelne verfügt über seine ganz eigene Form von Resilienz.

Die *American Psychological Association* definiert Resilienz als »den Prozess, sich angesichts von Notsituationen gut anzupassen« und »die Fähigkeit, sich von schwierigen Erfahrungen zu erholen.«[3]

Das *Stockholm Resilience Centre* versteht unter Resilienz die »Fähigkeit eines Systems, sich ständig zu verändern und anzupassen und dabei kritische Grenzwerte nicht zu überschreiten.«[4]

Die zweite Definition veranschaulicht am besten unser erweitertes Verständnis von Resilienz: *Wir sprechen von einer Lebens- und Seinsweise, die uns die Fähigkeit verleiht, uns zu verändern und an neue Gegebenheiten anzupassen – und das ist der Schlüssel zur Transformation in unserer Zeit der Extreme.*

Das Phänomen der Resilienz ist etwas Universelles; und doch gibt es, wie ich herausgefunden habe, interessanterweise in vielen Kulturen kein einzelnes Wort in der jeweiligen Sprache, das die eigentliche Bedeutung wirklich wiedergibt. Die einzige Möglichkeit, die Vorstellung von Resilienz in einer dieser Sprachen in Worte zu fassen, besteht in der Aneinanderreihung mehrerer unzusammenhängender Wörter, die sich der Bedeutung dieses einen Wortes annähern.

Während einer Lesereise durch Mitteleuropa beschrieb ich einmal die Prinzipien, die das Herzstück dieses Buchs bilden, und stellte fest, wie die verschiedenen Bedeutungen von Wörtern in der realen Welt zum Tragen kommen. Ich wurde auf der Bühne von einem Konsekutivdolmetscher unterstützt, das heißt, ich sagte etwas, er übersetzte das Gesagte, dann war wieder ich an der Reihe und so weiter (wohingegen beim Simultandolmetschen der Dolmetscher das Gesagte sofort über Kopfhörer fürs Publikum übersetzt). Plötzlich wurde die ganze Präsentation abrupt unterbrochen, weil mein Dolmetscher in ein lebhaftes Gespräch verwickelt war – allerdings nicht mit mir, sondern mit Leuten aus dem Publikum. Und sie diskutierten überraschenderweise darüber, wie er gerade das Wort »Resilienz« übersetzt hatte. Ich war davon ausgegangen, dass es in allen Sprachen ein passendes Wort für meine Vorstellungen und Ideen gab; doch wie ich sehen musste, war dies keineswegs der Fall. So wie man etwa im Englischen oder auch im Deutschen aus den Wörtern »Leben« und »Kraft« ein Wort zusammensetzen muss, um sich dem einzelnen Wort »Prana« aus der hinduistischen Sprache anzunähern, gab es in der Sprache, in die mein Dolmetscher übersetzte, kein einzelnes Wort für »Resilienz«. (Und wie ich dabei auch lernte, ist es keine schlechte Idee, sich vor einer solchen Präsentation mit dem Dolmetscher zu treffen und potenzielle Stolperfallen auszuräumen.)

Unterschiedliche Altersgruppen und Kulturen mögen unterschiedliche Vorstellungen von Resilienz haben, doch sie zeigt sich überall auf die gleiche Weise im Leben. Elemente der Resilienz finden wir in zwei Bereichen, nämlich ...

↪ in unserer Denkweise,
↪ in unserer Lebensweise.

In beiden Bereichen kommt Resilienz in der einen oder anderen Form in allen Aspekten unserer Erfahrungen zum Ausdruck. Von unserer emotionalen Fähigkeit, mit dem Stress starker Veränderungen fertigzuwerden, über die physische Fähigkeit des Körpers, Krankheiten Widerstand zu leisten, bis hin zur Fähigkeit unseres Geistes, sich von den psychologischen Folgen von traumatischen Ereignissen und Verlusten zu erholen – es gibt eine Vielzahl von Resilienzaspekten. Und ganz sicher spielen diese Aspekte tagtäglich eine große Rolle in unserem Leben.

Im Rahmen dieses Buchs möchte ich auf zwei allgemeine Formen eingehen: die persönliche Resilienz, um die es in diesem Kapitel geht, sowie die gemeinschaftliche Resilienz, die das Thema des nächsten Kapitels sein wird.

● ● ● ●

Unsere Vorstellungen von Resilienz spiegeln sich in unserer Denk- und Lebensweise wider.

● ● ● ●

Persönliche Resilienz

In jahrzehntelanger Forschung haben sich Tausende von Studien in Hunderten von Fachzeitschriften mit dem Thema beschäftigt. Dennoch gibt es bislang keine einheitliche Resilienz-Theorie. Allerdings gibt es Aspekte der Resilienz, die man in allgemeine Kategorien einteilen und als Sprungbrett für unser weiteres Forschen heranziehen kann. Professionelle Organisationen haben sich die unzähligen Studien über die unterschiedlichen Arten von Resilienz vorgenommen. Es gibt Spezialisten für alles – beispielsweise für physische Resilienz bei Ausdauersportarten, für psychologische Resilienz im Unternehmensbereich oder für emotionale Resilienz in schwierigen Beziehungen. Der gemeinsame Nenner all dieser Bereiche ist das *Trauma,* und man muss nicht lange nach dessen Ursachen in unserem Leben suchen.

Das Fernsehen strahlt rund um die Uhr Nachrichten aus, die uns mit grausigen Einzelheiten über Kriege bombardieren, mit Warnungen über Sicherheitsrisiken für unser Zuhause und unsere Schulen, mit blutigen Schießereien in den Vorstädten oder einem alarmierenden Anstieg der Selbstmordrate unter Jugendlichen, die sich aufgrund von Schikanen über soziale Medien das Leben nehmen.

Unsere Gesellschaft wird somit ständig traumatisiert. Die Schäden, die jedes Trauma in unserem Leben, unserer Familie und Gemeinde hinterlässt, müssen wieder geheilt werden. Zwar haben diese sozialen Traumata unterschiedliche Ursachen. Doch weist das, was uns hilft, zunächst einmal mit diesen Erfahrungen fertigzuwerden und dann die erforderliche Resilienz zu entwickeln, um Transformation über diese Erfahrungen hinaus zu erlangen, bemerkenswerte Ähnlichkeit auf.

Es gibt eine Reihe exzellenter Hilfsorganisationen, die uns durch diesen Prozess führen können. So gibt es in den USA zum Beispiel die *National Victim Assistance Academy* (NVAA). Unter der Schirmherrschaft des *Office for Victims of Crime Training and Technical Assistance Centers* soll dieses bundesweite Programm professionellen Dienstleistern, die Menschen mit traumatischen Erfahrungen aufgrund krimineller Vergehen helfen, Unterstützung bieten. Die in diesem Rahmen entwickelten Programme helfen den Opfern, schmerzhafte Erfahrungen durch bestimmte Schritte zur Resilienz-Entwicklung zu überwinden.[5] Ich finde das NVAA-Rahmenprogramm auch deshalb so gut, weil es eine große Bandbreite an physischen, emotionalen und spirituellen Bedürfnissen abdeckt: vom Umgang mit stressigen Gegebenheiten bis hin zum Umgang mit anderen Menschen in stressigen Zeiten. Zusammenfassend hat die NVAA folgende Resilienz-Faktoren erarbeitet:

→ Selbstkenntnis,
→ ein persönliches Gefühl der Hoffnung,
→ gesunde Bewältigungsstrategien,
→ starke zwischenmenschliche Beziehungen,
→ persönlicher Lebenssinn.

Wir wollen diese Faktoren ein bisschen näher betrachten, um eine bessere Vorstellung davon zu bekommen, warum diese fünf Merkmale so wichtig sind und wo sie ihren Platz in unserem Leben einnehmen können.

• • • •

Ein Rahmenprogramm zur Entwicklung persönlicher Resilienz umfasst Merkmale wie Selbstkenntnis, ein Gefühl der Hoffnung, gesunde Bewältigungsstrate-

gien, starke zwischenmenschliche Beziehungen und persönlicher Lebenssinn.

● ● ● ●

Selbstkenntnis

In der innersten Kammer des alten Tempels von Luxor in Ägypten, dem Allerheiligsten, gibt es eine Inschrift, die jene, welche die Tür durchschreiten, an das Geheimnis ihrer eigenen Existenz erinnern soll. Der Satz »Mensch, erkenne dich selbst« geht noch weiter und nennt auch den Vorteil, der mit dieser Selbsterkenntnis einhergeht: »Mensch, erkenne dich selbst, dann kennst du auch die Götter.«

Die ersten vier Worte, die sich in vielen der altägyptischen Texte finden, stehen auch am Eingang zum Apollo-Tempel in Delphi in Griechenland, allerdings lauten sie hier lediglich: »Erkenne dich selbst.« Seien es nun die Weisheitstraditionen des alten Ägyptens und Griechenlands oder die tiefsten Mysterien weltweit beliebter spiritueller Praktiken: Auf der ganzen Welt herrscht Einigkeit dahingehend, dass unsere Fähigkeit, mit den Herausforderungen des Lebens fertigzuwerden, davon abhängt, wie gut wir uns selbst kennen. Mit den falschen Annahmen der Vergangenheit aufzuräumen (und sich mit den neuen Entdeckungen, die deren Falschheit belegen, vertraut zu machen), ist in diesem Zusammenhang ganz besonders nützlich.

Seit fast drei Jahrhunderten erzählt uns die etablierte Wissenschaft, wir seien von uns und voneinander getrennt und es herrsche das Recht des Stärkeren, basierend auf Konkurrenzdenken und Wettkampf. Seit unserer Jugend wurden uns diese Vorstellungen immer wieder in Form der einfachen Ermahnung eingebläut, dass wir in einer Welt leben, wo man entweder frisst oder gefressen wird. Diese oft unterbewusste Überzeugung steckt tief in unseren schwierigsten Beziehungen, in denen wir nach wie vor meinen, wir müssten kämpfen, um erfolgreich zu sein. Hier können uns die neuen Entdeckungen, die uns auch die Frage »Wer bin ich?« beantworten können, Gründe an die Hand geben, um unser Denken und unsere Überzeugungen zu verändern.

Sei es nun die Quantenverschränkung, die bestätigt, wie tief wir miteinander und mit der Welt verbunden sind, oder die Tatsache, dass Kooperation und nicht Konkurrenzdenken das Grundgesetz der Natur ist: Je mehr wir über uns selbst herausfinden, desto besser sind wir für einen effektiven Umgang mit den Veränderungen in der Welt gerüstet. Wenn wir an die Stelle der falschen Annahmen die tiefsten Wahrheiten über unsere Verbundenheit und über die Rolle der Kooperation in unserem Leben setzen, lässt uns das bei unseren Lebensentscheidungen ganzheitlicher denken und mit größerer Sicherheit handeln.

Persönliches Gefühl der Hoffnung

Wenn wir zu Herzen gehende und inspirierende Geschichten von Menschen hören, die in Situationen überlebt haben, in denen scheinbar kein Überleben möglich war, stellen sich häufig zunächst zwei Fragen: »Wie hast du das gemacht?«, und: »Wie hast du es geschafft, nicht einfach aufzugeben?«

Es lohnt sich, die Antworten auf diese Fragen genauer anzuschauen, und zwar wegen der Ähnlichkeit ihrer emotionalen Komponente. So unterschiedlich bestimmte traumatische Situationen auch sein mögen (ob sie nun auf kriminellen Machenschaften beruhen oder auf Naturkatastrophen) – fast immer sagen die Überlebenden, die sich davon erholten, ihr Optimismus und ihre Hoffnung hätten sie am Leben erhalten.

Ich erinnere mich an die Fernsehbilder der amerikanischen Geiselnahme in der US-Botschaft im Iran aus dem Jahr 1979 und an die Wirkung dieser Bilder auf mich und meine Kollegen. Anfangs dachten wir – wie so viele Menschen auf der Welt –, die Situation würde schnell ein Ende finden. Doch dann zogen sich die Tage und Wochen der Gefangenschaft dahin, und es war klar, dass es keine schnelle Lösung bzw. Erlösung der gefangenen Geiseln geben würde.

Doch niemand, weder ich noch meine Kollegen und Freunde, noch die Oberhäupter der darin verwickelten Nationen, hätte gedacht, dass die iranische Geiselnahme tatsächlich 444 Tage dauern sollte. Die Interviews nach der Befreiung der Geiseln vermittelten, was diese über ein Jahr lang die Tortur ertragen ließ. Einige der Geiseln sagten, ihre Spiritualität und die Liebe zu ihrer Familie hätten ihnen Hoffnung gegeben, und das sei für ihr Überleben entscheidend gewesen. In einem Interview im Jahr 2012 sagte Tom Schaefer, ein pensionierter Oberst der amerikanischen Luftwaffe und eine der 52 amerikanischen Geiseln: »Fazit für mich war, dass mich mein Vertrauen in Gott und mein Glaube an die Kraft des Gebets das haben ertragen lassen.«[6]

Am 4. Dezember 1991 wurde eine andere Geiselnahme beendet: Terry Anderson, Gefangener der Hisbollah, einer politischen Partei im Libanon, wurde nach fast siebenjähriger Gefangenschaft freigelassen. Anderson, damals Büroleiter der *Associated Press* in Beirut, hat die zweifelhafte Ehre, der amerikanische politische Gefangene zu sein, der im Nahen Osten bislang am längsten festgehalten wurde. Seine Qualen voller Einsamkeit, Angst und Resilienz dauerten insgesamt 2454 Tage an – das sind knapp sieben Jahre! Nach seiner Freilassung führte Anderson seine Stärke und gute Gesundheit auf seinen Optimismus und seine Hoffnung zurück. Optimismus, weil er immer daran geglaubt hatte, dass seine Kidnapper sein Leben verschonen würden. Und Hoffnung auf die Freiheit, die ihn, wenn eine Lösung gefunden wäre, erwartete; nach seinen eigenen Angaben war sie auch der Schlüsselfaktor, der ihm half, seine Gefangenschaft diszipliniert Stunde um Stunde hinzunehmen und zu ertragen – eine Übung, die er als »mentale Gefängnisstrafe« bezeichnete.[7]

Hoffnung ist mehr als nur ein unbegründeter Glaube oder der ohnmächtige Wunsch nach einer besseren Zeit. Hoffnung ist für unser Wohlbefinden essenziell. Im Jahr 1991 entwickelten der Psychologe Charles R. Snyder und seine Kollegen einen wissenschaftlichen Ansatz zum Erforschen der oft unterschätzten Rolle der Hoffnung in unserem Leben, die sogenannte *Theorie der Hoffnung.*[8]

Der Kognitionspsychologe Scott Barry Kaufman betont, wie wichtig Hoffnung ist: »Ziele zu haben reicht nicht aus [...]. Hoffnung lässt die Menschen mit einer geistigen Haltung und einer Strategie an Probleme herangehen, die erfolgsgeeignet sind; dadurch erhöhen sich die Chancen der tatsächlichen Zielerreichung.«[9]

Die Wissenschaft ist jetzt dabei, herauszufinden, was Menschen in verzweifelten Situationen schon seit Jahrhunderten intuitiv wissen: Ein Gefühl der Hoffnung ist Grund genug, um an eine bessere Zukunft zu glauben.

Gesunde Bewältigungsstrategien

Vom Ende der 1970er-Jahre bis Anfang der 1990er-Jahre arbeitete ich in verschiedenen wissenschaftlichen und technischen Bereichen und erlebte in diesen Jahren gleich drei Krisenzeiten: die Energiekrise der 1970er-Jahre, die Atomwaffenkrise des Kalten Kriegs und die Krise mit der Datenkompatibilität zwischen Computerplattformen Ende der 1980er- und Anfang der 1990er-Jahre. In dieser Zeit meines Lebens hatte ich die Chance, aus erster Hand zu erleben, wie einzelne Menschen und Gruppen auf den Stress reagieren, den die Verantwortung im Job mit sich bringt. In all diesen Situationen – ob es nun um die Brennstoffsysteme für das NASA-Weltraumprogramm oder die Kommunikation des militärischen medizinischen Personals im Feldeinsatz mit fahrenden Krankenhausschiffen ging – hing das Leben der Menschen von den Produkten und Dienstleistungen der von mir vertretenen Unternehmen ab. In allen Situationen und in jeder Branche hörte ich meine Kollegen immer wieder von ihren Schwierigkeiten reden, mit dem Stress der an sie gestellten Anforderungen fertigzuwerden. Wir mussten die von uns zu liefernden Services entwickeln; doch die größte Herausforderung in unserem Arbeitsleben war ganz klar der Stress. Bei den von mir betreuten Projekten bestand eine meiner Hauptverantwortlichkeiten darin, mich um die Gesundheit meiner Mitarbeiter zu kümmern und das Team zusammenzuhalten, bis unser jeweiliger Auftrag erledigt war.

Wie meine Teams sagten, waren sie *überfordert*. Sie fühlten sich vom schieren Umfang des Projekts überfordert, sie waren überfordert davon, wie viel zu tun war, und überfordert von ihren Zweifeln an ihrer Fähigkeit, die geforderte Leistung zu erbringen. Wir haben uns alle schon einmal überfordert gefühlt, und ich möchte nicht den Eindruck erwecken, an diesem Gefühl wäre irgendetwas Verkehrtes. Wenn wir akzeptieren können, dass unser Gefühl des Überfordertseins (von was auch immer) ein *Indikator* dafür ist, dass etwas unsere Aufmerksamkeit erfordert, können wir diese Erfahrung als etwas Positives betrachten, was zu gesunden Ergebnissen führen wird. Doch ohne eine solche Sicht der Dinge reagierten die Mitglieder meiner Teams auf ihre Erfahrungen nicht nur auf *un*gesunde Weise, sondern hinderten sich durch ihre Reaktionen auch noch daran, ihre Arbeit zu erledigen. Mir fiel auf, dass sich manche öfter krankmeldeten, während der Arbeitszeit depressiv waren und sich mit Gewohnheiten wie zwanghaftem Essen und vermehrtem Rauchen ablenkten. All dies sind ungesunde Bewältigungsstrategien, wie sie unter anderem von Organisationen wie der Mayo-Klinik oder den nationalen Gesundheitsämtern in ihren Forschungsarbeiten über Stressmanagement beschrieben werden.

In der folgenden Liste habe ich ungesunde Bewältigungsstrategien aus einem Querschnitt an Studien zu Stressreaktionen zusammengestellt. Die eigentlichen Symptome sind selbsterklärend. Wahrscheinlich haben wir alle diese Symptome gelegentlich selbst schon gehabt, ohne deswegen größere Probleme bekommen zu haben. Erst wenn mehrere Symptome chronisch auftreten, zeigen sie an, dass der Stress wahrscheinlich zu einem ernsthaften Problem geworden ist.

Eine nicht vollständige Liste mit ungesunden Bewältigungsstrategien und deren Folgen

- ⇢ Probleme mit dem Einschlafen und Durchschlafen und dem Schlafen zur richtigen Tages- bzw. Nachtzeit
- ⇢ Schmerzen, Kopfschmerzen, unbewusstes Fäusteballen, Lippenbeißen, verspannter Nacken bzw. verspannte Schultern
- ⇢ Essen, obwohl man keinen Hunger hat, oder weiteressen, obwohl man bereits satt ist

→ Depressionen, Lethargie, emotionale Stumpfheit
→ Unkontrolliertes Weinen zu unerwarteten Zeiten aus keinem ersichtlichen Grund
→ Überreagieren mit Wut und Negativität
→ Alkohol, Rauchen und Drogenmissbrauch zur Beruhigung

Einer der – für den Erfolg entscheidenden – Ansätze bei den Teammitgliedern, mit denen ich arbeitete, war ein Perspektivenwechsel in Bezug auf das Projekt und ihre Rolle darin. Wenn sie es schafften, das große Gesamtbild ihrer vielen Verantwortlichkeiten in kleinere, besser handhabbare Teile herunterzubrechen und ihre Hausaufgaben zu machen, also alles im Vorfeld gut vorzubereiten, konnten sie sich auf jede einzelne Aufgabe, die auf ihrem Schreibtisch landete, besser und mit viel weniger Stress konzentrieren.

Auch die oben genannten Organisationen führen die folgenden Strategien zur gesunden Stressbewältigung auf.

Eine nicht vollständige Liste gesunder Bewältigungsstrategien

→ **Kümmern Sie sich um Ihre Gesundheit.** Manchmal tauchen aufgrund der größeren Anfälligkeit unter Stress körperliche Probleme auf.

→ **Schrauben Sie Ihre Verpflichtungen zurück.** Lernen Sie, Nein zu sagen, wenn Ihnen mehr Verantwortung aufgebürdet werden soll, als Sie handhaben können. Lernen Sie, umfangreiche Arbeiten in kleinere Aufgaben mit klaren und gut zu erreichenden Meilensteinen herunterzubrechen. Delegieren Sie Teile Ihrer Aufgaben so an Ihre Kollegen und Mitarbeiter, Freunde oder Familienangehörigen, dass diese sich respektiert fühlen und dadurch selbst mehr Verantwortung übernehmen.

→ **Trainieren Sie regelmäßig.** (Training wird inzwischen anders definiert!) Wie Studien aufgezeigt haben, bauen schon 10–15 Minuten an beständiger Bewegung (z.B. Flow

Yoga, Krafttraining oder Schwimmen) Stresshormone im Körper ab, ohne dabei weitere Stresshormone oder die fettspeichernden Hormone auszuschütten, die bei längerem Ausdauertraining freigesetzt werden und die dem Körper weismachen, er befände sich in einer Überlebenssituation.

→ **Machen Sie Ihre Hausaufgaben und bereiten Sie sich vor.** Wenn wir für unseren Tag gerüstet sind, stresst uns das, was er für uns bereithält, nicht mehr so sehr. Bereiten Sie sich auf Besprechungen und Reisen vor, planen Sie Ihre Termine besser und setzen Sie sich realistische Ziele; so können Sie Stresssituationen vermeiden.

→ **Machen Sie Ihren Schlaf zu einem der wichtigsten Dinge in Ihrem Leben.** Ihr Körper interpretiert Schlafmangel als Stressfaktor. Wie alle Stresssituationen kann sich auch Schlafmangel in Angstreaktionen, Gewichtszunahme und Wein- oder Wutanfällen zu unerwarteten Zeiten zeigen.

→ **Pflegen Sie Kontakte zu anderen Menschen.** Soziale Verbindungen – seien sie nun beruflicher oder privater Art oder beides – bieten ein Ventil, um Frust abzubauen, sind ein Resonanzboden für Erkenntnisse und Lösungen und bieten die Chance, sich von anderen Menschen auf eine Weise helfen zu lassen, die ihnen Spaß macht und die ihnen liegt.

→ **Lernen Sie, Stress abzubauen.** Es gibt wohl ebenso viele Möglichkeiten, Stress abzubauen, wie es Menschen gibt, die gestresst sind. Manchen Menschen helfen Yoga, Meditation und Massage, andere gehen lieber spazieren oder suchen sich ein kreatives Ventil wie Zeichnen, Malen oder Musizieren. Entscheidend ist, auszuprobieren und herauszufinden, was für Sie stimmig ist, und das dann in Ihrem Leben zu einer Priorität zu machen.

→ **Nehmen Sie professionelle Hilfe in Anspruch.** Manche Menschen finden selbst Lösungen zur Stressbewältigung.

Andere nehmen für solche intimen Erfahrungen lieber professionelle Hilfe in Anspruch. Wenn das auch für Sie gilt, dann empfehle ich Ihnen, sich einen objektiven, qualifizierten Berater, Therapeuten oder Coach zu suchen, der in Angst- und Stressmanagement ausgebildet ist.

Unsere Fähigkeit, den Stress des Lebens durch Tätigkeiten zu bewältigen, bei denen wir uns wohlfühlen und die uns guttun, ist also offensichtlich der Schlüssel zu Gesundheit und Glück. Unsere Herausforderungen mögen von ganz unterschiedlicher Art sein; die hier genannten Fähigkeiten gelten aber für alle Stressfaktoren im Leben, denn es geht bei allen um unsere Fähigkeit der Bewältigung.

Starke zwischenmenschliche Beziehungen

Wie heißt es doch so schön? Jeder braucht einen Freund! Ob wir es nun »Freundschaft« nennen oder nicht: Die Wissenschaft hat eindeutig Folgendes aufgezeigt: 1) Wir brauchen im Leben zwischenmenschliche Verbindungen. 2) Solche Beziehungen zu haben, tut uns wirklich gut. Wenn es um zwischenmenschliche Beziehungen geht, fühlen sich manche Menschen in großen Gemeinschaften, Clubs und Organisationen wohler, anderen reichen relativ kleine, intime Gruppen an Freunden. Bei manchen Leuten funktioniert auch beides. Egal, wie wir uns verbinden und wie wir miteinander in Beziehung treten, es ist auf jeden Fall eine gute Sache. Es ist gut für unsere Gesundheit, aber es stärkt auch unsere Fähigkeit der Stressbewältigung.

Meinen oben erwähnten gestressten Kollegen bot beispielsweise die Kameradschaft untereinander (die sich manchmal zur Freundschaft vertiefte) die emotionale Unterstützung, um mit dem Stress der Projektarbeit fertigzuwerden. Manchmal genügt es, an den Schreibtisch eines Kollegen zu gehen und ihn zu bitten, das Problem einmal aus seiner Sicht zu betrachten, um den Stress abzubauen, den ein scheinbar unlösbares Problem mit sich bringt.

Starke persönliche Beziehungen sind nicht nur am Arbeitsplatz von Vorteil, sondern auch im privaten Bereich. Sie sind gut für unser Immunsystem, unsere Kommunikationsfähigkeit, unseren Selbstwert und sogar für unsere Lebenserwartung. Diese Effekte sind »intuitiv logisch«, doch inzwischen liefern wissenschaftliche Studien auch die Fakten, die das, was wir über Freundschaft, Liebe und Wohlbefinden schon immer gespürt haben, bestätigen. Der *BC (British Columbia) Council for Families* veröffentlichte 2011 einen Bericht mit dem Titel »Healthy Relationships: Their Influence on Physical Health« (»Gesunde Beziehungen: Ihr Einfluss auf die körperliche Gesundheit«). Darin wurden die Ergebnisse aus einer Reihe von Studien aus diversen Disziplinen zusammengeführt, um aufzuzeigen, wie sich Beziehungen auf unser Leben auswirken.[10] Sie lassen sich folgendermaßen zusammenfassen:

→ Beziehungen geben den Menschen ein Umfeld der Fürsorge.

→ Beziehungen bieten eine Gruppenidentität.

→ Menschen, die Beziehungen zueinander haben, bieten einander Informationen, Ratschläge, Hilfe und neue soziale Kontakte, durch die man herausfindet, welche örtlichen und sozialen Einrichtungen es gibt und wie man sie besser für sich nutzen kann.

→ Beziehungen bieten einen Stresspuffer.

→ Beziehungen sind ein sinnvoller Grund dafür, ein gesundes Leben zu führen.

Wie professionelle Studien (siehe die hier zitierten) zeigen und wie Menschen, die ein Trauma überlebt haben, auch bestätigen, verleihen stabile und gut funktionierende Beziehungen unserem Leben eine größere Bedeutung und einen höheren Sinn. Diese Sinnhaftigkeit motiviert uns anscheinend, uns besser vor Krankheiten und Verletzungen zu schützen.

Persönlicher Lebenssinn im Alltag

Einer der wichtigsten Faktoren, der unserem Leben Resilienz verleiht, von dem aber womöglich am wenigsten die Rede ist, ist die persönliche Bedeutung, die wir unserer Existenz verleihen. An dieser Stelle verschwimmen die Grenzen zwischen Wissenschaft, Spiritualität, Religion und der realen Welt. Es gibt keine definitive Antwort auf die Frage »Was ist der Sinn des Lebens?«, das wissen wir alle. Und so bleibt es jedem selbst überlassen, ein Gefühl dafür zu bekommen, worum es in der Welt geht, wie er selbst da hineinpasst und wohin er gehört.

Manche Menschen meinen zum Beispiel, wir müssten über die technische Seite allen Lebens Bescheid wissen, auch im Hinblick auf die Anfänge des Lebens, um jeden Tag mit Sinn erfüllen zu können. Das Problem bei dieser Art von Ansatz entsteht gerade durch die Quellen, aus denen dieses Wissen stammt: Wissenschaft, Religion und direkte Erfahrung. Denn viele Menschen meinen, in der modernen Welt würden sich diese Quellen des Wissens gegenseitig ausschließen. Anders ausgedrückt: Sie haben das Gefühl, wir müssten uns für eine davon entscheiden, beispielsweise nur für die Wissenschaft oder nur für die Religion. Doch in Wirklichkeit können uns alle drei Möglichkeiten dabei helfen, unseren persönlichen Sinn im Rahmen des umfassenderen Bildes des Lebens zu finden. So kann die Wissenschaft beispielsweise das, was spirituelle Lehren oder direkte Erfahrung uns als wahr vermitteln, mit Fakten untermauern.

Egal, wie wir für uns eine Antwort finden – die Bedeutung jedes einzelnen Tages und jedes einzelnen Augenblicks unseres Lebens gibt allem anderen Sinn. Nur wenn wir spüren, dass wir Teil von etwas Größerem sind, und herausfinden, wo wir selbst da hineinpassen und was wir dazu beitragen können, wird unserer Existenz in der Welt und unserem Leben Sinn verliehen. Fehlt dieser Sinn, erscheint alles, was zum Leben gehört – auch unsere Familie und Freunde, unsere Liebesbeziehungen, unser Beruf, Freuden und Enttäuschungen, Erfolge und Misserfolge –, als etwas Willkürliches und Zufälliges, das nichts miteinander und mit uns selbst zu tun hat. Oder wie ein Freund von mir es bei einem Gespräch so klar auf den Punkt gebracht hat: »Was nützt ein Leben ohne Sinn?«

Was immer wir glauben, ist der Sinn unserer Existenz. Eleanor Roosevelt hat das gesunde Nachdenken über solche Dinge im Alltag vielleicht am besten zusammengefasst: »[…] letztendlich besteht der Sinn des Lebens darin, es zu leben, Erfahrungen ganz und gar auszukosten und eifrig und ohne Angst nach neueren, noch reicheren Erfahrungen die Arme auszustrecken.«[11]

Das sechste Element der Resilienz

Neben den fünf Merkmalen persönlicher Resilienz, wie sie bereits genannt wurden – Selbstkenntnis, ein persönliches Gefühl der Hoffnung, gesunde Bewältigungsstrategien, starke zwischenmenschliche Beziehungen und persönlicher Lebenssinn –, gibt es ein sechstes Element zur Stärkung der Resilienz. Es kommt in den offiziellen Studien meist nicht vor, doch interessanterweise bildet es das Herzstück der angesehensten und ältesten Weisheitstraditionen und dient auch als Fenster, um einen Blick auf unsere inneren Erfahrungen zu erhaschen. Es wird von führenden Wissenschaftlern inzwischen als das nächste große Neuland der Selbstfürsorge betrachtet. Der sechste Faktor persönlicher Resilienz ist das Verändern unserer Emotionen, um unseren Körper auf gesunde Weise auf die Extreme des Lebens vorzubereiten. Diese Art der Resilienz lebt im *Herzen*.

Ich erinnere mich noch ganz deutlich an das, was uns in der Highschool über den menschlichen Körper beigebracht wurde. Während meiner Schulzeit in den 1960er- und 1970er-Jahren hielt man das Gehirn für das Organ, welches den Körper beherrscht. Alle, die nicht das Glück hatten, eine Schule mit einem sehr fortschrittlichen naturwissenschaftlichen Unterrichtsprogramm zu besuchen, werden wohl aus ihren Schulbüchern dasselbe gelernt haben. Und wenn unsere Kinder nicht das Glück haben, heute einen modernen, fortschrittlichen naturwissenschaftlichen Unterricht zu genießen, dann lernen sie wohl immer noch dasselbe. Doch laut neuen Erkenntnissen ist diese alte Vorstellung nicht vollständig.

Damals, als wir noch nicht über die neuen Erkenntnisse über das Herz verfügten, war es durchaus logisch anzunehmen, das Gehirn sei das »Meisterorgan« und der Herrscher über den Körper. Immerhin *scheint* es über alles die Kontrolle zu haben. Das Gehirn ist die Kommandozentrale und steuert, wann und wie die über 1300 biochemischen Reaktionen ablaufen und chemische Botenstoffe im Körper ausgeschüttet werden. Das Gehirn reguliert alles: wann wir aufwachen und schlafen gehen, wie viel und wie schnell wir wachsen, wie stark unser Immunsystem ist usw. Und es ist auch für die Funktionstüchtigkeit der fünf Sinne zuständig, die uns mit der Welt verbinden.

Doch auch wenn das Gehirn sicherlich ein wesentlicher und unverzichtbarer Faktor für die Funktionsweise unseres Körpers ist, wissen wir doch auch, dass es nicht unabhängig handelt, sondern Anweisungen von einem anderen Organ empfängt – dem Organ, das gemäß den Lehren unserer Ahnen und indigenen Vorfahren der Schlüssel zum Leben ist und das die alten Völker entfernten, wenn sie ein Leben beenden wollten. *Das Meisterorgan des Körpers ist das Herz.*

Die Sprache des Herzens

Jeden einzelnen Augenblick eines jeden Tages findet in uns eines der wichtigsten Gespräche statt, die wir führen. Es ist das stille, oft unterbewusste und unaufhörliche Zwiegespräch emotionsbasierter Signale zwischen dem Herzen und dem Gehirn. Und diese Zwiesprache ist deshalb so wichtig, weil die Art der emotionalen Signale, die das Herz ans Gehirn sendet, darüber entscheidet, welche chemischen Botenstoffe im Körper ausgeschüttet werden. Wenn wir sogenannte negative Emotionen verspüren (beispielsweise Ärger, Hass, Eifersucht, Wut), spiegelt das vom Herzen ans Gehirn geschickte Signal diese Gefühle wider. Diese Emotionen sind unregelmäßig und chaotisch, und genauso sehen auch die ans Gehirn übertragenen Signale aus.

Stellen Sie sich einfach mal ein Diagramm vor, auf dem das Auf und Ab der Börse an einem besonders wilden und unruhigen Tag abgebildet ist, dann bekommen Sie eine Vorstellung davon, welche Art von Signalen im Herzen entstehen, wenn wir solche Emotionen verspüren. Der menschliche Körper interpretiert sie als Stress und setzt bestimmte Mechanismen für angemessene Reaktionen in Bewegung.

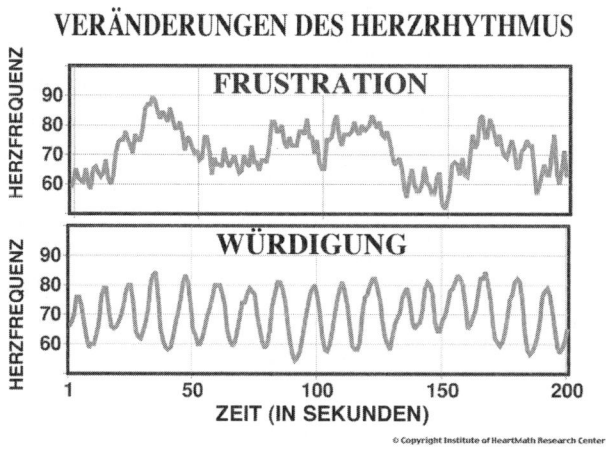

Abbildung 4.1
Ein Vergleich von Signalen, die in zwei extremen emotionalen Zuständen zwischen Herz und Gehirn ausgetauscht werden: einmal »negativer« Frust und einmal »positive« Wertschätzung. (Quelle: *The Institute of HeartMath*)

Der durch negative Emotionen verursachte Stress führt zu erhöhten Cortisol- und Adrenalinkonzentrationen im Blut; es handelt sich dabei um die sogenannten Stresshormone, die uns darauf vorbereiten, schnell und stark auf die Ursache des Stresses reagieren zu können. Beispielsweise wird dadurch der Blutfluss von den tief im Körper gelegenen Organen dorthin umgelenkt, wo das Blut in solchen Momenten am meisten benötigt wird: zu den Muskeln und Gliedmaßen, die dazu eingesetzt werden, entweder der Ursache des Stresses gegenüberzutreten oder so schnell wie möglich wegzulaufen – unsere instinktive Fight-or-Flight-Reaktion (Kampf-oder-Flucht-Reaktion). Unsere Vorfahren in grauer Vorzeit rettete diese Reaktion beispielsweise vor dem wütenden Bären, der sich in ihrer Höhle niedergelassen hatte. Wenn sie das Gefühl hatten, die Bedrohung wäre vorbei, kehrten durch die sich verändernden Emotionen die Stresshormone wieder auf ihren alltäglichen Normalwert zurück. Entscheidend dabei ist: Die Stressreaktion ist als etwas Kurzzeitiges gedacht. Wenn sie einsetzt, wird der Körper mit den chemischen Stoffen überschwemmt, dank derer er schnell und kraftvoll auf die Bedrohung reagieren kann. Es geht dabei ums Überleben.

Die gute Nachricht lautet: Werden solch hohe Konzentrationen an Stresshormonen aufgebaut, können wir Übermenschliches leisten. Wir kennen alle die Geschichte von der Frau, die nicht einmal 50 Kilo wiegt, es aber schafft, ein Auto so lange hochzuheben, bis ihr darunter eingeklemmtes Kind in Sicherheit ist – ohne überhaupt erst einmal zu überlegen, ob eine solche Tat überhaupt möglich ist. In solchen Fällen wird die Kampf-oder-Flucht-Reaktion für das Kind aktiviert, das sonst getötet worden wäre. Die übermenschliche Stärke der Mutter wird der Überflutung mit Stresshormonen aufgrund ihres Gefühls zugeschrieben – des Gefühls, *etwas tun oder sterben zu müssen –,* und diese Gefühle kommen aus dem Herzen.

Die Kehrseite dieser eigentlich guten Nachricht ist: Auch wenn die kurzfristige Ausschüttung dieser Hormone hilfreich sein kann, so wird durch den zugrunde liegenden Stress die Ausschüttung anderer chemischer Stoffe, die für wichtige Körperfunktionen gebraucht werden, unterbunden. Wenn wir uns in Kampf-oder-Flucht-Situationen befinden, sinken die Konzentrationen lebenswichtiger chemischer Stoffe für das Wachstum, das Immunsystem und gegen vorzeitiges Altern dramatisch. Anders ausgedrückt, kann der Körper immer nur in einem Modus sein: entweder dem *Kampf-oder-Flucht-Modus* oder dem *Heilungs-/Wachstums-Modus.*[12] Ganz offensichtlich war es für uns nie vorgesehen, tagein, tagaus ständig unter Stress zu stehen. Doch genau das ist bei vielen Menschen heutzutage der Fall.

In unserer modernen Welt mit ihrer Informationsflut, dem Speed-Dating, mehreren doppelten Espressi hintereinander und dem verbreiteten Gefühl der Beschleunigung muss sich der Körper fast unausweichlich in einem ständigen Stresszustand befinden. Hat man kein »Ventil«, um diesen Stress abbauen zu können, verbleibt man in einem beständigen Kampf-oder-Flucht-Modus, mit allen dazugehörigen Konsequenzen.

Ein kurzer Blick in ein Büro oder ein Klassenzimmer oder auch auf unsere Lieben, die beim Sonntagsessen sitzen, bestätigt das. Und die Leute mit dem am längsten anhaltenden Stressniveau sind auch am ungesündesten, was ja kein Wunder ist. Angesicht des unaufhörlichen Alltagsstresses ist es wiederum auch keine Überraschung, dass US-Statistiken eine Zunahme stressbedingter Gesundheitsprobleme wie Herzerkrankungen und Schlaganfälle, Essstörungen, Immunschwäche und bestimmte Krebsarten verzeichnen.

Doch es gibt auch eine positive Nachricht: Derselbe Mechanismus, der Stressreaktionen auslöst und aufrechterhält, kann auch dazu dienen, Stress auf gesunde Weise und schnell abzubauen – auch wenn die Welt um einen herum im Chaos versinkt.

So wie unser Herz dem Gehirn Chaos-Signale übermittelt, wenn wir negative Emotionen verspüren, senden positive Emotionen Signale ans Gehirn, welche mehr Gleichmaß, Rhythmus und Ordnung aufweisen. Bei positiven Emotionen wie Wertschätzung, Dankbarkeit, Mitgefühl und Fürsorge schüttet das Gehirn ganz andere chemische Botenstoffe im Körper aus. Fühlen wir uns wohl, nimmt der Pegel der Stresshormone im Körper ab, und die förderliche Chemie eines starken Immunsystems mit seinen Anti-Aging-Waffen nimmt zu.

Dieser Wechsel von einer Stressreaktion hin zu einem Gefühl des Wohlbefindens kann ganz schnell ablaufen. Wie Studien des *Institute of HeartMath* (IHM), einer Forschungsorganisation aus Boulder Creek/Kalifornien, die auf diesem Gebiet Pionierarbeit leistet, belegen, kann man mit nur dreiminütiger Ausübung von entsprechenden Techniken den Cortisolspiegel um bis zu 23 Prozent senken und den DHEA-Spiegel (eine stimulierende Vorstufe anderer lebenswichtiger Hormone im Körper) um 100 Prozent erhöhen.[13] Ich gehe an dieser Stelle auf diese Phänomene ein, weil die Techniken, die eine so gesundheitsfördernde Wirkung haben, auch Resilienz im Herzen erzeugen. Das ist der entscheidende Faktor für persönliche Resilienz im Leben.

● ● ● ●

Die Art der Emotionen bestimmt, welche Anweisungen das Herz ans Gehirn schickt.

● ● ● ●

Tiefe Resilienz von innen heraus

Das Nervensystem des Menschen ist ein beeindruckendes, komplexes, über 70 Kilometer umfassendes Netzwerk aus lebenden »Kabeln« (Nerven), welches das, was durch das Zwiegespräch zwischen Herz und Hirn bewirkt wird, in alle Teile des Körpers »befördert«. Es ist schon seit einiger Zeit bekannt, *wie* sich diese Botschaften des Gehirns im Körper verbreiten. Doch erst Ende des 20. Jahrhunderts fand man heraus, *woher* diese Signale auch tatsächlich kommen. Das Herz spielt dabei eine zentrale Rolle.

Wir wissen nun also, was der Herz-Hirn-Dialog leistet. Jetzt wollen wir uns anschauen, welche Mechanismen dahinterstehen und wie man den Dialog gesundheitsfördernd verändern kann.

Alles nimmt seinen Anfang mit der Resilienz, die im Herzen kreiert wird. Eine Möglichkeit, herauszufinden, wie resilient wir sind, besteht darin, die höchsten und niedrigsten Ausschläge des Herzrhythmus zu messen. Herzrhythmus-Diagramme sind uns wohl alle von dem einen oder anderen Arztbesuch bekannt; doch vielleicht ist uns nicht alles klar, was eine solche Kurve anzeigt. Das Diagramm liefert nicht nur Informationen über den Gesamtzustand des Herzens, sondern auch über den Gesundheitszustand des Nervensystems, und zeigt auch an, was unter Umständen zu einem späteren Zeitpunkt zu gesundheitlichen Problemen führen kann. Meist handelt es sich dabei um ein sogenanntes Elektrokardiogramm (EKG). Das EKG-Gerät misst passiv die elektrische Herzleistung, sendet aber keine elektrischen Informationen an den Körper. Es misst die elektrischen Impulse, die das Herz erzeugt und in den Körper schickt.

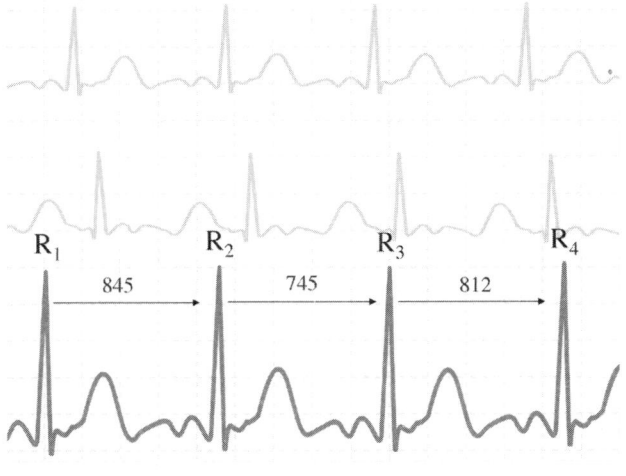

Abbildung 4.2
Ausschnitt aus einem typischen EKG mit den zyklischen Spitzen und Tälern eines normalen Herzschlags. Die einzelnen Spitzen sind die R-Zacken eines einzelnen Herzschlags; die Distanz dazwischen (mit Pfeilen markiert) verändert sich bei jedem Schlag. Diese Differenz ergibt die Herzfrequenzvariabilität. (Quelle: Dreamstime: © Z_i_b_i)

Man könnte mit dem Erforschen und Interpretieren von Herzrhythmen ein ganzes Buch füllen und sich ein Leben lang damit beschäftigen; doch das ist nicht der Grund dafür, warum ich an dieser Stelle darauf eingehe. Vielmehr ist ein Aspekt des Herzrhythmus der Schlüssel für (mehr) Resilienz.

Beim Blick auf das Beispiel-EKG in Abbildung 4.2 (S. 173) bemerkt auch ein ungeübtes Auge die sich wiederholenden großen Ausschläge durch den Herzschlag. Im Hinblick auf unser Thema ist dabei Folgendes von Bedeutung: Die Entfernung vom obersten Punkt eines solchen Ausschlags (die sogenannte R-Zacke) bis zum nächsten ist nicht immer dieselbe, sondern bei jedem Herzschlag anders, auch wenn sie auf den ersten Blick gleich aussehen mag. Messungen ergeben aber gewisse Unterschiede, und das ist gut so, denn hier setzt die Resilienz an.

Je größer die Zeitunterschiede zwischen einzelnen Herzschlägen sind, desto resilienter sind wir im Leben und gegenüber Veränderungen. Diese sogenannte Herzfrequenzvariabilität (HFV) wird in Millisekunden gemessen, und der Unterschied beträgt also unter Umständen nur den Bruchteil einer Sekunde. Die Zeitdifferenz zwischen der R-Zacke 2 und R-Zacke 3 in Abbildung 4.2 beläuft sich beispielsweise auf nur 67 Millisekunden. Ein winziger Unterschied, aber – und das ist das Wichtige – es *gibt* einen solchen Unterschied!

Bei jungen Menschen ist die Herzfrequenzvariabilität hoch. Jetzt, wo wir über den Sinn der Herzfrequenzvariabilität Bescheid wissen, ist das auch völlig logisch. Bei Kleinkindern, die ihre Umwelt entdecken und sich ständig daran anpassen, muss der Körper eine Möglichkeit haben, dies schnell zu tun. Wenn die Finger erstmals erleben, was es mit dem heißen Wasser aus dem Wasserhahn auf sich hat, oder wenn wir herausfinden, dass nicht alle Hunde so lieb und nett sind wie unser eigener, müssen wir schnell reagieren. Die Fähigkeit des Herzens, seinen Rhythmus zu verändern – unsere Herzfrequenzvariabilität – und Blut dorthin zu lenken, wo es am dringendsten gebraucht wird, ist überlebensnotwendig.

Das Signal des Herzens an das Gehirn erzeugt den Zustand der sogenannten *psychophysiologischen Kohärenz* oder einfach *Kohärenz*. Das Schöne daran ist: Wir müssen nicht erraten, wann sie auftritt. Einfach zu bedienende Sensoren und Software sagen uns ganz genau, wie hoch unsere Herzkohärenz ist, und helfen uns dabei, sie zu steigern.[14] Herz und Gehirn sind natürlich immer in einem gewissen Zustand der Kohärenz. Im Chaos des Alltags und angesichts negativer Emotionen ist das Kohärenzniveau vielleicht eher niedrig.

Mit einfachen Übungen wie denjenigen, die zum Abschluss dieses Kapitels genannt werden, können wir wichtige Parameter im Körper verändern und damit mehr Kohärenz erzeugen. Es gibt einen direkten Zusammenhang zwischen der Herzfrequenzvariabilität im Körper, dem Kohärenzniveau und der Resilienz, die wir bei extremen Veränderungen unserer Umwelt an den Tag legen. *Je höher die Kohärenz ist, desto höher sind auch die Herzfrequenzvariabilität und die Resilienz.*

Mit diesem Wissen gewinnen die hier erörterten positiven und negativen Emotionen und ihr Einfluss auf die Herzfunktion noch mehr an Bedeutung. Finden wir heraus, welche Emotionen zu einer stärkeren Kohärenz beitragen, dann wissen wir auch, wie wir unsere Resilienz erhöhen können.

• • • •

Mehr Kohärenz führt zu größerer Resilienz.

• • • •

Drei Schritte
zu mehr persönlicher Resilienz:
Attitude Breathing®

Viele der neuen Entdeckungen über Herzkohärenz, Herzintelligenz sowie deren Anwendungen im Leben wurden von den Forschern des *Institute of HeartMath* gemacht. Wie wir wissen, pumpt das Herz das Blut durch den Körper; doch Studien des IHM weisen darauf hin, dass das Herz sehr viel mehr tut, als nur das Blut durch die Arterien, Venen und Kapillargefäße zu befördern. Egal, ob es um die Emotionen geht, die Herz und Hirn in Kohärenz bringen, oder um den Zusammenhang zwischen Kohärenz und

Herzfrequenzvariabilität oder um die Art der Druckwellen, die jeder Herzschlag im Blut erzeugt: Offensichtlich stehen wir mit unserem Verständnis der Herzfunktionen und ihrer wahren Bandbreite noch ganz am Anfang.

Ich hatte die große Ehre, mit den Gründern, Mitarbeitern und Forschern des IHM fast 20 Jahre lang zusammenzuarbeiten. Gemeinsam waren wir unterwegs und erlebten, welche Anforderungen die Präsentation unserer Arbeit vor allen möglichen Gruppen in aller Welt mit sich bringt. Dank dieser Erfahrungen haben sich die jahrelangen Beziehungen zu tiefen, dauerhaften Freundschaften entwickelt. Während meiner Zusammenarbeit mit dem IHM habe ich erlebt, wie die aus dem Herzen kommende Beobachtung des Dichters Khalil Gibran im realen Leben zum Ausdruck kommen kann: *»Arbeit ist sichtbar gewordene Liebe.«*[15] Am IHM, wo die Gründer und Mitarbeiter immer tiefere Erkenntnisse über die Kraft der Herzintelligenz und die Rolle des Herzens im täglichen Leben aufdecken, wird die Liebe tagtäglich sichtbar gemacht.

Die Menschen am IHM werden auch in den nächsten Jahren das Herz weiter erforschen; doch schon heute können wir von ihren bislang gemachten Entdeckungen profitieren. Meiner Meinung nach sind die einfachen und bewährten Techniken zum Erzeugen von Kohärenz zwischen Herz und Hirn besonders hilfreich und wichtig. Die IHM-Forschungsergebnisse wurden von anderen Experten gegengeprüft und zeigen eindeutig zwei Faktoren auf, die direkt mit der persönlichen Resilienz in unserer Zeit der Extreme zu tun haben:

→ *Emotionen können reguliert werden, um Kohärenz im Körper zu erzeugen.*

→ *Diese Tatsache können wir anhand einfacher Schritte im Leben umsetzen und nutzen.*

In Zusammenarbeit mit einigen der angesehensten Organisationen und innovativen Wissenschaftlern weltweit hat das IHM ein einfaches System entwickelt, durch das die in den Laboren gewonnenen Erkenntnisse im Alltag angewandt werden können; es nennt sich *Attitude Breathing.* Laut Aussagen der Forscher bringt diese Technik folgende Vorteile: »Das Herz harmonisiert automatisch die Energie zwischen Herz, Geist und Körper und verstärkt dadurch die Kohärenz und Klarheit.«[16] Die emotionale Veränderung, welche die höchste Kohärenz erzeugt, wurde in den nachfolgenden drei einfachen Schritten zusammengefasst (sie wurden dem Buch »Transforming Stress« von Doc Childre und Deborah Rozman, New Harbinger Publications 2005, entnommen; dt. Ausgabe »Stressfrei mit Herzintelligenz«, VAK-Verlag 2012):

Schritt 1: Erkennen Sie eine unerwünschte Haltung, also ein Gefühl oder eine Einstellung, die Sie verändern möchten: Angst, Traurigkeit, Verzweiflung, Niedergeschlagenheit, Selbstverurteilung, Schuld, Überforderung – alles, was negativen Stress verursacht.

Schritt 2: Finden Sie eine Haltung, durch die Sie diese negative Einstellung ersetzen möchten, und atmen Sie diese Haltung ein. Suchen Sie sich eine positive Einstellung heraus und atmen Sie dann das damit zusammenhängende Gefühl für eine Weile langsam und zwanglos in den Bereich des Herzens, um es dort zu verankern.

Beispiele für unerwünschte Gefühle/Haltungen/Einstellungen	Beispiele für Ersatzgefühle/-haltungen/-einstellungen
↦ Stress	• neutrales Atmen, um sich zu entspannen und mit Energie aufzuladen
↦ Angst	• Ruhe und Ausgeglichenheit einatmen
↦ Überforderung	• Frieden und Leichtigkeit einatmen
↦ Traurigkeit oder Niedergeschlagenheit	• Wertschätzung und Vorurteilslosigkeit einatmen
↦ Schuld	• Mitgefühl und Vorurteilslosigkeit einatmen

Schritt 3: Beim Einatmen der Ersatzhaltung geben Sie sich die Anweisung, das negative Gefühl bzw. die negative Haltung nicht mehr so wichtig zu nehmen und kein Drama mehr daraus zu machen. Sagen Sie sich: »Nimm das nicht mehr so wichtig!« Wiederholen Sie das für sich immer wieder während der Attitude-Breathing-Übung, bis Sie eine Veränderung oder Verlagerung bemerken. Und denken Sie daran: Auch wenn Sie das Gefühl haben, eine negative Haltung wäre gerechtfertigt, führt die dadurch aufgebaute emotionale Energie doch zu Blockaden im System. Nehmen Sie eine von Herzen kommende, echte »Ich mein's wirklich ernst«-Haltung ein, um diesen Emotionen mehr Kohärenz zu verleihen. Es dauert vielleicht ein paar Minuten, aber die sind es wirklich wert.

Während der Attitude-Breathing-Übung erzeugen Sie neue Nervenbahnen, und alte Haltungen und Widerstände lösen sich nach und nach auf.

(Attitude Breathing® wurde vom *Institute of HeartMath* entwickelt. Copyright © 2013, *Institute of HeartMath*)

Im Laufe der Jahre habe ich viele indigene Familien aus allen möglichen Kulturen überall auf der Welt besucht. Sosehr sich die Traditionen voneinander unterscheiden, haben sie doch alle ein gemeinsames Thema: die Macht des Herzens, den Körper zu verändern, sich heilend auf das Leben auszuwirken und Familien und Gemeinschaften zu vereinen. Die moderne Wissenschaft hat die essenzielle Botschaft dieser Kulturen früher abgetan, doch die Ergebnisse der Studien des IHM und anderer Organisationen verleihen der Weisheit unserer ältesten und angesehensten spirituellen Traditionen neue Glaubwürdigkeit.

Natürlich haben unsere Ahnen ihr Wissen nicht anhand der von uns anerkannten wissenschaftlichen Methode nachgewiesen. Doch ihre Techniken (aus dem Herzen kommende Gebete, Meditationen und Heilung) scheinen fest in dem Wissen über die

Fähigkeit des Herzens verwurzelt gewesen zu sein, auf den Körper und unser Leben Einfluss ausüben zu können.

Als ich als junger Mann diese Tatsache verstand, hat mich das auf zweierlei Weise stark beeinflusst: Zum einen wurden durch das Erkennen dieser Zusammenhänge andere Disziplinen, die bei der Studienwahl für mich infrage gekommen wären, uninteressant. Denn was könnte schließlich wichtiger sein, als die Geheimnisse des einen Körperorgans zu entschlüsseln, welches dazu da ist, uns mit unserer alltäglichen Welt und dem, was darüber hinausgeht, zu verbinden? Und zum Zweiten war meine Neugierde geweckt. Wenn unsere Ahnen mit der Macht des Herzens so recht hatten – was wussten sie dann damals noch alles, was in unserer Zeit in Vergessenheit geraten ist?

• • • •

Mehr Kohärenz lässt sich mit so einfachen Schritten wie *Fokus*, *Fühlen* und *Atmen* erreichen.

• • • •

Transformation fängt bei uns selbst an

Die Vereinigten Staaten sind, wie man sagt, eine Nation aus Gemeinden. Das gilt für Amerika, aber genauso für alle anderen Nationen der Welt. Durch mein Erforschen der alten indigenen Kulturen der Welt und durch die Möglichkeit, das, was ich herausgefunden hatte, auf praktisch allen Kontinenten meinen Zuhörern zu erzählen, habe ich erlebt, wie real und wahr diese Aussage ist. Von Tokio in Japan bis Lima in Peru, von Kairo in Ägypten bis Bangkok in Thailand – die größten Städte der Welt bestehen aus kleinen Gemeinden oder Gemeinschaften, die sich alle auf einer bestimmten Ebene selbst versorgen und auf anderen Ebenen mit anderen Gemeinden interagieren müssen. Diese riesig großen Stadtkomplexe bestehen aus lokalen Gemeinden, wo Menschen mit ähnlichem Kulturerbe, ähnlichem Hintergrund, ähnlichen Interessen und ähnlichen Lebensweisen in ihrem Bedürfnis nach Verbundenheit zusammenfinden. Bei einem Nachmittagsspaziergang durch New York City wird der Unterschied zwischen Chinatown und Little Italy auf dem Weg vom einen zum nächsten Viertel ganz deutlich. Doch sosehr sich die beiden Stadtteile auch voneinander unterschieden, sie liegen doch noch in derselben Stadt.

Es mag auf der Hand liegen, dass eine Stadt auf Gemeinden basiert. Doch es muss an dieser Stelle wegen der Bedeutung, die die einzelnen Menschen – ihre geistige Verfassung und Resilienz – innerhalb der Gemeinschaft haben, noch einmal gesagt werden. Der Psychiater M. Scott Peck (1936–2005) fasste diesen Gemeinschaftsgedanken klar und logisch zusammen: »Denn in Wirklichkeit kann es keine Verletzlichkeit ohne Risiko geben; und es kann keine Gemeinschaft ohne Verletzlichkeit geben; und es kann keinen Frieden – und letztendlich kein Leben – ohne eine Gemeinschaft geben.«[17]

Wir sind von Natur aus alle Gemeinschaftswesen, und ein Leben in Gemeinschaften jeder Größe hilft uns, unsere physischen, emotionalen und spirituellen Bedürfnisse zu erfüllen. Und genau dies gibt uns auch die Möglichkeit, ein gesundes, freudvolles und sinnvolles Leben zu führen. Und da Gemeinschaften so viele unserer Bedürfnisse stillen, bieten sie uns auch eine Möglichkeit, unsere Vision von einer besseren Welt einander mitzuteilen und auch darüber zu sprechen, wie sie umgesetzt werden könnte. Ich kenne Leute, die ihr ganzes Erwachsenenleben daran gearbeitet haben, sich selbst weiterzuentwickeln. Sie haben es geschafft, die Verletzungen der Kindheit, den Missbrauch in ungesunden Beziehungen und sogar die gesundheitlichen Krisen der späteren Jahre zu heilen, was alles so oft mit einem geringen Selbstbewusstsein, schlechter Ernährung und dem Verlust des Selbstwertgefühls einhergegangen ist. Schon früh im Leben haben sie an sich selbst gearbeitet, fragen sich aber, warum sich die gesunden Werte, die sie in ihrem eigenen Leben gefunden haben, nicht auch im Rest der Welt zeigen.

Und hier setzen der Wert und die Kraft der Gemeinschaft ein. Wir können uns ein Leben lang selbst weiterentwickeln – und das mag eine sehr gute Sache sein. Doch in einer Gemeinschaft haben wir die Möglichkeit, unsere Arbeit auf die nächste Ebene zu tragen. In einer Gemeinschaft können wir das Gute unserer lebenslangen Arbeit mit anderen teilen, die ebenfalls daran interessiert sind, aber vielleicht nicht die Möglichkeit hatten, die Wahrheiten über persönliche Kraft und Resilienz zu entdecken.

Früher mag es eine gute Sache gewesen sein, mit Menschen zusammenzutreffen, die bereit sind, gemeinsam zu lernen und ihre innersten Werte in Bezug auf den Alltag miteinander zu teilen. Doch heute in unserer Zeit der Extreme wird die Resilienz, die wir als Individuen entwickeln, noch effektiver, stärker und kraftvoller, wenn auch unsere Familien, Freunde und Nachbarn sie nutzen können. Wenn wir unser Heilwissen miteinander teilen, finden wir die Antwort auf die Frage, wie sich eine Lebensweise aufbauen lässt, die die Werte, die wir auf unserer persönlichen Reise entdeckt haben, widerspiegelt.

In absehbarer Zeit werden die Gemeinschaften, die sich für die Anpassung an die Extreme der »neuen Normalität« entscheiden, besser dastehen – das heißt, sie werden stärker und besser in der Lage sein, anderen in unserer Zeit der Extreme dabei zu helfen, ihr Leben zu transformieren.

▼

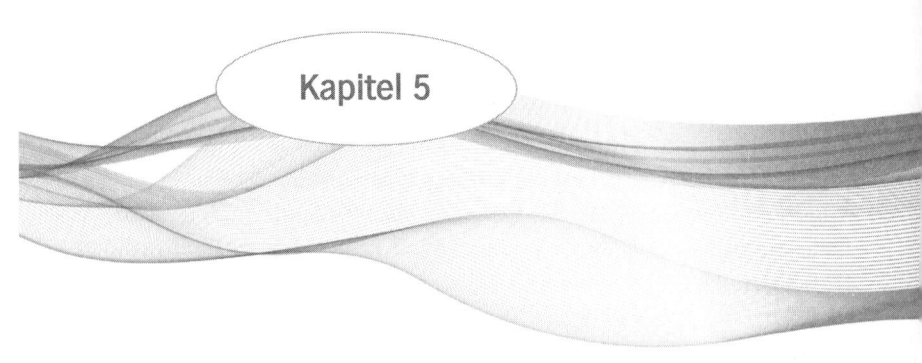

Kapitel 5

Die nächste Ebene:
Wendepunkte gemeinschaftlicher
Resilienz

Damit eine Gemeinschaft ganz und gesund ist,
muss sie auf der Liebe und
Fürsorge der Menschen zueinander aufbauen.

Millard Fuller (1935–2009),
Gründer von *Habitat for Humanity*

Seit Menschengedenken war für das äthiopische Dorf Mudiyambo das Vieh die Existenzgrundlage und Nahrungsquelle gewesen. Doch mit dem sich wandelnden Klima in Afrika blieben die Regenfälle aus, und das Horn von Afrika wurde zu einer der am schlimmsten von Dürren heimgesuchten Gegenden der Welt. Ganze Viehherden gingen immer wieder ein, und im Dorf war man verzweifelt. Ein globales Hilfswerk bot den Dorfbewohnern an, sie im Rahmen eines Entwicklungshilfeprogramms umzuschulen, sodass sie anstatt Viehzucht Landwirtschaft betreiben könnten. Die Reaktionen der Dorfbewohner waren gemischt. Oder wie es einer der Leiter des Hilfswerks ausdrückte: »Als wir das Programm anlaufen ließen, waren nur sehr wenige Bewohner daran interessiert. Andere hielten es für Zeitverschwendung.«[1]

Doch durch Offenheit, harte Arbeit, die Bereitschaft zum Umdenken und den Willen, das Denken der Vergangenheit hinter sich zu lassen, veränderte sich alles. Die Ausbildungsmaßnahmen begannen, und der Erfolg war schließlich ansteckend. Als die zunächst veränderungsunwilligen Dorfbewohner mit eigenen Augen sahen, wie erfolgreich sie mit dem Anbau von Gemüse anstelle der Viehzucht sein konnten, baten auch sie »unsere Entwicklungshelfer darum, entsprechend ausgebildet zu werden, um selbst Landwirtschaft betreiben zu können«, so der Leiter.[2]

Die Umstellungsphase ist inzwischen abgeschlossen, und das Dorf ist jetzt eine landwirtschaftliche Gemeinschaft mit einer gesunden wirtschaftlichen Grundlage. Dieser Umbruch brachte zudem weiteren, unerwarteten Nutzen mit sich. Wie die Menschen herausfanden, ist ihre neue Wirtschaftsform sogar nachhaltiger als die vormalige, und durch die neue Ernährungsweise mit regelmäßiger Nährstoffzufuhr sind sie zudem bei besserer Gesundheit.

Mudiyambo ist eine großartige Erfolgsgeschichte, und die Regierungsverantwortlichen hoffen nun, sie in anderen äthiopischen Dörfern wiederholen zu können. Es ist auch ein schönes Beispiel dafür, wie die persönliche Resilienz von ein paar wenigen, die bereit sind umzudenken, sich zu einem Weg der Transformation für ein ganzes Dorf entwickeln kann. Der Erfolg von Mudiyambo ist ein Zeugnis für die Macht der Resilienz und ihrer Rolle auf einer umfassenderen, gemeinschaftlichen Ebene.

Was ist Gemeinschaft?

Wie wir im letzten Kapitel herausgefunden haben, hat das Wort »Resilienz« unterschiedliche Bedeutungen; das gilt auch für den Begriff »Gemeinschaft« bzw. »Kommune«. Manche Leute denken da sofort an Bilder von Treffen wie Woodstock und an die Kommunen im Stil der 1960er-Jahre, wie sie durch Filme wie »Easy

Rider« bekannt wurden. Andere haben dabei Gruppen von Männern, Frauen und Kindern im Kopf, die isoliert in einem ländlichen Selbstversorgerdorf leben und alles miteinander teilen: von den Kindern und Partnern bis hin zur gemeinsamen Gartenarbeit und den täglichen Hausarbeiten. Das trifft sicherlich auf manche Gemeinschaften in der Welt zu, doch in den meisten Fällen ist das eher nicht der Fall.

Heute geht es bei einer Gemeinschaft vielmehr darum, mit anderen Menschen auf eine Art und Weise zusammenzuleben, zusammenzuarbeiten und miteinander zu teilen, die das Leben und das Erfüllen der Verpflichtungen einfacher macht.

Ich kenne beispielsweise Gemeinschaften, die aus sechs bis acht Familien bestehen, welche durch das Band einer bestimmten spirituellen Praxis miteinander verbunden sind. Diese Familien legen ihre Mittel zusammen, damit sie sich in derselben Straße nebeneinander liegende Häuser kaufen können. Sie leben buchstäblich Tür an Tür, und das ermöglicht es ihnen auch, zwar Vollzeit zu arbeiten, aber zugleich gemeinsam auf die Kinder aufzupassen und zu kochen, zu gärtnern und ihren spirituellen Praktiken nachzugehen.

Solche Gruppen sind in sich voll funktionsfähige Gemeinschaften; sie stellen aber gleichzeitig einen lokalen »Ableger« einer nationalen Gemeinschaft dar, bestehend aus anderen Familiengruppen, die in anderen Teilen der Welt genauso leben. Sie kommunizieren über ein Hauptbüro via Fax, E-Mail und Skype miteinander, und alle lokalen Ableger fokussieren sich jede Woche auf ein gemeinsames spirituelles Thema (beispielsweise »Mitgefühl« oder »Vergebung«). So bleiben sie auf vielen Gemeinschaftsebenen gleichzeitig aktiv – angefangen bei ihrer unmittelbaren Gemeinschaft, über berufliche Gemeinschaften bis hin zu ihrer weltweiten spirituellen Gemeinschaft. Das ist nur ein Beispiel für eine Art von Gemeinschaft in einer Welt mit Tausenden oder noch mehr ähnlichen Gemeinschaften.

Wenn wir also beschreiben wollen, wie genau eine Gemeinschaft aussieht, dann stoßen wir auf so viele Varianten, wie es Bedürfnisse und Vorstellungen von Menschen gibt. Denn bei Gemeinschaft geht es immer um das Leben und die Lebensführung. Gemeinschaften gibt es überall – mitten in den größten

Städten der Welt, aber auch in den Landstrichen des Planeten, die noch völlig unterentwickelt sind. Eine Gemeinschaft kann aus nur einer Person bestehen, die ganz alleine auf einem Berggipfel lebt, oder einem Mann und einer Frau, die mit ihren Kindern im Nachbarhaus leben. Oder man denke an das Rentnerehepaar ein paar Häuser weiter, das mit dem Ehepaar auf der anderen Seite, welches auch bald in Rente geht, Tipps zur Gartenarbeit austauscht.

Eine Gemeinschaft kann auch ein Raum voller Menschen sein, die sich im Rathaus zusammenfinden, um eine Entscheidung bezüglich Steuern, Straßenbau oder über die Erlaubnis für eine weitere Erdölbohrung im Landkreis zu treffen. Eine Gemeinschaft kann eine organisierte Gruppe von Menschen sein, die zusammen mit der gemeinnützigen Organisation *Habitat for Humanity* ein Haus bauen. Eine Gemeinschaft – das können auch zwei Stammesfrauen sein, die auf einer dünn besiedelten Insel mitten im Titicacasee in Peru ein Tauschgeschäft tätigen, um das Essen für ihre Familien kochen zu können. Oder eine Riesengemeinschaft aus über 25 Millionen Menschen, die gemeinsam in der Großstadt Seoul in Südkorea leben, arbeiten und das Leben miteinander teilen.

Sie sehen also: Die Vorstellung von Gemeinschaft kommt in unzähligen Formen zum Ausdruck; Gemeinschaften werden gebildet, um alle möglichen Bedürfnisse zu erfüllen. Doch auch wenn Größe und Ausrichtung noch so unterschiedlich sein mögen: Der »Klebstoff«, der die Gemeinschaften zusammenhält, ist überraschenderweise doch ziemlich ähnlich. Ob es sich nun um eine einzelne Person oder eine Großstadt mit 25 Millionen Bewohnern handelt – zwei wesentliche Merkmale sind für jede Gemeinschaft erfolgsentscheidend. Die Mitglieder der Gemeinschaft haben …

→ eine gemeinsame Vision,
→ ein gemeinsames Band der Zusammengehörigkeit.

Diese beiden Merkmale spiegeln die Bedürfnisse der Gemeinschaft wider. Und sind diese Bedürfnisse gestillt, dann helfen diese Merkmale dabei, die Gemeinschaft nachhaltig zu bewahren und sie für zukünftige Herausforderungen zu rüsten.

• • • •

Unabhängig von der Größe einer Gemeinschaft oder dem Grund ihres Entstehens sind eine gemeinsame Vision und ein Zusammengehörigkeitsgefühl entscheidend für den Erfolg.

• • • •

Anders als die Gemeinschaften unserer Großeltern

Überall um uns herum gibt es also Gemeinschaften, allerdings oft in einer ganz anderen Form, als wir das von früher her kennen. Im 19. und 20. Jahrhundert waren Gemeinschaften oft einfach eine Nebenerscheinung, weil Menschen nahe beieinander wohnten. Egal, ob es nun um Nahrung, Sicherheit, Kenntnisse im Haus- und Gartenbau ging oder darum, sich gemeinsam um die Kinder zu kümmern: Normalerweise suchten die Menschen bei ihren Nachbarn die nötige Unterstützung im Alltag. In der modernen Welt hat sich das verändert.

In den riesigen, hoch aufragenden Apartmenthäusern in den Großstädten der Welt ist es heutzutage nicht ungewöhnlich, dass ähnlich große Familien mit Kindern im selben Alter im selben Gebäude und sogar auf demselben Stockwerk jahrelang Tür an Tür wohnen, ohne den Namen der Nachbarn zu kennen oder zu wissen, wie sie aussehen. Die einzelnen Familien leben zwar in einem bequemen Apartment in der Stadt, was ihren Bedürfnissen entspricht, doch die engere Gemeinschaft, die sie stützt, oder enge Freunde sind womöglich verstreut. Diese Art von Gemeinschaft ist ganz sicherlich nicht das, was unsere Großeltern unter Gemeinschaft verstanden, und zwar aus vielen Gründen (sei es nun die unpersönliche Art des Umgangs mithilfe von Computern und Mobiltelefonen oder die Vorstellung von Unabhängigkeit, die in Amerika und der westlichen Welt eine so große Rolle spielt).

Die Autorin Margaret Atwood beschrieb die Auswirkungen dieses Dilemmas insbesondere in Amerika: »In den Vereinigten Staaten wurde der Individualismus so stark propagiert, dass die Verantwortung eines jeden, einer Gemeinschaft etwas zu geben und umgekehrt, von dem ungezügelt sich ausbreitenden Individualismus mit Füßen getreten wurde.«[3]

Aus noch umfassenderer Perspektive hat der spirituelle Lehrer Ram Dass sowohl die Gründe für die unpersönliche Art moderner Gemeinschaften als auch deren Auswirkungen auf unser Leben beschrieben: »Unsere unmäßige Sorge um unsere Individualität ist kennzeichnend für unsere Gruppenidentität. Ich bin Teil des Problems«, gibt er zu.[4] »In den 1960er-Jahren ging es um die individuelle Freiheit, und wir haben das Kind mit dem Bade ausgeschüttet. Wir schlagen uns mit den Auswirkungen des Ungleichgewichts herum; wir sind so auf das Getrenntsein fokussiert, dass wir die Verbundenheit verloren haben, die inhärente gesellige Natur des Menschen, die andere Menschen zur Sinnstiftung braucht. Das Netz der Gewalt in dieser Kultur hängt sicherlich mit dem Zusammenbruch dieser Art von Systemen zusammen.«[5]

Meiner Meinung nach steckt in den Worten von Ram Dass, Margaret Atwood sowie anderen Autoren und Experten über die Rolle der Gemeinschaft im modernen Leben eine Menge Wahrheit. Unsere Gemeinden und Gemeinschaften erfüllen zwar ihre Aufgabe im großen Rahmen, doch im Alltag ist uns ein Großteil dessen verloren gegangen, was Gemeinschaften in der Vergangenheit so erfolgreich sein ließ: *die persönliche Verbindung, weil wir unsere Nachbarn kennen und uns ihres Lebens und ihrer Bedürfnisse bewusst sind.* Ich glaube auch, dass das genau der Punkt ist, an dem sich unser Leben schon bald sehr schnell und umfassend verändern wird. Der Wandel ist bereits im Gange, angetrieben von unserer Zeit der Extreme.

Wenn wir die Prinzipien erkennen, die für die Gemeinschaften des 19. und 20. Jahrhunderts funktioniert haben, erhalten wir unter Umständen auch Hinweise darauf, wohin uns die weitere Entwicklung der Gemeinschaft führen wird. Schaffen wir es, die Gemeinschaften der Zukunft auf dem aufzubauen, was früher gesund war und funktioniert hat, aber ohne das, was *nicht* funktioniert hat, dann sind wir auf einem guten Weg hin zu neuen Lebensweisen, in denen die Extrembedingungen unserer Zeit berücksichtigt werden. Dieses erneute Aufnehmen von Vorstellungen aus der Vergangenheit wird oft mit einem Ausdruck belegt, der aus einem beliebten Film des Jahres 1985 stammt und von einem Teenager handelt, der Zeitreisen unternimmt: *Zurück in die Zukunft.*[6]

Wie viele Menschen inzwischen merken, stellen die scheinbar neuen Denk- und Lebensweisen, die für uns heute so gut funktionieren, einen Schritt zurück in eine Zeit dar, als diese etwas ganz Normales waren. Vielleicht stellen wir fest, dass die Schritte, die in unserer Zeit der Extreme zum Erfolg führen, eigentlich Schritte sind, die uns *zurück in unsere Zukunft* führen.

. . . .

In einer Welt, in der Beziehungen zunehmend unpersönlich und digital ablaufen, erfüllt die Gemeinschaft unser Bedürfnis nach persönlicher Verbundenheit: Wir kennen wieder unsere Nachbarn und sind uns ihres Lebens und ihrer Bedürfnisse bewusst.

. . . .

»Wir sind eins« bedeutet, alles miteinander zu teilen

Überall springen uns diese Worte ins Auge, werden wie ein Mantra stetig wiederholt: *Wir sind eins.* Sie stehen auf Autoaufklebern, auf T-Shirts, auf glänzenden Buchumschlägen und auf den Titelseiten von Zeitschriften. Sie wurden gegen Ende des 20. Jahrhunderts geprägt, in Anerkennung der Tatsache, dass die menschliche Familie eben genau das ist: eine einzige große, vielfältige Familie, die gemeinsam auf dem Planeten lebt. Jenseits aller Ideologien, Politik, Kulturen und Religionen, die manchmal an unserer Einheit zerren und uns das Gefühl vermitteln, wir wären voneinander getrennt, sind wir eine einzige Familie, wie es sie unseres Wissens nach nirgendwo sonst gibt – das ist eine Tatsache.

Eben weil wir eine globale Familie sind, sind Probleme, die in einem Teil der Welt auftreten, nicht auf diesen einen Teil beschränkt. Diese Tatsache galt in gewissem Maß schon immer. Doch aufgrund der zunehmenden Globalisierung ist das »Einssein« der Grund für die zukunftsentscheidende Rolle der Resilienz. Finden wir Denk- und Lebensweisen, die in Reaktion auf die Krisen in einem Teil der Welt funktionieren, dann sind sie auch auf umfassenderer Ebene tauglich – so wie Dörfer in Äthiopien die Ausbildungsprogramme gefordert haben, die schließlich ihr Leben veränderten.

Wir sind ja bereits eine globale Gesellschaft, das ist kein großes Geheimnis. Mit wenigen Ausnahmen, wie beispielsweise Nordkorea, das sich vom Rest der globalen Gemeinschaft abgesondert hat, sind die Grenzen zwischen den einzelnen Ländern inzwischen durchaus fließend – und dieser Trend setzt sich fort. Wir leben zum Beispiel nicht mehr in einer Welt mit einzelnen, voneinander getrennten Wirtschaften. Die Finanzmärkte als treibender Wirtschaftsfaktor sind global aufgestellt; gehandelt wird rund um die Uhr. Auch Technologie, Energie, das Verteidigungs- und Kommunikationswesen sind nicht mehr voneinander isoliert. Die Sommergemüse, die mitten im Winter in den Supermärkten zum Verkauf stehen, werden auf der anderen Seite der Welt produziert und tagtäglich eingeflogen und verladen. Wenn wir um zwei Uhr morgens die technische Hotline anrufen, weil wir Probleme mit dem Computer haben, sprechen wir meistens mit jemandem, der in einem Callcenter arbeitet, das ganz woanders in der Welt sitzt.

In unserer Zeit ist die Grenze zwischen Ländern, Kulturen, Technologien und Finanzen, wie sie in der Vergangenheit gezogen wurde, höchstens noch eine sehr verschwommene. Für dieses komplexe Beziehungsgeflecht wurde im 20. Jahrhundert der Begriff der *Globalisierung* geprägt. In seinem Buch »The Consequences of Modernity« (Stanford University Press 1990; dt. Ausgabe »Konsequenzen der Moderne«, Suhrkamp 1996) definiert der Soziologe Anthony Giddens, der vor allem für seine ganzheitliche Sicht globaler Gesellschaften bekannt ist, Globalisierung als die »Intensivierung weltweiter sozialer Beziehungen, durch die entfernte Orte in solcher Weise miteinander verbunden sind, dass Ereignisse am einen Ort durch Vorgänge geprägt werden, die sich an einem viele Kilometer entfernten Ort abspielen und umgekehrt.«[7]

Mir persönlich gefällt die Definition des Soziologen Martin Albrow; er versteht unter Globalisierung »all die Prozesse, durch die die Völker der Welt in einer einzigen Weltgesellschaft integriert werden.«[8]

Unabhängig von der jeweiligen Definition hat die Art und Weise, wie wir Informationen, Ideen, Technologien, Waren, Dienstleistungen, Geld und Menschen miteinander teilen, eine Welt erschaffen, in der wir mehr miteinander verbunden sind als jemals zuvor in der Menschheitsgeschichte. Diese eine globalisierte Welt ist hinsichtlich der Bewältigung der großen Probleme der Welt aber auch eine Art zweischneidiges Schwert. Inzwischen treten auch die Nachteile einer globalisierten Welt nach und nach zutage.

In seinem Buch »Globalization« (Oxford University Press 2009) gibt uns Manfred B. Steger, Leiter des *Globalism Research Centre* an der Royal Melbourne Institute of Technology University, einen Ausgangspunkt für die Erforschung eines so groß angelegten Konzepts an die Hand. Er teilt die Effekte der Globalisierung in fünf einzelne, jedoch zusammenhängende Kategorien auf, damit man ehrlich über deren Vor- und Nachteile nachdenken kann. Diese umfassenden Kategorien bzw. Dimensionen der Globalisierung sind: *ökonomisch, politisch, kulturell, ökologisch* und *ideologisch.* Zwar wirken sich alle auf unsere Resilienzfähigkeit aus, zwei davon jedoch besonders stark: eine globale Ökonomie und eine globale Ökologie. Darauf möchte ich an dieser Stelle näher eingehen.

Eine globale Ökonomie

Die Auswirkungen einer global vernetzten Ökonomie sind ein toller Ausgangspunkt für eine Globalisierungsdiskussion. Zum einen ist das ein Thema, was uns alle in den ersten zwei Jahrzehnten des 21. Jahrhunderts beschäftigt (hat). Die Welt kämpft verzweifelt mit einer Wirtschaftskrise von bislang nie gekanntem Ausmaß. Die Schuldenlast der Welt ist fast so hoch wie das insgesamt produzierte Einkommen. Und um das Ganze noch schlimmer zu machen, sind wir durch die hohen auflaufenden Zinsen auf dem besten Wege, schon bald *mehr* Schulden als Einnahmen zu haben. Anders ausgedrückt: Wir geben als globale Ökonomie weit mehr aus, als wir einnehmen. Einige der größten Wirtschaften der Welt (unter anderem Mitglieder der G8- und der G20-Staaten) sahen die Lösung darin, noch mehr Geld zu produzieren, um die Schulden kurzfristig decken zu können. Wie in Kapitel 1 aufgezeigt, führt dies unter anderem zu einer Geldschwemme, wodurch der Wert der Währungen enorm sinkt.

Meinungen dahingehend, wohin die Wirtschaftskrise steuert, gibt es so viele wie entsprechende »Experten«; doch eines ist sicher: Der Grund dafür, dass die ganze Welt im selben Boot sitzt, ist die tief gehende Vernetzung und Verbundenheit aufgrund der Globalisierung.

In einer globalisierten Wirtschaft haben die Auswirkungen einer mit Schwierigkeiten kämpfenden Ökonomie Welleneffekte, die andere Wirtschaftssysteme auf der ganzen Welt in unterschiedlichem Maß beeinflussen. Genau das war im Herbst 2008 die erschreckende Erfahrung, als bekannt wurde, dass einige der weltweit größten Finanzdienstleister mehr Schulden hatten als Vermögenswerte. Als die Investmentbank *Lehman Brothers* am 14. September desselben Jahres Konkurs anmeldete, wurde eine Kette von Ereignissen in Gang gesetzt, die heute noch andauert. Der Bankrott von einigen der weltweit größten Institutionen, unter anderem *Lehman Brothers, Fannie Mae, Freddie Mac* und *American International Group,* früher als ein Ding der Unmöglichkeit angesehen, zeigte ganz schnell auf, wie verletzlich unsere globale Ökonomie ist.

In einem Interview im Jahr 2010 sagte Henry M. Paulson Jr., früherer US-amerikanischer Finanzminister: »Wäre das System zusammengebrochen, hätten viele Unternehmen aller Größenklassen, die nicht in der Wall-Street-Liga spielen, Probleme gehabt, kurzfristig die Kredite für die Weiterführung ihres Geschäfts und für die Bezahlung der Lieferanten und Mitarbeiter zu bekommen;

Letztere hätten dann wiederum ihre Rechnungen nicht mehr bezahlen können. Das hätte in der ganzen Wirtschaft Wellen geschlagen, hätte zum Verlust von Millionen weiterer Arbeitsplätze und Häuser geführt; Ersparnisse in Billionenhöhe wären den Bach hinuntergegangen.«[9] Solche weitreichenden, katastrophalen Auswirkungen konnte die Bankenkrise nur in einer globalisierten Wirtschaft haben.

• • • •

Eine Konsequenz der Globalisierung besteht darin, alles miteinander zu teilen, auch die Schwierigkeiten und Nöte einer nicht aufrechtzuerhaltenden Ökonomie.

• • • •

Eine globale Ökologie

Die Natur und die natürlichen Ressourcen lassen sich nicht von Regierungen, Ländern oder Grenzen aufhalten und einsperren. Genau deswegen haben die drängendsten Umweltprobleme direkt mit der Globalisierung zu tun. Wenn sich eine lokale Industrie auf die vor Ort verfügbaren Ressourcen verlässt (beispielsweise eine bestimmte Fischsorte), dann kann man diesen Bedarf nachhaltig decken, ohne die Ressourcen dabei zu zerstören. Doch wenn dieselbe Industrie aufgrund einer weltweiten Nachfrage einen hundertfach höheren Bedarf zu decken versucht, läuft das unter Umständen auf eine Katastrophe hinaus. Für die Händler können größere Märkte und mehr Kunden natürlich ein Segen sein, doch auf der anderen Seite können dadurch ganze Spezies dezimiert oder sogar ausgelöscht werden, wenn der Markt nicht entsprechend reguliert wird.

Ein gutes Beispiel dafür, was die Globalisierung einer lokalen Industrie bewirken kann, ist der Blauflossen-Thunfisch bzw.

Rote Thun, der fast ausgerottet wurde. Im Atlantik verteilt sich die Population von Rotem Thun hauptsächlich auf zwei Gebiete: Die westliche Population brütet im Golf von Mexiko, die östliche im Mittelmeer. Vor 1950 war das kommerzielle Interesse an den westlichen Beständen von Rotem Thun als Nahrungsquelle nur gering. Seit Jahrtausenden wurde der Rote Thun meist auf traditionelle Weise und in kleinen Mengen gefischt; die Balance wurde gewahrt, die Wanderung und Fortpflanzung war gesichert. Doch in den 1960er-Jahren, als der japanische Fischmarkt einen starken Aufschwung erlebte, änderte sich das. Plötzlich war die Nachfrage nach dem dunkelroten Fleisch von Rotem Thun in Sushi-Qualität ungeheuer hoch, und die japanischen Fischereibetriebe sollten nicht nur ihre Heimmärkte, sondern auch Märkte in aller Welt beliefern.

Durch die Globalisierung wuchs nicht nur die Nachfrage nach dieser Delikatesse, sondern es waren mittlerweile auch neue kommerzielle Fischfangtechnologien für die Massenfischerei verfügbar, und durch die internationalen Beziehungen konnte die Deckung dieser Nachfrage ermöglicht werden. 1964 wurden vor der Küste von Neuengland circa 18.000 Tonnen an Rotem Thun gefangen, mehr als jemals zuvor in einem einzigen Jahr. Gemäß einem Bericht der Non-Profit-Organisation *Pew Charitable Trusts* aus dem Jahr 2011 stiegen diese Zahlen im westlichen Atlantik bis auf 20.943 US-Tonnen (ca. 19.000 Tonnen) jährlich an, eine Menge, »die nicht mehr nachhaltig war, und so wurde der Bestand dezimiert.«[10] Laut Stand von 2011 brach der Fang auf etwa 1984 US-Tonnen ein. Durch beständige Überfischung ist der Thunfisch-Bestand in dieser Gegend *um 80 Prozent gesunken.* Zwar wurden 1998 zum Schutz des Thunfischs Fangquoten beschlossen, doch die Industrie leidet nach wie vor unter fehlendem Durchsetzungsvermögen. Der Anthropologe Theodore Bestor, der die Rolle der Globalisierung in der Thunfischindustrie untersucht hat, fasst die Notlage des Thunfischs in einem einzigen Satz zusammen: »Sushi ist ein Symbol der japanischen Kultur, aber inzwischen auch ein Symbol der Globalisierung.«[11]

Der Rote Thun ist ein Einzelbeispiel für das, was geschehen kann, wenn in einem nicht regulierten Umfeld versucht wird, den Bedarf eines globalisierten Marktes mit lokalen Ressourcen zu befriedigen. Aber das ist nicht nur beim Thunfisch so. Laut einer im Jahr 2005 veröffentlichten Studie der FAO ist bei 70 Prozent der Fischspezies, die derzeit kommerziell genutzt werden, die Repopulationsfähigkeit zur Wiederauffrischung der Bestände bereits verloren.

Die ökologische Globalisierung bringt auch weitere Umweltprobleme mit sich. Die Ausweitung einstmals lokaler Warenbestände, die ursprünglich den Bedarf von nur wenigen Gemeinschaften abdeckten, auf globale Märkte für Tausende von Gemeinschaften wirkt sich auf alles aus: vom Bevölkerungswachstum über den weltweiten Verlust der Artenvielfalt bis hin zur Kluft zwischen Arm und Reich sowie zum menschengemachten Anteil am Klimawandel.

Das Fazit solcher ernüchternder Statistiken lautet: Der Versuch, neue globale Märkte mit traditionell lokalen Ressourcen zu versorgen, entbehrt nicht nur der Nachhaltigkeit, sondern zieht auch unvorstellbares Leid nach sich, wenn der nicht nachhaltige Markt zusammenbricht. Diese Tatsache zu erkennen und anzuerkennen ist der Schlüssel zu einem neuen Denken, welches unseren Familien und Gemeinschaften mehr Resilienz verleiht.

● ● ● ●

Ganze Ökosysteme werden unter Umständen zerstört, wenn der Bedarf eines global vernetzten Marktes aus begrenzten lokalen Ressourcen gedeckt werden soll.

● ● ● ●

Die Brücke zur Resilienz

Wir wissen vielleicht nicht, wohin die Globalisierung die Welt führen wird; an Meinungen über ihre derzeitigen Auswirkungen herrscht allerdings kein Mangel. In einem Essay im Magazin

»Newsweek« beschreibt der Journalist Thomas L. Friedman, wie sehr die Unruhen anlässlich der G20-Konferenz im Jahr 2009 in Pittsburgh/Pennsylvania die große Angst der Menschen hinsichtlich einer globalen Wirtschaft widerspiegelten: Von der Globalisierung würden nur die Unternehmen profitieren, aber nicht unbedingt die Menschen. Friedman beschreibt die Vorbehalte der Protestierenden und bringt dann auch seine eigene Meinung zum Ausdruck: »Die Globalisierung hat die Welt nicht in den Ruin getrieben – sie hat sie nur eingeebnet.«[12] Anders ausgedrückt sagt er, die Öffnung der globalen Märkte, die nun jedermann zugänglich sind, auch unseren Nachbarn und kleineren Unternehmen, hat in einer Welt, die früher in einer Schieflage war, gleiche Wettbewerbsbedingungen hergestellt. Friedman macht seinen Lesern deutlich, dass die Globalisierung seiner Meinung nach »den weltweiten Lebensstandard erhöht« und dass »jeder, insbesondere die Armen, davon profitieren kann, wenn sie [die Globalisierung] ausgewogen ist.«[13]

Zu Friedmans Sicht der Dinge gibt es viele Gegenmeinungen. Im Allgemeinen stimmen sie darin überein, dass die Gegner der Globalisierung nicht den sich verändernden weltweiten Lebensstandard fürchten, sondern es dabei eher darum geht, dass Riesenkonzerne immer mehr Kontrolle über unser Leben und unseren Lebensstil ausüben. Noch wichtiger ist vielleicht die Angst von »Otto Normalverbraucher«, er könnte diese Unternehmen nicht daran hindern, Dinge durchzusetzen, die zwar für eine gute Unternehmensbilanz sorgen, letztendlich aber die menschliche Rasse und das Leben auf dem Planeten bedrohen. Beispiele für diese Art von Macht sind die zunehmende Verbreitung von gentechnisch verändertem Saatgut und Lebensmitteln sowie Unternehmen, die moderne Technologien zur Öl- und Gasgewinnung einsetzen und dadurch Ackerland zerstören. In beiden Fällen erzeugt dies in der Öffentlichkeit bei so manchem die Angst, all das geschehe aus Geschäftemacherei, wobei die davon am meisten Betroffenen so gut wie kein Mitspracherecht hätten.

Die Globalisierung ist zweifellos ein zweischneidiges Schwert. Manche Menschen und Industrien haben davon profitiert, andere nicht. Globalisierung in ihrer heutigen Form ist kein demokratischer Prozess, sondern wird von denjenigen vorangetrieben, die am meisten dabei gewinnen. Klar ist aber auch, dass die Globalisierung eine Tatsache ist. Wir sind global geworden, und eine Umkehr ist nicht mehr möglich. Ökonomie, Landwirtschaft und Industrie arbeiten also global zusammen; doch wie wirkt sich eine globalisierte Welt auf unsere Resilienzfähigkeit im Leben aus?

Judith Rodin, Präsidentin der *Rockefeller Foundation,* und Robert Garris, Geschäftsführer der »Bellagio«-Programme der Rockefeller Foundation, die Lösungen für kritische globale Probleme entwickeln wollen, haben auf Basis wissenschaftlicher Forschung die Rolle der Resilienz im 21. Jahrhundert beleuchtet. Sie beschreiben, wie »die wachsende Notwendigkeit, Resilienz als Gegenkraft zur durch die Globalisierung vorangetriebenen Verletzlichkeit zu entwickeln, von den entwicklungspolitischen Akteuren mehr Dringlichkeit und Durchdachtheit erfordert, um die Anpassungsfähigkeit der Gemeinschaften an Veränderungen zu stärken.«[14] Anders ausgedrückt heißt das: Die Notwendigkeit ist klar erkannt, jetzt ist es höchste Zeit für die Ideen, wie sie hier in diesem Buch vorgelegt werden.

Wenn einflussreiche Institutionen wie die *Rockefeller Foundation* ebenso wie Basisorganisationen wie das *Post Carbon Institute* ein solches Umdenken an den Tag legen, dann kann man sicher sein, dass diese Ideen nicht nur eine vorübergehende Laune sind. Lernen, wie man resiliente Gemeinschaften aufbauen kann, ist ein anhaltender Trend.

• • • •

Die Grundideen der Globalisierung, die früher die Welt verbunden haben, können sie heute zerstören.

• • • •

Bausteine der Resilienz

Die weltweite Globalisierung hat alles verändert: unsere Lebensweise, unsere Arbeitsweise, unsere Denkweise und unsere Problemlösungsansätze, ja sogar die Art der zu lösenden Probleme. Judith Rodin fasst zusammen, warum wir etwa hinsichtlich unserer Gemeinschaften und Städte heute umdenken müssen: »Die heutigen Bedrohungen unterscheiden sich von denen der Vergangenheit durch die steigende Schnelligkeit ihres Auftretens und die wachsende Vernetztheit unseres Planeten. Resilienz aufzubauen ist keineswegs ein Luxus, sondern im 21. Jahrhundert eine imperative Notwendigkeit.«[15]

Dem kann ich nur zustimmen, und die offensichtliche Frage lautet nun: *Wie?* Wie können wir den Schritt vom Aufbau persönlicher Resilienz, wie im vorigen Kapitel beschrieben, hin zum Aufbau von resilienten Familien und Gemeinschaften tun?

Die vielleicht noch umfassendere Frage lautet: *Wie schaffen wir das angesichts etablierter, akzeptierter Systeme, die den Menschen vorgeben, »wie man's macht«?*

Das Studium resilienter Lebensstile und Gemeinschaften ist ein relativ neuer Forschungszweig. Erst in den 1970er-Jahren tauchte das Wort »Resilienz« in den ersten Studien auf und bezog sich dabei auf menschliche Erkrankungen: Wer wird krank, wer nicht, und wie schnell erholen sich die Kranken?

Ich hatte die Chance, die Forschungsarbeiten und Ergebnisse anderer Wissenschaftler zu studieren. Außerdem erlebte ich persönlich die Resilienz in den ländlichen Gemeinden im Norden von New Mexico, wo ich wohne und wo aufgrund der natürlichen Bedingungen und des Zusammenbruchs der Wirtschaft die Menschen mit sehr großen Problemen und Mühen zu kämpfen hatten.

Ich habe bislang keine einheitliche Theorie oder Methodik für die vielen Aspekte von Resilienz gefunden, die alle geforderten Antworten geben kann. So wie unterschiedliche Arten von Gemeinschaften die Bedürfnisse unterschiedlicher Mitglieder erfüllen, gibt es auch unterschiedliche Arten von Resilienz und mehrere Möglichkeiten, diese zu erreichen. Am Ende dieses Kapitels nenne ich beispielhaft Fallstudien und reale Experimente zum Aufbau gemeinschaftlicher Resilienz.

Zunächst einmal möchte ich die übergeordneten Faktoren nennen, die auf alle Arten von Resilienz zutreffen: von einer einzelnen Familie oder einem Stadtviertel bis hin zu weltumspannenden digitalen Communities.

Eine der besten Zusammenfassungen dieser Faktoren bieten die Resilienzstudien der *Rockefeller Foundation,* die auf den Erfahrungen von Hunderten von Forschern und Wissenschaftlern basieren. Sie nennen fünf Schlüsselelemente der Resilienz, die durch ihre Allgemeingültigkeit praktisch sämtliche Gemeinschaftssituationen abdecken, aber doch spezifisch genug sind, um uns einen Ausgangspunkt zu liefern.[16] Diese Grundprinzipien sind:

→ Vorratshaltung;
→ Flexibilität, d.h. die Fähigkeit, sich angesichts von Katastrophen zu verändern, weiterzuentwickeln und anzupassen;
→ Schadensbegrenzung, damit sich ein Scheitern nicht im ganzen System ausbreitet;
→ schnelle Erholung, d.h. die Fähigkeit, die Funktionsfähigkeit wiederherzustellen sowie langfristige Ausfälle zu vermeiden;
→ ständiges Lernen durch Feedback.

Unter Berücksichtigung der in Kapitel 3 aufgezeigten Wendepunkte und der Grundlagen persönlicher Resilienz, wie sie in Kapitel 4 beschrieben worden sind, bieten die fünf oben genannten Resilienzprinzipien einen Rahmen für die individuelle Anpassung, entsprechend unseren persönlichen oder gemeinschaftlichen Resilienzbedürfnissen.

Nun wollen wir diese fünf Grundprinzipien genauer betrachten und herausfinden, wie sie zu den Wendepunkten innerhalb von Gemeinschaften passen.

Vorratshaltung

Eigene momentane Bedürfnisse einfach zu erfüllen, unterscheidet sich sehr von der überlegten Vorausplanung, um dies auch in Zukunft zu gewährleisten. Ebenso ist eine verantwortungsvolle Planung mit Blick auf die Realitäten des Lebens etwas ganz anderes als panisches Hamstern in letzter Minute, um die mangelnde Planung zu kompensieren. In unserer Zeit der Extreme haben wir mit beiden Szenarien zu tun.

Einige meiner Bekannten glauben, wir steuern auf eine Welt zu, in der die schlimmsten Szenarien der Fernsehdokumentationen Realität werden: Angst einflößende Bilder (ähnlich wie im Film »Mad Max« aus dem Jahr 1979) einer postapokalyptischen Welt nach einem Klimawandel, im Krieg und ohne Erdöl.

Doch ich kenne auch Leute, die genau vom Gegenteil ausgehen. Sie haben im Laden um die Ecke scheinbar unerschöpfliche Vorräte an frischem Obst, Gemüse und allem, was man so im Haushalt braucht, und zwar so zuverlässig, dass sie sich darauf verlassen und sich an die ständige Verfügbarkeit so gewöhnt haben, dass es für sie keinen Grund gibt, über eine Mahlzeit hinaus zu planen. Natürlich esse ich gerne ganz frisches Obst und Gemüse und gehe auch gerne täglich auf den Markt, wenn ich kann. Die Frage ist nur: Was passiert, wenn die Nachfrage nicht gedeckt werden kann? Wie lange können wir uns und unsere Familien mit dem ernähren, was wir gerade im Kühlschrank haben?

Wir sind Gewohnheitstiere, die ihren Lebensstil, so wie er in der Vergangenheit war, gerne beibehalten. Haben wir uns erst einmal an etwas gewöhnt, dann denken wir kaum mehr daran, es wieder zu verändern. *Genau an diesem Punkt greift das Resilienzprinzip der Vorratshaltung.* In unserer Zeit der Extreme funktioniert vieles einfach nicht mehr so zuverlässig wie einst. Früher fiel beispielsweise die Grundversorgung mit Strom oder Nahrungsmitteln nur selten aus. Doch inzwischen ist das gang und gäbe, und die Gründe dafür reichen von ungewöhnlich schlimmen Stürmen über Tiefschnee bis hin zu wirtschaftlichen Gegebenheiten wie Personalabbau, Arbeitszeitverkürzungen und Nahrungsmittelengpässen. Hier ein paar Beispiele:

→ Die Stromversorgung in den USA funktioniert nicht mehr so zuverlässig, und dies ist ein Trend, der vor 15 Jahren seinen Anfang nahm. Laut einer von Massoud Amin, Leiter des *Technological Leadership Institute* der University of Minnesota, veröffentlichten Studie sind »seit 1995 die Stromausfälle im Zuge des sinkenden Forschungs- und Entwicklungsaufwands für neue Technologien ständig gestiegen.«[17]

→ Extreme Wetterbedingungen führen unter anderem zu zeitweiligen Versorgungsproblemen mit lebensnotwendigen Produkten auf lokalen Märkten. Ein Beispiel dafür ist der Winter 2010, als im New Yorker Stadtteil Brooklyn die LKWs fast eine Woche lang nicht zu den Lebensmittelläden gelangen konnten, die neue Vorräte benötigten. Ein Ladenmitarbeiter brachte in einer lokalen Zeitung das Dilemma auf den Punkt: »Drei Tage. Keine Lieferungen. Alle Regale sind leer.«[18]

→ Als der Hurrikan Sandy über die Ostküste der Vereinigten Staaten fegte, fiel in 8,1 Millionen Haushalten in 17 Staaten der Strom aus. 15 Tage lang wurde die Benzinversorgung an den Tankstellen in New York City rationiert.[19]

→ Als im Februar 2011 die Temperaturen auf ein Rekordtief von fast minus 38 °C sanken, wurde im nördlichen New Mexico der Notstand ausgerufen. Ohne Vorwarnung fiel die Erdgasversorgung zum Beheizen von Häusern und landwirtschaftlichen Betrieben durch den sogenannten Lastabwurf aus.

Wir leben in einer Zeit dieser Extreme, und deshalb ist das Resilienzprinzip der Vorratshaltung sinnvoller denn je. *Es ist sinnvoll, sich auf den regelmäßigen und vorübergehenden Ausfall von Dienstleistungen einzustellen, die wir zeit unseres Lebens für selbstverständlich gehalten haben.* Das hat nichts mit den übervorsichtigen Leuten zu tun, die sich durch Vorräte und Schutzmaßnahmen auf sämtliche Katastrophen vorbereiten; vielmehr ist das Anlegen von Vorräten heute eine vernünftige Maßnahme, um den Tatsachen einer sich verändernden Welt Rechnung zu tragen. Das hat lediglich etwas mit Verantwortung zu tun.

In der Natur gibt es wunderbare Beispiele für diese Art der Vorratshaltung: Bei gutem Wetter und einer Fülle an Nahrung suchen sich Eichhörnchen ihr tägliches Futter, so wie wir auf den Markt gehen, wenn es möglich ist. Sie legen aber auch zusätzlich Vorräte für die kalte Jahreszeit an, wenn – wie sie instinktiv wissen – die Nahrung knapp wird. Bären und andere Tiere legen in guten Zeiten an Gewicht zu, um in weniger guten Zeiten überleben zu können (auf uns übertragen würden wir unseren Grundbedarf des täglichen Lebens auf Vorrat anlegen, für den Fall, dass er einmal nicht zu decken wäre). Diese Tiere geraten nicht in letzter Minute in Chaos und Panik, sie kämpfen nicht mit Zähnen und Klauen, weil sie befürchten, die Nahrung würde nicht mehr reichen. Denn sie haben Vorräte entsprechend den realen Gegebenheiten ihres Lebens angelegt.

Flexibilität

Ob im Privatleben oder in der Gemeinschaft: Resilienz geht Hand in Hand mit Flexibilität und Wandel. Im 6. Jahrhundert v. Chr. sagte der griechische Philosoph Heraklit zur Bedeutung von Veränderungen im Leben: »Es gibt nichts Beständiges außer dem Wandel. Wandel ist das einzig Konstante. Nur die Veränderung verändert sich nicht.«[20] Heraklit drückte dies auf fünf unterschiedliche Arten aus und lässt damit keinen Zweifel an seiner Sicht von Veränderungen und ihrer Bedeutung im Leben. (Seine berühmten Worte werden heute gerne in verkürzter Form weitergegeben.)

Der Science-Fiction-Autor Isaac Asimov ging noch einen Schritt weiter, als er Heraklits weise Aussage ins 20. Jahrhundert übertrug: »Es ist der Wandel, beständiger, unvermeidlicher Wandel, der in unserer heutigen Gesellschaft eine dominante Rolle spielt. Wir können keine vernünftige Entscheidung mehr treffen, solange wir nur die derzeitige Welt, aber nicht die zukünftige Welt mit berücksichtigen.«[21] Wird die Realität beständigen Wandels bei unseren Resilienzplänen mit einkalkuliert, werden die Vorteile der Flexibilität schnell erkennbar. Flexibilität bekundet unser Akzeptieren der Tatsache, dass einmal gemachte Pläne auf Basis des damals Bekannten sich von einem Augenblick auf den anderen verändern können.

Unsere Flexibilität, die Fähigkeit der Anpassung an unerwartete Bedingungen und Umstände, das Improvisieren und das Wechseln zu »Plan B« ist eines der stärksten Glieder in unserer Resilienzkette. Ein wunderbares Beispiel dafür ist die Apollo-11-Mission, die sich nicht nur einmal, sondern sogar zweimal von einer potenziellen Tragödie in einen Erfolg verwandeln ließ. Zweimal mussten während des ersten bemannten Mondflugs die von den Experten aufgestellten Pläne, die seit Jahren vorlagen und bis ins letzte Detail in den Handbüchern ausgeführt waren, im letzten Moment geändert werden. Der Grund? Die Situation hatte sich verändert. Und Flexibilität ermöglichte es, angesichts des Wandels die drohende Tragödie abzuwenden.

Bei der ersten bemannten Mondmission war das Gesamtgewicht, welches das Raumschiff tragen konnte, ein ausschlaggebender Faktor. Die Männer, ihre Raumanzüge, die Lebensmittelvorräte, die Ausrüstung und der Treibstoff – alles wurde genau abgewogen, und optimale Kapazitäten wurden berechnet, um die Sicherheit der Mannschaft und den Erfolg der Mission zu gewährleisten. In die Pläne war lediglich eine winzige Fehlerspanne einkalkuliert; sie konnte den Unterschied zwischen Erfolg und Misserfolg, zwischen Leben und Tod ausmachen. Als sich die Astronauten in der Mondlandefähre dem Punkt ihrer ersten Landung näherten, war ein Kraterfeld erkennbar, welches die Landung riskanter machen würde, als es aufgrund der Radarbilder und Fotos zu erwarten gewesen war. Der Pilot Buzz Aldrin entschied in letzter Minute, nicht an dem geplanten Platz zu landen, sondern eine sicherere Landestelle zu suchen. Angesichts dieser unerwarteten Vorgänge wurde die Einsatzleitstelle höchst nervös; doch Eagle (die Mondfähre) fand tatsächlich eine ebenere Stelle zum Landen. *Zu diesem Zeitpunkt war nur noch Resttreibstoff für 15 Sekunden Flugzeit vorhanden.* Als die Astronauten nach erfolgreicher Mission wieder zum Mutterschiff in der Umlaufbahn zurückkehren und zur Erde zurückfliegen wollten, stellten sie fest, dass der einzige Zündschalter für das Aufstiegstriebwerk versehentlich durch einen Rucksack abgebrochen worden war. Und wieder war Flexibilität gefragt. Als Ingenieur mit einem auf Problemlösung basierten Denken drückte Buzz Aldrin die Spitze eines Kugelschreibers in den Schalter und konnte so das Triebwerk, das ihn und die Mannschaft von der Mondoberfläche zurückzubringen half, manuell starten.

Die Folgen unserer Flexibilität zur Veränderung unserer gewohnten Routinen werden wahrscheinlich nie eine solche Tragweite haben, wie es bei den ersten Astronauten auf dem Mond der Fall war. Dennoch werden wir uns alle in Situationen wiederfinden, in denen unsere Bereitschaft, unerwartete Veränderungen anzunehmen und das Beste daraus zu machen, uns das Leben oder das Leben anderer Menschen retten kann. Resilienz in Vorbereitung auf Naturkatastrophen impliziert beispielsweise oft mehrere Notfallpläne – sozusagen Notfallpläne für die Notfallpläne – für den Fall, dass der erste Plan aufgrund der Naturgegebenheiten doch nicht funktionieren sollte.

»Man muss sich immer darüber im Klaren sein, dass Situationen und Umstände auftreten können, in denen auch die besten Pläne nicht wie vorgesehen funktionieren«, sagt Robert Cherry.[22] Und er weiß, wovon er spricht. Nach den Anschlägen des 11. September 2001 hat er in einem Unfallzentrum in New York City selbst erlebt, was passieren kann, wenn im Plan eine Situation nicht berücksichtigt wird. »Wir dachten eigentlich, das Unfallzentrum sei für Katastrophen gerüstet, doch dann kamen auf uns Dinge zu, für die es einfach keine Pläne gab«, so Cherry.[23] Obwohl das Krankenhaus gut vorbereitet war, traten doch Probleme mit den Notfallplänen auf, beispielsweise zu wenig Personal, Ausrüstung, Kommunikationsmöglichkeiten und Kraftstoff. Unter anderem war der Kraftstoffvorrat zum Betreiben der Notstromgeneratoren nur auf 36 Stunden ausgelegt. Diese Generatoren versorgten die lebensrettenden und lebenserhaltenden Maschinen für die Unfallopfer. Und wenn nach Ablauf dieser Zeitspanne dann kein Kraftstoff mehr vorhanden sein würde? Aufbauend auf seinen Erfahrungen aus dieser Zeit entwickelte Cherry am *Penn State College of Medicine* neue Ausbildungsprogramme, um in genau solchen Situationen resilient zu sein. Zusammenfassend sagt Cherry über die Rolle der Flexibilität in Extremsituationen: »Man braucht einen Notfallplan, der Veränderungen zulässt, denn in Notfallsituationen ist es unmöglich, einen unflexiblen Plan erst dann anzupassen.«[24]

Schadensbegrenzung

Bei einem meiner ersten Aufträge als Softwareentwickler für die Rüstungsindustrie stellte ich meinem Kunden eine Frage, durch die wir unseren gesamten Problemlösungsansatz überdenken mussten: »Wenn dieses Programm nicht funktionieren sollte und Informationen durchsickern: *In welchem Umfang* können Sie sich einen solchen Ausfall leisten? Wie viele Daten sind Sie bereit aufzugeben?« Diese Frage war der Einstieg in ein Gespräch, bei dem über *Schadensbegrenzung* nachgedacht werden sollte. Für einen Ingenieur ist Schadensbegrenzung bei Systemen oder Ausrüstungsgegenständen, die erfolgsentscheidend für eine Mission, also missionskritisch sind, gang und gäbe. Die Idee dahinter ist: Wenn die jeweilige Komponente aus irgendeinem Grund ausfällt, muss dafür gesorgt werden, dass dieses Versagen nicht zum Scheitern der gesamten Mission führt.

Vor unserem Gespräch betrachtete mein Kunde Erfolg und Misserfolg als schwarz oder weiß, entweder ... oder ... Entweder etwas funktionierte oder nicht. Nun stellte er fest, dass die Software zwar ausfallen, das Gesamtprogramm aber mit begrenztem Schaden weitergeführt werden konnte. Das war für ihn ein neuer, willkommener Denkansatz.

Im amerikanischen Raumfahrtprogramm war das Nachdenken über Schadensbegrenzung bei wissenschaftlichen Projekten grundlegend. Als die NASA die erste unbemannte Raumfähre auf den Mars schickte, wurde beispielsweise das Stromsystem als missionskritisch erachtet. Egal, wie erfolgreich die Mission ansonsten war: Wenn das Raumschiff keinen Strom mehr hatte, war die Mission zu Ende. Um den Erfolg zu gewährleisten, entwickelten die Ingenieure Notstromsysteme. Doch das war noch nicht alles; sie bauten auch Notstromsysteme zur Absicherung der Notstromsysteme, sogenannte redundante Sicherungssysteme. Mit alternativen Systemen, die bei einem Stromausfall einspringen konnten, hatten die Ingenieure erfolgreichere Karten, denn die Auswirkungen eines solchen Ausfalls für den Rest der Mission konnten so auf ein Minimum begrenzt werden.

Auch beim Thema »Resilienz« kommt diese Vorstellung der Schadensbegrenzung ins Spiel.

Für die Resilienz von Gemeinden und Gemeinschaften ist die Idee der Schadensbegrenzung ein sehr leistungsfähiger Ansatz, der uns viel Sicherheit und Vertrauen geben kann.

Ich kenne beispielsweise Familien im ländlichen Amerika, die stolz verkünden, sie hätten einen Notbrunnen für den Fall, dass die städtische Wasserversorgung nicht mehr funktioniert. Mit diesem Notbrunnen, so meinen sie, seien sie gut für Hurrikane, Tornados und unerwartete Extremsituationen gerüstet. Doch meistens vergessen sie dabei eins: Um Zugang zu dieser Notwasserversorgung zu haben, brauchen sie Strom, mit dessen Hilfe das Wasser aus dem Brunnen hochgepumpt wird. Dann lautet meine Frage: »Wie lange könnt ihr ohne euren Brunnen auskommen, wenn der Strom ausfällt?« Ihre Antwort auf diese Frage sagt ihnen, in welchen Fällen sie sich über Schadensbegrenzung Gedanken machen sollten – in diesem Fall eine Notstromversorgung für ihre Notwasserversorgung.

Ich habe physikalische Systeme beschrieben, um zu veranschaulichen, was ich unter Schadensbegrenzung verstehe; doch diese Vorstellung gilt auch für unsere Lebensweise. Wir können Schadensbegrenzungspläne aufstellen, für den Fall, dass wir arbeitslos werden, die Familie in finanzielle Nöte gerät und auch für den Fall, dass wir mit den Menschen, die uns am nächsten sind, die Verbindung verlieren.

Schnelle Erholung

Unter dem Begriff »schnelle Erholung« versteht man genau das, was das Wort besagt: die Fähigkeit, nach einer Störung oder einem Ausfall sich schnell wieder zu erholen, egal, ob es sich um menschliche Emotionen und psychologische Befindlichkeiten oder um physikalische Systeme wie die Strom-, Wasser- und Nahrungsmittelversorgung handelt.

Wie bereits erwähnt, sind wir Menschen Gewohnheitstiere. Wenn unsere Routinen aus irgendeinem Grund unterbrochen werden, ist es für unser emotionales Wohlbefinden ausschlaggebend, wie schnell wir sie wiederherstellen können. Das gilt für alle möglichen Situationen – bis hin zu Menschen, die sich lange Zeit in Gefangenschaft befunden oder in der Wildnis verirrt haben, auf einer verlassenen Insel gestrandet oder auf winzigen Rettungsbooten im Meer getrieben sind. Wie Berichte von Menschen zeigen, die unter solch unnatürlichen Bedingungen überlebt haben, ist einer der wichtigsten Gründe für das Überleben die Fähigkeit, sich *Routinen zuzulegen, die jedem Tag einen Sinn verleihen.*

Wie eine der bereits erwähnten Geiseln in einem Interview aussagte, hatte der Mann sogar in seiner Einzelhaft in einer winzigen Zelle, isoliert von den anderen Geiseln, tägliche Routinen wie Gymnastik, Gebet, Schlaf, Mahlzeiten und mentale Spiele entwickelt, die ihm dabei halfen, sich vom Schock der Gefangennahme zu erholen.

Ich selbst habe erlebt, wie wichtig solche Routinen sind, beispielsweise nach verheerenden Schneestürmen, durch die ganze Berggegenden vom Rest der Welt abgeschnitten waren, und nach dem Hurrikan Sandy, der die Atlantikküste kilometerweit verwüstete. Eine Woche nachdem Sandy Häuser, Geschäfte und ganze Stadtviertel in Schutt und Asche und in Trümmer gelegt hatte, sollte ich auf einer Konferenz in New Jersey sprechen; ich dachte, sie würde sicherlich abgesagt werden. Doch das Gegenteil war der Fall: Die Veranstalter entschlossen sich, das Wochenendseminar abzuhalten, um so ein Gefühl der Normalität zu unterstützen und zu einer *schnellen Erholung* für Menschen beizutragen, die durch den Sturm so viel verloren hatten. Wie wir herausfanden, war das

Hotel, in dem die Veranstaltung stattfand, eines der wenigen, die nach wie vor über eine komplette Stromversorgung, über heiße Duschen, Telefone und Mahlzeiten verfügten, wovon in manchen Gemeinden noch fünf Monate nach dem Hurrikan keine Rede sein konnte.

Schnelle Erholung ist entscheidend, um entweder rasch wieder zur alten Normalität zurückkehren zu können oder eine neue Normalität zu entwickeln, die den neuen Bedingungen einer veränderten Welt Rechnung trägt.

Ständiges Lernen

Alle eben genannten Prinzipien der Resilienz sind nur nützlich, wenn sie im Leben funktionieren. Ob es um eine einzelne vierköpfige Familie geht, die unter einem Dach lebt, oder um viele Familien, die einer digitalen, über die ganze Stadt verteilten Gemeinschaft angehören: Lernen durch Feedback ist der Schlüssel zum Erfolg. Was funktioniert und was nicht finden wir nur durch Feedback von Leuten heraus, deren Lebenssituationen Resilienz erfordern.

Dabei ist es gut, formelle wie auch informelle Feedback-Möglichkeiten innerhalb der Gemeinschaft zu nutzen. Das kann etwas so Einfaches sein wie ein Anruf oder eine E-Mail, um den Organisator über Erfahrungen in Kenntnis zu setzen, oder auch ein offizielles, organisiertes Treffen zu einem bestimmten Termin. Entscheidend dabei ist: Feedback muss auf eine Weise gegeben werden, die einfach und für alle verständlich ist. Wenn wir diese Lektionen lernen, finden wir für uns und unsere Gemeinschaft heraus, wovon mehr und wovon weniger gebraucht wird und auch, wie man Kleinigkeiten so optimieren kann, dass sie wirklich hilfreich und nützlich werden.

• • • •

Eine bewährte Methode gemeinschaftlicher Resilienz berücksichtigt folgende Grundprinzipien: *Vorratshal-*

tung, Flexibilität, Schadensbegrenzung, schnelle Erho-
lung und ständiges Lernen (Feedback).

• • • •

Prinzipien resilienter Gemeinschaften

Die Idee, ganz bewusst resiliente Gemeinschaften aufzubauen, ist nichts Neues. Schon seit dem 19. Jahrhundert haben immer wieder visionäre Menschen und Gruppen geistesverwandter Menschen versucht, Lebensstile zu finden, die funktionieren, nachhaltig sind und die gemeinsamen Werte der Gruppe widerspiegeln. Wie man sich vorstellen kann, gibt es wahrscheinlich unzählige Gründe für die Bildung von Gemeinschaften, und das zeigt sich auch in der Anzahl von Gemeinschaften, die über die Jahre entstanden (und wieder verschwunden) sind.

Im Jahr 1894 wurde beispielsweise die Gemeinschaft von *Fairhope* in Alabama gegründet. Sie basierte auf einem Steuersystem, welches für alle Mitglieder der Gemeinde funktionierte: Niemand besaß Ackerland, sondern pachtete das Land für 99 Jahre, so wie das manche indianischen Gemeinschaften heute noch tun. So wird das Land effektiv genutzt, solange man lebt, verbleibt aber im Besitz der Gemeinschaft, wenn die »Eigentümer« keine Verwendung mehr dafür haben. Bei *Fairhope* wurde lediglich eine Art Bodensteuer erhoben, mit der Schulen, Straßen und die Gemeindeverwaltung finanziert wurden. Bis heute »erschafft« die Vision, die *Fairhope* seit über 100 Jahren trägt, eine kleine, erfolgreiche und blühende Gemeinschaft.

Andere Gemeinschaften basieren auf allen möglichen Kernwerten, seien diese nun spiritueller Natur oder einfach der Wunsch, ein einfaches Leben zu führen und seine Kinder in einem kommunalen Umfeld großzuziehen. Im 20. Jahrhundert gegründete und heute noch erfolgreiche Gemeinschaften sind beispielsweise die 1968 in Schottland etablierte *Findhorn Foundation,* das 1968 in Kalifornien gegründete *Ananda Village* und andere Ökodörfer.

Im Jahr 1992 wurde das *Berkana Institute* als Think Tank für innovatives resilientes Leben ins Dasein gerufen. Die Mitgründerin Margaret J. Wheatley beschreibt die Aufgaben des Instituts:

»Seit 1991 lernen wir vom Leben (lebenden Systemen), wie man unabhängige, anpassungsfähige und resiliente Systeme aufbaut. Wir haben lediglich bewusst ein Experiment durchgeführt, um ein besseres Verständnis für zwei belastbare Fähigkeiten des Lebens zu gewinnen: Selbstorganisation – der Lebensprozess, der Ordnung schafft (Effektivität), ohne Kontrolle auszuüben – und Emergenz – die Möglichkeiten des Lebens, durch Skalierung systemweite Veränderungen zu bewirken.«[25]

Ich habe aus den vielen Organisationen, die als Pioniere das Leben in resilienten Gemeinschaften erforschen, das *Berkana Institute* aus zwei Gründen beispielhaft ausgewählt:

Zum einen bin ich nicht nur Wissenschaftler, sondern auch Realist. Meine wissenschaftliche Ausbildung sagt mir, dass die Natur einfach ist: Die natürlichen Gesetzmäßigkeiten sind einfach und existieren, weil sie funktionieren. Wir sind von Natur umgeben, und wenn wir weise genug sind zu erkennen, was für alle anderen Lebensformen auf dem Planeten funktioniert, dann funktioniert das wohl auch für uns. Genau das ist das Herzstück der Berkana-Philosophie. Sie hat ihren Ursprung in der Überzeugung, dass der Gemeinschaft intelligente Systeme innewohnen, anhand derer sie ihre eigenen Probleme dann lösen kann, wenn sie auftauchen. Diese Grundsätze besagen:

→ Jede Gemeinschaft ist voller Führer.

→ Egal, um welches Problem es geht: Die Gemeinschaft hat die Lösung für dieses Problem.

→ Wir müssen auf niemanden warten. Wir verfügen über viele Ressourcen, die wir nützen können, um etwas zum Besseren zu verändern.

→ Wir brauchen eine klare Richtung *und* wir müssen wissen, wie der nächste klitzekleine Schritt aussieht.

→ Wir gehen Schritt für Schritt vor und erschaffen den Weg, indem wir ihn gehen.

→ Lokale Anstrengungen entwickeln sich zu transformativem sozialem Wandel, wenn sie mit ähnlichen Anstrengungen in aller Welt verbunden werden.[26]

Zum anderen bildeten zwar spirituelle, ökonomische, soziale und politische Werte die Grundprinzipien vieler alternativer, bewusst gegründeter resilienter Gemeinschaften der Vergangenheit, doch heute wird die Entwicklung neuer, größerer Gemeinschaften von einem anderen Faktor ausgelöst: Immer mehr neue Gemeinschaften entspringen dem Gefühl, wir bräuchten eines Tages das, was diese bereits entdeckt haben, um die derzeitigen, nicht nachhaltigen Lebensweisen zu ersetzen, denen sicherlich kein Erfolg beschieden sein wird. Angesichts der bereits beschriebenen Auswirkungen des Klimawandels, der Globalisierung und der Zeit der Extreme, in der wir leben, sieht es so aus, als ob dieser Tag gekommen sei.

Eine Vorlage für gemeinschaftliche Resilienz

Wie heißt es doch so schön: Jede Reise beginnt mit dem ersten Schritt. Doch damit geht zugleich etwas einher, was nicht jedem bewusst ist: Das, was uns den ersten Schritt tun lässt, ist oft der härteste Teil der Reise! Unsere Bereitschaft, die Notwendigkeit einer Veränderung anzuerkennen; unsere Entscheidung, etwas zum Positiven zu verändern; unsere Zusage und unser verbindliches Engagement, die damit verbundene Arbeit und Mühe auf uns zu nehmen, um diese Veränderung auch zu bewirken, sowie die Disziplin, die eine solche Reise erfordert, belegen die Wahrheit dieser Aussage. Jede resiliente, formelle wie auch informelle Gemeinschaft muss irgendwo ihren Anfang nehmen.

Ich empfehle die Philosophie des *Berkana Institute* als Vorlage für den ersten Schritt in diesem Prozess. Wenn Sie und die Mitglieder Ihrer zukünftigen Gemeinschaft sich dahingehend einig sind, dass diese Prinzipien auch für Sie funktionieren, dann machen Sie bereits die ersten Schritte Ihrer Reise auf derselben Grundlage und haben eine fundierte Philosophie an der Hand, auf der Sie Ihre nächsten Schritte gründen können.

Entscheidend beim Aufbau einer erfolgreichen resilienten Gemeinschaft ist die Integration der erforderlichen Prinzipien in das eigentliche Modell, unter anderem dadurch, dass man jeden einzelnen der Schritte ganzheitlich unter Berücksichtigung dieser Ideen konzipiert, anstatt zu versuchen, sie im Nachhinein einzupassen. Anders ausgedrückt, müssen diese Ideen, damit sie funktionieren können, auf eine Weise mit einfließen, die für die jeweilige Gemeinschaft funktioniert – das kann eine offizielle schriftliche Erklärung über den Zweck und die Entwicklung der Gemeinschaft auf verschiedenen Ebenen sein, aber auch ein eher beiläufiges Gespräch und eine Vereinbarung zweier Familien, die mit einem Händedruck besiegelt wird.

Entscheidend ist: Die Schritte müssen für alle funktionieren. Die nachfolgenden Schritte bieten eine Vorlage mit Grundsätzen, wie sie jede resiliente Gemeinschaft für sich auf formeller oder auch informeller Basis entwickeln muss.

1. **Die Bedürfnisse der Gemeinschaft ermitteln.** Warum haben Sie sich entschlossen, sich zusammenzuschließen? Finden Sie heraus, welches gemeinsame Bedürfnis Sie mit Ihren gemeinsamen Bemühungen erfüllen möchten.

2. **Die Vision der Gemeinschaft entwickeln.** Finden Sie heraus, welches Ziel bzw. welche Ziele Ihre Gemeinschaft verfolgt, wie Erfolg aussehen würde und woher Sie es wissen, wenn dieser Erfolg sich einstellt. Dabei müssen unter anderem folgende Punkte überlegt werden: Sind die Ziele speziell und auf ein einmaliges Bedürfnis ausgerichtet oder sollen sie zu einem Lebensstil werden? Sind Ihre Ziele nachhaltig und können sie längerfristig auch in einer größeren

Gemeinschaft bzw. der Gesellschaft Akzeptanz finden? Definieren Sie genau, was Sie erreichen möchten, auch die Meilensteine, die zu einem Erfolg hinführen.

3. **Einen Plan erarbeiten.** Legen Sie die Schritte fest, die dem Erreichen des Ziels dienen. Setzen Sie realistische Zeitpläne auf und übernehmen Sie Aufgaben und Verantwortlichkeiten, um die einzelnen Schritte des Plans umzusetzen.

4. **Kommunizieren/Feedback.** Finden Sie heraus, wie Sie Gedanken, Ideen, Gefühle und Sorgen miteinander teilen, die unweigerlich in jedem gemeinschaftlichen Prozess auftauchen. Das kann eine formlose Vereinbarung sein, Sorgen und Probleme dann zu kommunizieren, wenn sie auftauchen, oder ein offizieller Termin für ein Treffen genau zu diesem Zweck. So informiert sich die Gemeinschaft ständig darüber, was funktioniert und was nicht, und bespricht, an welcher Stelle ein Umdenken hinsichtlich der Methoden und Prozesse erforderlich ist.

Dies ist ein Muster, wie Sie Ihre Gemeinschaft auf die Beine stellen können. Es ist bewusst allgemein gehalten, damit es praktisch bei jeder Art von Gemeinschaft angewandt werden kann.

Jetzt, wo wir diese Vorlage haben, erkunden wir die Funktionsweise dieser Prinzipien in der realen Welt – am besten an Fallstudien. Ich habe in allen möglichen ländlichen Gegenden, aber auch in den größten Ballungsräumen der Vereinigten Staaten gelebt und konnte dabei aus erster Hand erleben, wie Gemeinschaften in Aktion treten. Ich konnte zudem sehen, was funktioniert hat und was nicht, wenn eine Gruppe von Leuten die Aufgaben, die bis dahin von einer oder zwei Personen im kleinen Maßstab erfüllt wurden, in größerem Maßstab bewältigen wollte.

• • • •

Der Rahmen für den erfolgreichen Aufbau einer resilienten Gemeinschaft muss mindestens folgende

Leitlinien umfassen: 1) Herausfinden, warum sich die Gemeinschaft bildet – die Bedürfnisse ermitteln; 2) die Vision der Gemeinschaft entwickeln; 3) einen gemeinsamen Plan erarbeiten; 4) festlegen, wie in der Gemeinschaft Feedback kommuniziert wird.

• • • •

Selbstständigkeit versus Selbstversorgung

Spricht man über Resilienz in einer Gemeinschaft, tauchen oft zwei Begriffe auf: »Selbstständigkeit« und »Selbstversorgung«. Die in diesem Buch vorgestellten Prinzipien betonen die eher gemeinschaftsorientierte Vorstellung der Selbstständigkeit, aber an dieser Stelle sollen doch die Unterschiede aufgezeigt werden.

In ihrer reinsten Form ist Selbstversorgung sowohl eine Denk- als auch eine Lebensweise, die danach strebt, einen bestimmten Aspekt vollständiger Autonomie umzusetzen. Menschen, die sich selbst versorgen, würden alles, was sie in allen Bereichen ihres Alltags brauchen, selbst erzeugen und nur das verbrauchen, was sie selbst produzieren können. In unserer modernen Welt ist das offensichtlich nicht praktikabel und wohl auch kaum wünschenswert.

Selbstständigkeit dagegen ist eine Denk- und Lebensweise, die uns beibringt, so viel wie möglich selbst zu tun, aber Stärken und Fertigkeiten innerhalb der Gemeinschaft einzubringen.

Beispielsweise kann man lernen, zu gärtnern oder Nahrung für sich selbst und seine Familie anzubauen – eine Form der Selbstständigkeit, die der Gesundheit des Körpers zuträglich ist und uns unabhängig von kommerziellen Nahrungsmitteln aus dem Laden macht. Gleichzeitig können wir das Gelernte und die angebauten Lebensmittel aber mit den Freunden aus der Gemeinschaft beim Abendessen teilen.

So können wir dank unserer Selbstständigkeit aus unserer Stärke und nicht aus einer Notwendigkeit heraus mit anderen teilen. Das hört sich vielleicht einfach an, vermittelt aber die Grundidee: Wir können lernen, selbstständig im Rahmen unserer größeren Gemeinschaft zu sein.

Zur Klarstellung möchte ich hier festhalten: Es gibt sicherlich Grade der Selbstversorgung, die irgendwo zwischen kompletter Autonomie und der Selbstständigkeit einer Gemeinschaft liegen. Eine Energiequelle zur unabhängigen Selbstversorgung mit Strom in einem Wohnhaus ist ein Beispiel dafür. Ich kenne Familien, die es geschafft haben, sich selbst anhand verschiedener erneuerbarer Energiequellen mit Energie zu versorgen, von passiven und aktiven Solarfarmen bis hin zu Windkraftanlagen etc. Sie haben sich also dazu entschlossen, in der Energieversorgung unabhängig zu werden – dies aber nicht als isolierte, in Angst lebende Überlebenskünstler, sondern auf Basis ihrer Entscheidung, selbstständig und unabhängig zu sein. Aufgrund dieser Entscheidung können sie bei Bedarf auch anderen helfen.

Der *Vorteil für die Gemeinschaft* ist eben der Punkt. Wenn es darum geht, angesichts unserer sich verändernden Welt der Extreme Resilienz aufzubauen, dann – so zeigt uns die Natur – vergrößert das Zusammenbringen aller Fertigkeiten, allen Wissens und aller Talente unsere Chancen auf Erfolg. Entscheidend für diese Zusammenarbeit ist ein Plan. Und hier greift unsere Resilienz-Vorlage.

Die größte Schwierigkeit beim Aufbau einer resilienten Gemeinschaft besteht vielleicht darin, herauszufinden, wo und wie man einen Anfang machen kann. Manche Gemeinschaften bilden sich nach einem verheerenden Geschehen wie den Waldbränden der letzten Jahre im wüstenhaften amerikanischen Südwesten, in Australien und Italien. In solchen Fällen bringt die Notwendigkeit, sich von diesen beängstigenden und zerstörerischen Erfahrungen zu *erholen,* Nachbarn in einer Gemeinschaft zusammen.

Es gibt andere resiliente Gemeinschaften, die sich bilden, *bevor* es eigentlich notwendig ist, wobei reale Ereignisse wie Hurrikane, Tornados, Waldbrände oder Überschwemmungen im Gemeinschaftsplan berücksichtigt werden, auch wenn die Mitglieder der Gemeinschaft hoffen, das nie mitmachen zu müssen. Sie haben in unserer Zeit der Extreme bereits Resilienz entwickelt.

Für alle Arten von Gemeinschaften sind die Schritte ähnlich. Wir wollen sie einmal anhand der vier Schritte, wie wir sie vorhin im Muster für gemeinschaftliche Resilienz dargelegt haben, auf eine Gemeinschaft im wirklichen Leben anwenden. So wird deutlich, wie eine solche Gemeinschaft gebildet werden kann.

Eine Gemeinschaft bilden

Ich habe gesehen, wie sich Gemeinschaften aus allen möglichen Gründen gebildet und wieder aufgelöst haben. Menschen, die irgendwo leben, wo man eine Stunde bis zum nächsten Laden fahren muss und der nächste Nachbar ein paar Hektar weiter wohnt, wollen meist genau so leben, eben weil sie nichts mit anderen Leuten zu tun haben wollen. Sie wollen nicht zu einer organisierten Gruppe, einer Gemeinschaft oder einem Verband gehören. Bei solchen ländlichen Gemeinschaften ist es manchmal äußerst schwierig, die Menschen zur Zusammenarbeit zu bewegen. Doch genau dadurch erlangen sie die Stärke, das Land und diese für sie so attraktive Lebensweise zu bewahren. Ich erwähne dies hier, weil ich Anfang der 1990er-Jahre selbst eine solche Gemeinschaft mit organisiert habe, eines ihrer Mitglieder war und sehen konnte, wie eine Gemeinschaft Resilienz gegenüber allen möglichen Veränderungen entwickelte, die eine Bedrohung für ihre Lebensart darstellten.

Bei jeder Gemeinschaft gibt es zuallererst einmal einen Grund dafür, sich zusammenzuschließen. In meinem Fall war das die Bedrohung der wilden Schönheit der Natur, des ländlichen Lebensstils und der damit verbundenen Lebensart, genau was die Menschen an diesem Landstrich angezogen hatte.

Anfang der 1990er-Jahre waren nicht im Bundesstaat ansässige Bauträger auf der Suche nach Möglichkeiten der Landentwicklung in unsere entlegene Wildnis im mittleren Norden von New Mexico gekommen. Sie fuhren Kilometer um Kilometer durch dünn besiedelte Gegenden mit verstreuten Gehöften, Ranches und Tausenden von Hektar und unentwickelter Wildnis. In ihren Augen war dieses Land, unser Zuhause, verschwendetes Potenzial. Sie wollten

Hunderte von Häusern, ein Einkaufszentrum, zwei Golfplätze und eine medizinische Einrichtung auf dem Land bauen, das unserer Gemeinschaft gehörte. Und damit ihre Bauaktivitäten einfacher vonstatten gehen konnten, wollten sie auch den kleinen Gemeinschaftsflughafen ausbauen, die vorhanden Straßen verbreitern und zusätzlich neue Straßen bauen.

Ganz offensichtlich drohte meiner formlosen Gemeinschaft aus Ranchern, Farmern, Gärtnern, Bienenzüchtern, Schreinern und Künstlern der Verlust der ursprünglichen und unberührten Schönheit, die unsere Lebensweise überhaupt erst ausmachte. Wir mussten uns organisieren.

Am Abend unseres ersten Treffens saßen wir im Kreis auf Stühlen, die die örtliche freiwillige Feuerwehr bereitgestellt hatte, schauten uns an und stellten die einzig mögliche Frage: »Und was nun?« Das war der Beginn einer der stärksten, motiviertesten und erfolgreichsten Gemeinschaften, die ich je erlebt habe. Und aus dieser ersten Gemeinschaft, die sich in Reaktion auf die Bedrohung durch die Landentwicklung gebildet hatte, entstanden neue Gemeinschaften, die durch Resilienz den Bedrohungen und Veränderungen die Stirn boten, wie sie in solchen ländlichen Gegenden vorkommen. Die Bedürfnisse mögen also durchaus unterschiedlich sein, doch die Prinzipien, die für uns funktionierten, funktionieren in allen Situationen, in denen Menschen Sicherheit im Rahmen einer Gemeinschaft finden wollen.

Bei uns ging das so:

Schritt 1: Die Bedürfnisse der Gemeinschaft ermitteln. Im Falle meiner ländlichen Berggemeinschaft war das Bedürfnis klar. Wir benannten unser gemeinsames Bedürfnis: Bewahrung des offenen Landes, der Schönheit und der unverdorbenen wilden Natur, die wir als unser Zuhause gewählt hatten.

Schritt 2: Die Vision der Gemeinschaft entwickeln. Als wir uns erst einmal darüber im Klaren waren, was passieren sollte, bestand der nächste Schritt unserer Planung darin, eine Vision dahingehend zu entwickeln, wie wir das ermittelte Bedürfnis stillen wollten und wie die erfolgreiche Umsetzung unserer Vision aussehen würde. Das ist immer ein interessanter Prozess, der durch seine vielen Möglichkeiten die Fantasie anregt, wovon einige realistischer sind als andere. Doch wie ich herausgefunden habe, ist dieser Schritt – zusammen mit dem Schritt, eine Gemeinschaft zur Zusammenarbeit zu bewegen – vielleicht mehr als jeder andere dazu angetan, die Schleusen der Kommunikation zu öffnen und die Menschen zu einem tiefen Austausch ihrer Gedanken, Einstellungen, Erfahrungen, Vorlieben und Wünsche für sich, ihre Familien und insbesondere für die Kinder zu bringen.

Wir befolgten also die Leitlinien für den Aufbau einer Gemeinschaft und gingen sehr schnell ins Detail. Wir erklärten, dass unsere Gemeinschaft wegen eines einmalig anzugehenden Bedürfnisses gebildet werden sollte (zumindest dachten wir das), nämlich um das Land und unseren Lebensstil zu bewahren. Wir meinten, wir könnten durch regelmäßiges gemeinsames Arbeiten an dem einen oder anderen Aspekt des Problems als organisierte Gruppe, die mit einer Stimme sprach, das erreichen, was wir als Einzelne nicht schaffen würden.

Schritt 3: Einen Plan erarbeiten. In diesem Schritt des Prozesses ging es ums Wesentliche; wir erarbeiteten, was im Einzelnen zu tun war. Wie in allen gruppendynamischen Prozessen sprachen manche Leute viel und hatten jede Menge Ideen, andere saßen einfach still da, hörten zu und meldeten sich nur zu Wort, wenn sie fühlten, dass sie etwas Sinnvolles und Nützliches beitragen konnten. Ich glaube, alle Mitglieder unserer Gemeinschaft gingen dabei an ihre Grenzen, manche auch darüber hinaus. Wir machten Zusagen, akzeptierten Verantwortlichkeiten für die zu machenden Schritte, die für unseren Plan erfolgsentscheidend waren. Wir wollten alle dasselbe – unsere Lebensweise und die Schönheit unseres Tals bewahren –, doch wie wir schnell feststellten, basierten unsere Ziele auf unserer emotionalen Bindung an das Land. Ich als Geologe bot an, einen Schritt weiter zu gehen und unseren Fall argumentativ auf das Vorhandensein von Grundwasser aufzubauen.

Der Umfang der geplanten Landentwicklung würde Unmengen an Wasser voraussetzen, in den trockenen Wüstenstrichen des amerikanischen Südwestens eine immer knappere Ressource.

Meine Aufgabe bestand darin, eine sachliche Begutachtung des Grundwassers in dieser Gegend zu erarbeiten (unter anderem die Größe des Wasserreservoirs, die Kapazität des Grundwasserleiters und die Anzahl von Jahren, die der Winterschnee braucht, um durch das Felsgestein zu sickern und unseren Grundwasserspiegel wieder aufzufüllen).

Gemeinsam bauten wir anhand von Kartenmaterial des geologischen Dienstes der Vereinigten Staaten mit den geologischen Gegebenheiten und Wasserbrunnen einen fundierten Fall auf und wiesen nach, dass der Grundwasserspiegel für die geplanten Baumaßnahmen nicht ausreichte und das Wasser Bewässerungsanlagen, die bis zur texanischen Grenze führten, für sich in Anspruch nehmen würden.

Schritt 4: Kommunizieren / Feedback. Um die einzelnen Arbeitsschritte für ein bestimmtes Ziel gemeinsam koordinieren zu können, muss man mit den Mitgliedern der Gemeinschaft in Verbindung bleiben. Unsere Gemeinschaft war geografisch sehr verstreut, und deshalb war bei der Kommunikation besondere Kreativität gefragt. Wir vereinbarten, uns fast acht Wochen lang einmal wöchentlich zu treffen und unsere Argumente aufzusetzen. Wir tauschten Telefon- und Faxnummern sowie unsere Adressen aus, was in ländlichen Gebieten durchaus eine Herausforderung sein kann. Wir trafen uns zum Kaffee oder Tee, zum Abendessen bei einer Familie und spätabends zu Plätzchen- und Kuchengelagen. Und als alles gesagt und getan war, wurde unsere formlose Gemeinschaft von Menschen, die sich widerwillig zusammengefunden hatte, um ihre Lebensart zu bewahren, zu einer eng verbundenen Gemeinschaft mit Freundschaften, die auch heute noch bestehen.

Eines Morgens, nur wenige Monate nach unserem ersten Treffen, fuhr ich zusammen mit vier weiteren Gemeinschaftsmitgliedern in die drei Stunden entfernte Hauptstadt von New Mexico, Santa Fe. Wir trafen uns mit einem Senator, der uns helfen sollte, unseren Fall vorzubringen. Ich übergab das Grundwassergutachten, die von uns vorbereiteten Landkarten und Informationen über die Konsequenzen der geplanten Landentwicklung für Gemeinschaften und Gemeinden im ganzen Bundesstaat. Der Rest ist, wie man so schön sagt, Geschichte. Der Staat New Mexico verweigerte den Bauunternehmern die benötigten Genehmigungen, und unser Tal ist bis heute intakt geblieben.

Was braucht man dazu?

Diese Geschichte darüber, wie sich eine Berggemeinschaft organisieren musste, soll verdeutlichen, wie eine reale Gemeinschaft mit der Resilienzvorlage arbeiten kann. Im vorliegenden Fall entdeckten die Mitglieder dieser Gemeinschaft durch das gegenseitige Kennenlernen und Sich-Zusammenschließen eine neue Stärke. Und obwohl die Gemeinschaft ursprünglich zu einem ganz bestimmten Zweck gebildet wurde, überlebte sie in allen möglichen Formen noch lange, nachdem das ursprüngliche Ziel erreicht worden war. Eben wegen der Stärke und Unterschiedlichkeit wurden die Beziehungen weiter gepflegt, auch als sich neue Herausforderungen ergaben (beispielsweise Evakuierungen aufgrund von Waldbränden, Hilfeleistung für Vieh, das während rekordverdächtiger Schneefälle, durch welche die Straßen unpassierbar waren, festsaß, und Überschwemmungen, die während der Schneeschmelze ganze Straßen wegschwemmten, sodass manche Leute wochenlang nicht nach Hause konnten).

Wie wir bereits gesehen haben, ist Resilienz nicht nur eine Lebensweise, sondern ebenso eine geistige Haltung. Es geht dabei um die Bereitschaft, die unmittelbaren realen Gegebenheiten unseres Alltags ehrlich anzunehmen und durch verantwortungsvolles Handeln mit den Bedingungen dieser Realität umzugehen.

Unsere Berggemeinschaft, die sich zusammengefunden hatte, um eine Lebensweise zu bewahren, ist ein Bespiel dafür, wie sich eine Gemeinschaft bilden und was sie erreichen kann. In unserem Fall fanden wir heraus, welches Wissen, welche Methoden und Beziehungen uns in einem bestimmten Moment helfen konnten. Dadurch setzten wir einen Prozess in Gang und sammelten die Kenntnisse und Fertigkeiten, auf die wir jetzt in zukünftigen Notfällen zurückgreifen können. Durch das, was unseren Lebensstil bedrohte, entwickelte unsere Gemeinschaft Resilienz.

Wie wir im nächsten, abschließenden Kapitel sehen werden, können wir auf der Stelle handeln, um unser eigenes Umfeld zu transformieren. Die Welt verändert sich. Es ist sehr sinnvoll, sich an diese Veränderungen anzupassen, anstatt sie zu bekämpfen, und zwar gemeinsam mit unseren Freunden und Nachbarn – durch den Aufbau gesunder, resilienter und erfolgreicher Gemeinschaften.

Wo liegt Ihre persönliche Grenze?

Beim Thema »Resilienz« im Allgemeinen kommt auch die folgende Frage in den Sinn: *Resilienz gegen was?* Welche Kraft oder Bedingung ist das, an die wir unsere Denk- und Lebensweise anpassen? Das ist eine einfache und sehr sinnvolle Frage. Und auch die Antwort ist einfach.

Wir entwickeln Resilienz gegen die Welt, die wir erschaffen haben.

Wir müssen verstehen, was diese Antwort bedeutet und was wir erschaffen haben, um Resilienz entwickeln zu können, die sich auf unsere spezifischen Bedürfnisse bezieht. Wer eine resiliente Gemeinschaft aufbauen will, muss sich und andere potenzielle Mitglieder als Erstes fragen: »Wogegen wollen wir Resilienz entwickeln?« Um das wirklich einmal zu hinterfragen, überlegen Sie doch Folgendes:

1. Welche Elemente Ihrer physischen Umgebung betrachten Sie kurzfristig (innerhalb der nächsten paar Stunden bis zu drei Tage) als absolut notwendig?

2. Welche Elemente Ihrer physischen Umgebung betrachten Sie langfristig (drei Tage bis hin zu zwei Wochen oder länger) als absolut notwendig?

Menschen haben unterschiedliche Grenzen, wenn es darum geht, was sie unbedingt zum Leben brauchen oder nicht. Das gilt insbesondere in Krisenzeiten, wenn wir voller Angst sind und unvorbereitet überrumpelt werden.

Ein Beispiel: Die meisten Leute würden wohl sagen, sie könnten kurzzeitig – also ein paar Stunden bis hin zu ein paar Tagen – ohne Strom auskommen. Für junge Leute ist das vielleicht sogar ein nettes Abenteuer. Wenn der Luxus des Lebens, wie beispielsweise Elektrizität, nicht mehr verfügbar ist, dann werden Hilfsmittel wie Laternen, Taschenlampen und Kerzen nachts als Lichtquelle genutzt; geheizt und gekocht wird mit Propan- oder Erdgas. Doch wenn der Notstand länger anhält, reicht das den meisten Leuten nicht mehr. Hier müssen langfristige Strategien ansetzen.

Entscheidend dabei ist: Sie müssen sich fragen, was diese Fragen für Sie bedeuten. *Wo liegt Ihre persönliche Grenze?*

Ihre Antwort gibt Ihnen Anhaltspunkte dahingehend, was Resilienz in einer Zeit der Extreme für Sie bedeutet. Sie weist darauf hin, wann Sie ernsthafte Maßnahmen in Betracht ziehen müssen, um für sich und Ihre Familie angesichts von Extremen, die Sie angreifbar machen, so etwas wie Normalität aufrechterhalten zu können. Anders ausgedrückt, gibt Ihre Antwort Ihnen Aufschluss darüber, wann es an der Zeit ist, Lebensmittelvorräte anzulegen, und sie sagt Ihnen auch, wie viel und was. Nur Sie selbst können wissen, wann Sie sich über eine Notstromversorgung Gedanken machen sollten und ob Sie einen Generator für Ihr Haus brauchen oder nur eine große Batterie, um im Wohnzimmer Licht zu haben.

Wir denken nur ungern über solche Dinge nach oder weigern uns womöglich sogar. Doch angesichts der in diesem Buch und anderen Quellen dargelegten Fakten ist das durchaus sinnvoll.

Gemeinschaftliche Resilienz:
Einfach etwas Sinnvolles!

Im ersten Teil dieses Buchs ging es um die Ausnahmebedingungen hinsichtlich des Klimas, der Schuldenlasten, Bevölkerungszahlen und der Energie, die mittlerweile zusammenkommen und zu einer Zeit der Extreme führen, die uns angreifbar macht. Angesichts der vorliegenden Informationen ist ziemlich klar, in welch einer unbeständigen, unberechenbaren Zeit wir leben – und auch in absehbarer Zukunft wird es wohl so bleiben. Genau diese große Gewissheit so vieler *Un*gewissheiten verstärkt die Bedeutung einer »Kultur der Resilienz« noch mehr.

Noch einmal ein paar Beispiele:

→ Eben *weil* wir uns bereits mitten im »perfekten Sturm« der Zustände befinden, von dem im »Global Risks 2013 Report« des Weltwirtschaftsforums die Rede ist (siehe Kapitel 1), ist es sinnvoll, diese Unbeständigkeit auch dort zu erwarten, wo das Leben früher ruhig dahingeplätschert ist.

→ Eben *weil* der Klimawandel und die Erwärmung der Weltmeere bereits Fakten sind, ist es sinnvoll, sich auf Regen- und Schneefälle in Rekordhöhe, glühend heiße Sommer und eiskalte Winter einzustellen.

→ Eben *weil* die Wirtschaftssysteme der Welt geschwächt und fragil sind, ist es sinnvoll, sich auf sinkende Produktionszahlen und den Verlust von Arbeitsplätzen in den Zulieferbranchen einzustellen.

→ Eben *weil* die bereits reduzierte Personalausstattung sowie klimatische Extreme die Lieferkette für Dienstleistungen, Lebensmittel und andere Bedarfsgüter belasten, ist es sinnvoll, sich auf die zeitweilige Nichtverfügbarkeit dieser Dinge einzustellen.

Wegen des Zusammenkommens dieser und anderer extremer Bedingungen in der heutigen Zeit steht die Entscheidung, eine resiliente Gemeinschaft aufzubauen, auch für den Wendepunkt, an dem es nicht einfach darum geht, den Wandel zu überleben, sondern *durch* den Wandel erfolgreich zu sein.

So wie bei den bereits beschriebenen Wendepunkten stehen uns jetzt zwei Möglichkeiten für den Umgang mit der Realität einer sich verändernden Welt offen, die ganz unerwartet an unsere Tür klopft. Wir können zwischen folgenden Optionen wählen:

1. Wir können die Fakten, die uns sagen, dass sich die Welt verändert hat und wir eine neue Denk- und Lebensweise brauchen, ignorieren und abtun. Dadurch sind wir und unsere Familien den neuen Bedingungen ungeschützt ausgesetzt.

Oder:

2. Wir können die Unbeständigkeit im Zuge all dieser Extreme ehrlich eingestehen und lernen, durch Anpassung unserer Denk- und Lebensweisen die negativen Auswirkungen des Wandels auf ein Minimum zu reduzieren.

Bei beiden Wahlmöglichkeiten spielt Resilienz eine wichtige Rolle. Entscheiden wir uns für die erste Möglichkeit, werden wir hinterher resilient – nach den Superstürmen, Tornados, Rekordüberschwemmungen, Dürren und den Waldbränden, die uns unvorbereitet treffen. Die zweite Option ermöglicht ein resilientes Leben, in dem für solche Veränderungen Platz ist.

Unsere Antwort auf eine einzige Frage ist ausschlaggebend für unsere Erfahrung und verändert unsere Lebensweise und unser altes, angelerntes Denken über uns und unsere Sicherheit. Sie ist auch die Grundlage, auf der wir eine neue Lebensweise entwickeln können. Diese Frage lautet: *Was können wir in unserer Zeit der Extreme tun, um unser Leben zu verbessern?*

Bis zum Jahr 2050, also nur 36 Jahre nach Veröffentlichung dieses Buchs, werden geschätzte 75 Prozent der Weltbevölkerung in Großstädten und städtischen Siedlungen leben; heute sind es bereits 50 Prozent. In dem Maße, wie die Faktoren, die zu unserer Zeit der Extreme beitragen, sich auswirken, müssen sich im Zuge dieser Veränderungen auch der Städtebau und die Lebensweise verändern. Berücksichtigt man diese Faktoren, ergibt sich eine klare Schlussfolgerung: Die Anpassung des Lebens an die Ungewissheiten einer Welt der Extreme ist wie Kofferpacken zu Beginn einer Reise ins Unbekannte. So wie es vor einer Reise Sinn macht, das Nötigste einzupacken, was wir für unsere alltäglichen Routinen brauchen, ist auch gemeinschaftliche Resilienz in unserer Zeit der Extreme sehr sinnvoll. Immer mehr Führungsverantwortliche von Gemeinden und Gemeinschaften erkennen diese Tatsache und handeln entsprechend.

Daraus ergaben sich innovative Projekte wie die *100 Resilient Cities – Centennial Challenge,* bei der 100 Städte die Möglichkeit erhalten, bewährte Resilienzstrategien zu integrieren, und zwar anhand von Projekten, die bis Ende 2015 im Rahmen eines Nominierungsprozesses ausgewählt werden. Dieser Wettbewerb hat das Ziel, »Menschen, Gemeinden und Systeme besser für die Bewältigung natürlicher und menschengemachter Katastrophen zu rüsten und sie in die Lage zu versetzen, sich von diesen Schrecken und Belastungen schneller zu erholen und gestärkt daraus hervorzugehen.«[27]

Weitere Resilienzprojekte auf Städteebene und in noch größerem Umfang sind unter anderem die *Reinventing Older Communities*-Konferenzen von Philadelphia[28], das »The Resilient City Projekt« der *San Francisco Planning and Urban Research Association* (SPUR)[29] sowie die *Municipal Art Society* der New Yorker *Resilience Agenda*.[30]

Die Transformation von Gesellschaften, Kulturen und Lebensweisen, wie sie sich so viele Menschen schon so lange vorstellen, wird nur stattfinden in Reaktion auf ein gemeinsames, übergreifendes Bedürfnis. Ob nun in der Stadt lebende Familien, Familienunternehmen, Forschungseinrichtungen oder Universitäten – wir alle brauchen eine Gesellschaft, die für uns funktioniert. Der Aufbau resilienter Gemeinschaften ist eine Chance für eine solche Transformation. Hier können die Vorstellungen von resilienten Gemeinschaften und Prinzipien, wie sie in Büchern wie David Gershons »Social Change 2.0«, Duane Elgins »Voluntary Simplicity«, Lester Browns *»Plan-B«*-Buchreihe, Edmund Bournes »Global Shift« und anderen beschrieben werden, zu unschätzbaren »Straßenkarten« auf unserer Reise der Transformation werden.

▼

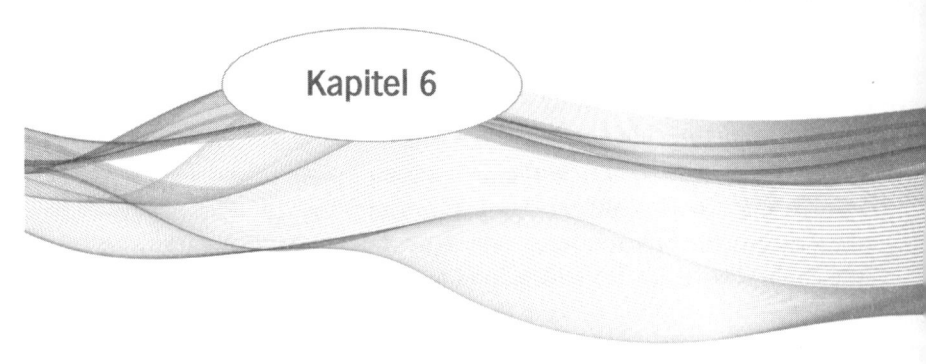

Kapitel 6

Ernsthaft an die Transformation herangehen: Reale Lösungen in der realen Welt

Transformation in der Welt geschieht,
wenn die Menschen geheilt werden und anfangen,
in andere Menschen zu investieren.

Michael W. Smith (*1957),
amerikanischer Musiker

Am 5. Oktober 2007 hielt Stanislaf Grof, einer der größten Visionäre unserer Zeit, eine Rede anlässlich der Verleihung des angesehenen »Vize (Vision) 97«-Preises. Der Preis wird alljährlich von der von Dagmar und Václav Havel (dem früheren Präsidenten der Tschechischen Republik und seiner Frau) gegründeten Stiftung verliehen – in Anerkennung »bahnbrechender Prototypen mit dem Potenzial, die Zukunft sinnvoll zu verändern«.[1] Den großen Wert seiner Pionierarbeit in Bezug auf die soziale Transformation fasste er in den abschließenden Sätzen der Rede zusammen:

>*»Eine der bemerkenswertesten Folgen aller möglichen Arten transpersonaler Erfahrung ist das spontane Entstehen und die Entwicklung*

echter humanitärer und ökologischer Interessen sowie das Bedürfnis,
sich an Aktivitäten zu beteiligen, die eine friedliche Koexistenz und
das Wohl der Menschheit zum Ziel haben.«[2]

Warum ein solch fundamentales Umdenken so lebensnotwendig ist, beschrieb Grof mit den Worten:

»Es erscheint offensichtlich, dass eine solche Transformation unsere
Überlebenschancen signifikant erhöhen würde, wenn sie sich in einem
genügend großen Umfang vollziehen könnte.«[3]

Genau zu dieser Art von Wandel, von der Grof spricht, führt uns die in diesem Buch beschriebene Reise. Das ist der Punkt, an dem die Denkkrise, die globalen Extreme und die Resilienzprinzipien auf globaler Ebene zu einem einzigen, die Welt umfassenden Wendepunkt zusammenkommen. Das ist das Kennzeichen einer transformierten Welt. Die Möglichkeiten einer solchen Welt können uns in viele Richtungen führen. Im Rahmen dieses Buchs wollen wir das Thema unter Berücksichtigung möglicher globaler Veränderungen, aber auch unserer persönlichen Möglichkeiten einer positiven Transformation unseres Alltags angehen. Zwecks besserer Lesbarkeit ist dieses Kapitel in zwei Abschnitte aufgeteilt:

Abschnitt eins: Transformation in der realen Welt zeigt drei mögliche Transformationsszenarien (von denen eines meiner Meinung nach heute das wahrscheinlichste ist) sowie das wahrscheinliche Auftreten dieser Transformation in unserem Leben – sowohl kurz- als auch langfristig.

Abschnitt zwei: Visionen unserer Zukunft erforscht zwei ganz verschiedene Perspektiven einer transformierten Lebensführung in einer transformierten Welt. Die eine Perspektive geht von der Basis aus und umfasst auch persönliche Beschreibungen von Veränderungen, die für die betreffenden Personen wichtig sind. Die zweite Perspektive entspringt den Erkenntnissen von akademischen Forschern und Think Tanks, welche zur visionären Blaupause unserer Zukunft beitragen. Ob nun von der Zukunft der nächsten Woche oder der nächsten Generation die Rede ist – entscheidend dabei ist: Egal, was aus unserer Welt und unserem Leben wird, die Transformation beginnt bei uns!

Abschnitt eins:
Transformation in der realen Welt

Wie wir bereits gesehen haben, gibt es anscheinend so viele unterschiedliche Möglichkeiten, wie die Welt der Zukunft aussehen könnte, wie es Menschen gibt, die daran arbeiten. Lassen wir einmal unvorhergesehene, außergewöhnliche Ereignisse, die unser vermeintliches Wissen über unsere Zukunft komplett über den Haufen werfen könnten, außen vor, dann ebnen immer noch jede Menge innovativer Trends den Weg hin zu einer transformierten Welt. Wir befinden uns also definitiv auf der Straße des Wandels. Doch die große Frage lautet: *Wie wird dieser Wandel vor sich gehen?*

Drei Transformationsszenarien

Für die persönliche wie auch die globale Transformation sind drei mögliche Grundszenarien denkbar. Für unsere Zwecke sind Namen sinnvoll, die die jeweiligen Umstände am besten beschreiben. Die erste Möglichkeit ist eine *katastrophische Transformation,* die zweite ein *geplanter Neustart* und die dritte eine *evolutionäre Transformation.* Diese Szenarien unterscheiden sich in ihrer Art des Auftretens: Das eine geschieht ungeplant und abrupt, das zweite geplant und abrupt und das dritte geplant, aber allmählich. Im Folgenden wird kurz auf die einzelnen Szenarien eingegangen.

1. Szenario: Katastrophische Transformation

Viele Leute stellen sich den plötzlichen Zusammenbruch der uns heute bekannten Welt als beste Möglichkeit hin zu einer radikal neuen Denk- und Lebensweise vor. Im Rahmen dieses Szenarios geschieht die Transformation, wenn die Welt, wie wir sie kennen, urplötzlich und mit einem Donnerschlag zum Stillstand kommt. Da dadurch die uns vertrauten Lebensweisen ebenso plötzlich nicht mehr existieren würden, könnte ein solcher Wandel keinesfalls ignoriert werden. Jedermann wäre davon betroffen, und für viele Menschen wäre eine solch plötzliche und radikale Veränderung sehr furchteinflößend.

Wenn ich angesehene Lehrer und Wissenschaftler über diese Art von Wandel reden höre, muss ich immer an den Science-Fiction-Film »Der Tag, an dem die Erde stillstand« aus dem Jahr 1951 denken. Es geht darin um ein Ereignis, das so groß ist, dass es niemand ignorieren kann (im Film ist es ein Raumschiff, das die Warnung übermittelt, die Erde würde zerstört, sollte sich die Gewalt auf der Erde auf andere Welten ausdehnen). In einem katastrophischen Transformationsszenario erholt sich die Welt von welcher Katastrophe auch immer und beginnt mit dem Wiederaufbau. Die alten korrupten, kaputten Systeme werden durch neue, lebensbejahende, nachhaltige und funktionsfähige Systeme ersetzt.

Das, was einen solch plötzlichen Stillstand verursacht, kann ein apokalyptisches Geschehen wie ein Weltkrieg, eine Seuche oder der Zusammenbruch der Weltwirtschaft sein. In diesem Szenario dient dieses Großereignis als Wegbereiter für Transformation und Umdenken.

Ich gehe auf dieses Szenario ein, weil so viel davon die Rede ist. Und dann fragen die Leute oft: »Warum denn nicht auf diese Weise Veränderungen bewirken?« Das impliziert, eine Katastrophe wäre eine gute Chance für einen Wandel. Ich persönlich meine, wir brauchen keine Katastrophe, um große Veränderungen auszulösen. Das würde nur zu überflüssigen Verletzungen und Nöten unter den Menschen führen, die am verletzlichsten und am schlechtesten dafür gerüstet sind, so eine abrupte Umwälzung in den Griff zu bekommen. Diese Menschen verlassen sich Tag für Tag auf die rechtzeitige Lieferung von Nahrung, Brennstoff und anderen Grundgütern des Lebens.

Was passieren kann, wenn die Lieferketten auch nur kurzzeitig unterbrochen werden, haben wir während einiger Naturkatastrophen schon erlebt. Mit der Weisheit und Technologie des 21. Jahrhunderts können wir meiner Überzeugung nach unsere Welt auch ohne eine Katastrophe und das damit einhergehende Leiden transformieren!

2. Szenario: Geplanter Neustart

Der Druck auf den »Reset«-Knopf ist eine weitere Möglichkeit hin zu einer abrupten Veränderung auf persönlicher oder globaler Ebene. Die Führer der Welt würden demnach auf höchster Ebene erkennen, dass die Grundlage unserer globalen Zivilisation nicht mehr haltbar ist. Sie würden zugeben, dass wir auf die »Stunde null« zusteuern und dass die die Welt erhaltenden Systeme unter ihrem eigenen Gewicht am Zusammenbrechen sind (beispielsweise durch die globale Verschuldung und ihre verheerenden Auswirkungen auf die Währungen, die Zerstörung der weltweiten Industrie aufgrund der nicht mehr tragbaren steigenden Energiekosten oder durch die katastrophale Arbeitslosigkeit mit den daraus resultierenden Sozialkosten, die für die Weltwirtschaft nicht mehr bezahlbar sind).

Durch einen geplanten Neustart würden Handel und Industrie weltweit an einem vereinbarten, vorbestimmten Tag eingestellt und dann sozusagen auf neue Beine gestellt. Und hier würde es interessant werden, denn Regierungen und Nationen müssten gemeinsam daran arbeiten, eine neue, nachhaltige Infrastruktur zu errichten. Beispielsweise könnte jedes Land jede Frau und jeden Mann, die/der auf Arbeitssuche ist, im Rahmen einer globalen Mannschaft beschäftigen, die unter anderem die neuen Industrien ausrüstet sowie neue Stromnetze und Verkehrssysteme auf Basis sauberer Energie und der nachhaltigen Nutzung von Land und Ressourcen aufbaut. Sobald diese neuen Systeme eingerichtet wären, würden sie eingeschaltet, und wir würden einen Neuanfang wagen.

Diese Beschreibung ist vielleicht nicht besonders genau, aber ich denke, es ist klar, worum es geht. Bei einem geplanten Neustart würde der Verschuldung, der Einkommenssituation, den Energieaspekten und den lebensnotwendigen Alltagsbedürfnissen Rechnung getragen, während der Wiederaufbau vor sich geht.

Die Idee dahinter ist: Die einmaligen Kosten für diesen Neustart und die damit einhergehende stabile und tragfähige Wirtschaft würden die aktuellen in die Höhe geschossenen Kosten für den Lebensunterhalt und die steigende Verschuldung mehr als ausgleichen.

In so mancher Hinsicht klingt diese Option sicherlich attraktiv. Doch realistisch betrachtet ist die für einen solchen Neustart erforderliche Zusammenarbeit aufgrund der tiefen Kluft zwischen politischen Parteien, Regionen, Kulturen und Ländern zumindest zum jetzigen Zeitpunkt eher unrealistisch.

3. Szenario: Evolutionäre Transformation

Angesichts der beiden eher extremen Szenarien halte ich diese dritte Möglichkeit in der Zeit, die wir erleben, für die wahrscheinlichste und auch die gesündeste. In diesem Szenario werden die nicht nachhaltigen Systeme der Vergangenheit, die unter der Belastung nachgeben und schließlich brechen werden, nach und nach durch neue Systeme ersetzt, die letztendlich in die Zukunft führen. Und diese Zukunft ist – wie wir alle wissen – möglich.

Dieses Szenario unterscheidet sich von den beiden anderen Szenarien durch seinen schrittweise vor sich gehenden Wandel. Die Transformation dauert dann insgesamt zwar länger, bis sie in unserem Leben sichtbar wird, doch die einzelnen Schritte können schnell passieren. So wie die Temperatur allmählich ansteigen muss, bevor der letzte Bruchteil eines Grades das Wasser im Topf zum Sieden bringt (siehe Kapitel 3), können die allmählichen Auswirkungen der Ölknappheit, die Folgen der steigenden Verschuldung in unserem Leben und das wachsende Bewusstsein für die Anfälligkeit der weltweiten Lieferketten für Waren und Dienstleistungen Sprungbretter für den Wendepunkt sein, an dem die Transformation geschieht.

Der große Unterschied eines solch evolutionären Szenarios ist die Zeit. Wir, unsere Familien, Gemeinden und politischen Oberhäupter haben aufgrund der *allmählichen* Veränderungen Zeit, um die Notwendigkeit des Wandels zu erkennen, und müssen nicht auf eine abrupte Umwälzung reagieren, während unser Denken noch darauf ausgerichtet ist, wie das, was kaputt gegangen ist, wieder zu richten ist.

Eine Vorlage für den Wandel

Der Biologie Edward O. Wilson, der Pionierarbeit geleistet hat, sagte einmal: »Ganz offensichtlich besteht das Hauptproblem der Menschheit im kommenden Jahrhundert darin, acht Milliarden oder noch mehr Menschen eine höhere Lebensqualität zu ermöglichen, ohne damit die Umwelt komplett zugrunde zu richten.«[4]

Meiner Meinung nach steckt in dieser Aussage sehr viel Wahres, vor allem in Bezug auf unsere Visionen für die Zukunft. Bei unseren Wünschen für die Zukunft müssen wir auch das berücksichtigen, was wir in der Vergangenheit bereits versucht haben, und uns dabei anschauen, was funktioniert hat und was nicht. So bauen wir die Lektionen unserer Erfahrungen in unsere Zukunft mit ein.

Vor diesem Hintergrund wollen wir nun einmal vergleichen, wie wir unsere Bedürfnisse heute erfüllen und wie wir uns das für die Zukunft vorstellen. Welches Denken spielt dabei eine Rolle? In der folgenden Zusammenfassung zeigt die linke Spalte («Das Bedürfnis») die existenziellen Bedürfnisse, die bestimmen, wie unsere Gemeinden, Städte und Nationen heute funktionieren. Die mittlere Spalte («In der heutigen Welt») benennt, wie diese Bedürfnisse derzeit erfüllt werden. Und in der rechten Spalte («In der transformierten Welt») steht, wie diese Bedürfnisse in einer transformierten Welt unserer Vision nach erfüllt werden.

Vergleich der Bedürfnisse einer Gemeinschaft

Das Bedürfnis	In der heutigen Welt	In der transformierten Welt
↠ Kernwerte	• materieller Wohlstand	• Lebensqualität
↠ Organisation	• zentralisiert/ von oben nach unten	• dezentralisiert/ von unten nach oben

Hier werden die beiden Hauptelemente, die darüber entscheiden, wie Informationen, Ideen und Politik in Gemeinschaften jeder Größenordnung einfließen, einander gegenübergestellt. Diese beiden Hauptelemente sind *Kernwerte* und *Organisation*. Wir wollen diese Bedürfnisse einmal näher beleuchten, beginnend mit dem Bedürfnis nach Kernwerten.

Kernwerte

Wie wir bereits festgestellt haben, muss eine gemeinsame Vision entwickelt werden, eine gemeinsame Idee, die jede Gemeinschaft zusammenhält.

Bei meiner Berggemeinschaft war das die raue Schönheit der Wildnis, die ursprünglich eine Gruppe, bestehend aus Arbeitern, Farmern, Künstlern und Visionären, in das Tal gezogen hatte, das schließlich unser Zuhause wurde. Diese Schönheit, die durch die Landentwicklung und geplante Bebauung bedroht war, wollten wir schützen, und das brachte uns zusammen. Die Werte, die eine Gemeinschaft definiert, sei das nun ein Bergdorf oder eine ganze Nation, sind der »Klebstoff«, der die Gruppe zusammenhält, sodass sie miteinander durch dick und dünn geht.

In einem Großteil der modernen Welt basierten die Kernwerte mal mehr, mal weniger auf der Vorstellung von Wohlstand, was durch den Erwerb und die Bewahrung von Geld zum Ausdruck kam. Zweifellos ist Geld etwas Wichtiges, und unsere Finanzsysteme sind eine Realität, die wir alle akzeptieren müssen, um an der Welt der Gegenwart teilhaben zu können. Mir geht es hier darum, dass sich die dem Geld beigemessene Bedeutung in einer transformierten Welt verändern wird. Wir werden nicht mehr wegen des Geldes arbeiten, und die Anhäufung von Geld ist nicht mehr das Ziel unserer Träume.

Damit ein Kernwert in einer lokalen oder auch in unserer globalen Gemeinschaft Bestand haben kann, muss er auf einem Prinzip beruhen, das für alle funktioniert und sich in jedermanns Leben widerspiegelt. Deshalb wird der Kernwert einer transformierten Welt die Lebensqualität unserer globalen Familie. Indikatoren für die Lebensqualität könnten ein ganzes Buch füllen; dazu gehört auch der Respekt vor den neu entdeckten Grenzen der Biosphäre, die das Leben auf der Erde überhaupt erst möglich macht:

Im Jahr 2009 veröffentlichte das Wissenschaftsmagazin *Nature* einen Artikel, der einen ersten Schritt hin zu einem Umdenken hinsichtlich der Gesamtheit der natürlichen Systeme tat, die uns hier auf der Erde am Leben erhalten. Der Bericht bezog sich auf eine Studie, die von Johan Rockström, Professor für Umweltwissenschaften an der Universität Stockholm und Leiter des *Stockholm Resilience Centre* in Schweden, und seinen Kollegen durchgeführt wurde.[5] Sie bietet gute Argumente für eine viel integriertere, fast ganzheitliche Sicht der lebensspendenden Systeme der Erde und zeigt aus wissenschaftlicher Sicht auf, wie mehrere natürliche Systeme zusammenarbeiten, um die Lebensbedingungen in ihrem heiklen Gleichgewicht zu halten.

Jährlich werden Hunderte von wissenschaftlichen Berichten über die Schäden veröffentlicht, die dem Planeten durch die Industrie und unseren hohen Bedarf an natürlichen Ressourcen zugefügt werden. Den in *Nature* veröffentlichten Bericht erwähne ich aus einem ganz bestimmten Grund: In diesem Bericht geht es nicht einfach darum, beängstigende Statistiken der Zerstörung aufzuzeigen, sondern der Artikel bietet – und das ist daran so wichtig – eine neue Perspektive bezüglich der zu schützenden Harmonie der Systeme untereinander. Es geht also nicht um einen einzelnen Aspekt, beispielsweise die Treibhausgase und die globale Erwärmung, sondern darum, dass auch die anderen Systeme, die in Harmonie etwa mit dem Klima zusammenarbeiten, berücksichtigt werden müssen.

Insgesamt geht es bei diesen Systemen um den Klimawandel, die Landnutzung, die Biodiversität, die Trinkwassernutzung, den Phosphorkreislauf, den Stickstoffkreislauf, den Ozonabbau und die Versauerung der Meere. Diese acht lebenswichtigen Systeme – das Klima, das Land, das Trinkwasser und die Ozeane, die Biodiversität, der Phosphor- und der Stickstoffzyklus und das Ozon – wirken zusammen, und gemeinsam bewirken sie den *safe operating space,* wie die Wissenschaftler das nannten, also die »sichere Betriebsumgebung«, die uns und das Leben in unserer Welt unterstützt und erhält.

Laut Rockström und seinem Team ist dieses umfassendere Bild essenziell, um 1) die ganze Geschichte zu verstehen und 2) sinnvolle Informationen zu gewinnen, die uns helfen, uns an die bereits vor sich gehenden und unvermeidlichen Veränderungen anzupassen sowie die noch in der Zukunft sich abzeichnenden drohenden Veränderungen abzuwenden.

Der Umstieg von einem Kernwert des Materialismus auf einen Kernwert der Lebensqualität muss diese neu entdeckte »Sicherheitszone« der Erde und diese acht Grenzen des Planeten mit berücksichtigen.

Organisation

Die Wohngegenden und Gemeinden, die einen Großteil der modernen Welt ausmachen, unterliegen ähnlichen Organisationsregeln wie die meisten Unternehmen und Regierungen. Sie verfolgen einen sogenannten »Top-down«-Ansatz (also die Bewegung von oben nach unten), um alles zu regeln.

Doch ein solches Vorgehen mag zwar für ein Unternehmen funktionieren, erweist sich aber für Gemeinschaften auch als nachteilig. Das Problem dabei ist: Bei einer Gemeinschaft mit großer Vielfalt – mehrere Zeit- und Klimazonen, Unterschiede in Geografie, Lebensweise und Kultur –, wie das beispielsweise in den Vereinigten Staaten der Fall ist, kann eine Lösung, die in der einen Ecke des Kontinents funktioniert, nur selten effektiv die Bedürfnisse derjenigen erfüllen, die in Gemeinschaften mit ganz anderen Bedingungen leben.

Diese Realität steckt hinter vielen der Spaltungen, von denen Nationen betroffen sind, die gerade Veränderungen in großem Umfang erleben. In einer transformierten Welt hängen der Erfolg von Lösungen und die nationale Einheit entscheidend davon ab, dass Gemeinschaften lokal die für sie besten Entscheidungen treffen können.

Von oben nach unten versus dezentralisiert

Das Bedürfnis	In der heutigen Welt	In der trans- formierten Welt
⇥ Nahrung	• globale Liefer- kette/in Unter- nehmensbesitz	• lokale Lieferkette/ in Privatbesitz/ saisonal
⇥ Energiequelle	• zentralisiert/ verteilt	• lokal/basierend auf erneuerbaren Energien
⇥ Soziale Teilhabe	• Menschen fühlen sich machtlos/ Apathie	• die Menschen sind von der Mög- lichkeit der Teil- habe begeistert
⇥ Innovation	• Ideengut kommt konzentriert von oben	• variantenreiches Ideengut kommt von unten

Nahrung und Energie

Trotz der Verschiedenartigkeit heutiger Gemeinschaften gibt es doch Bedürfnisse, die allen gemeinsam sind, unter anderem Nahrung, Energie und eine Wirtschaft, die uns die Möglichkeit gibt, miteinander zu teilen, zu kaufen und Waren und Dienstleistungen auszutauschen. Doch auch wenn jede Gemeinschaft diese Bedürfnisse hat, zeigen sich bei der Art der Bedürfniserfüllung doch Unterschiede zwischen organisatorischen »Top-down«- und »Bottom-up«-Ansätzen.

Nahrung

Wir haben bereits deutlich aufgezeigt, wie die Globalisierung der Märkte (z.B. Roter Thun, siehe Kapitel 5) lokale Ressourcen durch Raubbau und ein fehlendes vernünftiges Management zerstören kann. Wenn wir unsere Nahrung aus globalen Märkten beziehen, tragen wir zur Erschöpfung der begrenzten Ressourcen bei. Hinzu kommt ein weiterer Globalisierungsfaktor: der damit einhergehende ungeheure Kohlendioxidausstoß. Wenn in den nordamerikanischen Supermarktregalen mitten im Dezember beispielsweise Blaubeeren angeboten werden, die in einem warmen Klima wachsen, so wurden diese Beeren in Gegenden mit einem anderen saisonalen Klima angebaut und dann in den Norden transportiert. Für den Anbau dieser Blaubeeren werden Bewässerungssysteme eingesetzt, die wiederum mit Strom aus fossilen Brennstoffen betrieben werden. So wird eine größere Ernte erzielt, um den globalen Bedarf zu decken. Das schnelle Abernten dieser Riesenplantagen erfolgt mit entsprechenden landwirtschaftlichen Maschinen, auch sie werden mit fossilen Brennstoffen betrieben, anstatt die einheimischen Arbeiter kleinere Felder per Hand abernten zu lassen. Die Früchte werden mit Unmengen von Wasser gewaschen, welches hochgepumpt werden muss – wieder mit Strom auf Basis von fossilen Brennstoffen. Dann werden die Beeren verpackt und in großen Verkehrsflugzeugen in die nordamerikanischen Städte geliefert; und auch diese Flugzeuge verbrauchen Treibstoff aus fossilen Brennstoffen. Anschließend erfolgt der Transport in die lokalen Märkte mit Lastwagen, die mit fossilen Brennstoffen betrieben werden. Südamerikanische Gemeinden profitieren zwar vom Anbau der Beeren durch neue Arbeitsplätze, doch wir müssen uns fragen, ob der Genuss von Blaubeeren im Winter wirklich die dadurch verursachten ökologischen Kosten wert ist.

All das ändert sich, wenn wir lokal angebaute Produkte verzehren. In unserer transformierten Welt setzen die Gemeinden auf lokal angebautes Gemüse und Früchte und passen sich den saisonalen Bedingungen an. Die sich daraus ergebenden Vorteile liegen auf der Hand und sind eine Realität, denn das funktioniert bereits. So wissen wir bei lokal angebautem Gemüse, dass die Nahrung, die auf unseren Tisch kommt, wirklich frisch ist, denn sie ist nur wenige Minuten von uns entfernt angebaut worden. Und wir wissen auch, dass das Geld, das wir dafür bezahlen, lokale Arbeitsplätze fördert und in der Gemeinde bleibt. Und wie wir wissen, ist diese Nahrung auch gesund, denn höchstwahrscheinlich entstand sie aus gesunder Saat und wurde biologisch und ohne Genmanipulation angebaut, in einem Boden voller natürlicher Mineralstoffe.

Es gibt viele weitere Beispiele für die Vorteile des Denkansatzes »Nur heimische Bio-Nahrung essen«. In meiner eigenen Gemeinschaft konnten wir dadurch regionale Gesundheitsrisiken wie im Jahr 2007 die Escherichia-coli-Infektionen aufgrund von verdorbenem Spinat verhindern; ebenso entgingen wir im Jahr 2008 Salmonellenvergiftungen durch verdorbene Tomaten und im Jahr 2011 Listerioseinfektionen durch verdorbene Melonen. Ich habe sorglos und genussvoll Salate und Gemüse in den Cafés von Santa Fe/New Mexico verzehren können, weil diese Geschäfte bereits den Ansatz »Direkt vom Erzeuger zum Verbraucher« unterstützten, nach dem Gemüse und Früchte dort zubereitet und serviert werden, wo sie auch angepflanzt und geerntet werden. Die Bezeichnung »Direkt vom Erzeuger zum Verbraucher« findet inzwischen in vielen Städten weltweit Verbreitung.

Energie

Ein »Bottom-up«-Ansatz (von unten nach oben) ermöglicht Gemeinschaften, selbst zu entscheiden, woher sie die für sie am besten geeignete Nahrung beziehen möchten.

Das Gleiche gilt für Energie. Zentralisierte, leistungsfähige und zuverlässige Energiequellen sind sicherlich gut für Krankenhäuser, Schulen, Bürotürme und Apartmenthäuser in Großstädten geeignet, doch es gibt auch Orte, wo lokale Energiequellen die benötigte Energie liefern und manchmal die großen zentralisierten Systeme sogar ersetzen können. Ein wunderbares Beispiel dafür ist der wüstenhafte Südwesten der Vereinigten Staaten.

Die »Four Corners«, das Vierländereck, an dem die amerikanischen Bundesstaaten Arizona, Colorado, New Mexico und Utah aufeinandertreffen, ist bekannt für die Dauer und Qualität der Sonneneinstrahlung an fast allen Tagen des Jahres. Albuquerque, die größte Stadt New Mexicos, verzeichnet beispielsweise 278 Sonnentage im Jahr; in manchen kleineren Gemeinden im Norden des Bundesstaates liegt der Durchschnitt sogar bei 300 Sonnentagen jährlich. An solchen Orten ist es sinnvoll, Wohnhäuser, Büros und kleinere Betriebe während des Tages mit Solarstrom zu versorgen. In derselben Gegend sind außerdem weitere, ergänzende Formen der Stromerzeugung verfügbar, die genutzt werden können. Neben dem Sonnenlicht bietet das »Vierländereck« aufgrund seiner Wettermuster Bedingungen, durch die Windenergie eine praktikable Alternative zu fossilen Brennstoffen ist.

Das Schöne am Wind ist, dass er nicht auf eine bestimmte Tageszeit begrenzt ist; Windenergie kann Tag und Nacht und bei jedem Wetter genutzt werden, solange es Wind gibt. Ein solches System braucht auch keine Unmengen von Wind. Kommerzielle Windgeneratoren sind ungefähr 81 Meter hoch und werden oberhalb von Bäumen und Gebäuden aufgestellt, wo beständiger Wind herrscht. Die Rotorenblätter geraten leicht in Bewegung, auch wenn einmal nur ein schwacher Wind bläst. Das »Nine Canyon«-Windprojekt im US-Bundesstaat Washington besteht beispielsweise aus 49 Turbinen; die optimale Windgeschwindigkeit beträgt ca. 48 km/h, aber selbst bei nur ca. 13 km/h wird bereits Strom produziert. Manchmal heißt »schneller« auch nicht unbedingt »besser«, und daher schalten sich die Windgeneratoren ab, wenn die Windgeschwindigkeit auf 90 km/h oder mehr ansteigt.

Ob es nun um die Produktion von Nahrungsmitteln oder um Energiequellen geht: In einer transformierten Welt müssen Entscheidungen lokal vor Ort getroffen werden, damit unsere Bedürfnisse erfüllt werden können. Einer der Grundsätze des Berkana-Modells gemeinschaftlicher Resilienz, von dem in Kapitel 5 die Rede war, lautet: Wir müssen erkennen und anerkennen, dass die jeweilige Gemeinschaft bereits weiß, wie sie ihre Bedürfnisse befriedigen kann. Bei Entscheidungen in Bezug auf Nahrung, Energie und Arbeitsplätze liegen die Vorteile eines lokalen Denkansatzes klar auf der Hand. Inzwischen werden lokale Veränderungen auch in den umfassenderen Kontext der globalen Transformation übertragen, wie das »Nine Canyon«-Windprojekt und viele andere Beispiele zeigen.

Der soziale »Klebstoff«: Innovation und Teilhabe

Die Faktoren des *sozialen Klebstoffs,* nämlich *Innovation* und *Teilhabe,* scheinen für jede Gemeinschaft Hand in Hand zu gehen. Ob es um eine Gemeinschaft von Blutsverwandten unter einem Dach geht oder um eine globale, über Facebook oder Internet-Blogs verbundene Gemeinschaft – sie alle werden durch dasselbe Prinzip zusammengehalten: Wir brauchen es, gebraucht werden.

In einer erfolgreichen Gemeinschaft hat jedes Mitglied das Gefühl, 1) es spiele eine wichtige Rolle bei den gerade ablaufenden Prozessen, und 2) es kann einen Beitrag leisten, um die Bedürfnisse oder Wünsche der Gemeinschaft zu erfüllen. Sind diese Faktoren gegeben, sind alle begeistert über die Möglichkeit der Teilhabe und viel eher bereit, Zeit, Unterstützung und Ideen zu investieren und einzubringen. Ich habe selbst erlebt, wie diese Prinzipien in meiner Berggemeinschaft angewandt wurden (siehe Kapitel 5), und kann vorbehaltlos sagen, dass sie wirklich funktionieren.

Die Grundregeln unserer aus 45 Mitgliedern bestehenden Gemeinschaft gestanden jedem ein Mitbestimmungsrecht zu und ermöglichten es allen, sich in offenen Diskussionen zu Wort zu melden und Meinungen, Anregungen und Vorschläge zu äußern. Unser Land liegt inmitten einer Gegend, die voller indianischer Geschichte steckt. Und so entschieden wir in Anlehnung an eine indianische Tradition, dafür zu sorgen, dass jeder die gleiche Chance hatte, das Wort zu ergreifen: Wir verwendeten einen »Redestab«. Die Idee dahinter ist einfach: Der Stab wird in der

Runde weitergereicht, und wer den Redestab hält, hat die Möglichkeit und das Recht, eine bestimmte Zeit lang zu sprechen, während die anderen ihm zuhören. Unser Redestab hielt in unsere Gemeinschaftsrunde übrigens schnell und unerwartet Einzug: Eines der Mitglieder stand auf, verließ die Feuerwache (wo das Treffen stattfand) und kehrte mit dem ersten Baumzweig, den er finden konnte, zurück. Dieser Zweig verblieb in unserem »Versammlungslokal« und kam fast den ganzen Sommer über bei jedem Treffen zum Einsatz. Und im Laufe dieses Sommers wurde jedes Mitglied unserer Gemeinschaft zu einer notwendigen und wichtigen Stimme bei der Entscheidungsfindung, damit die getroffenen Entscheidungen am Ende für alle funktionierten.

Abschnitt zwei:
Visionen unserer Zukunft

Wenn ich an die Fernsehprogramme zurückdenke, die ich mit meiner Familie in den 1960er-Jahren schauen konnte, bin ich erstaunt, wie wenig Sender es damals gab. Es gab kein Kabel- und Satellitenfernsehen, ebenso wenig Sender wie CNN, Fox und BBC America. Ich blickte, wenn ich über meine Umgebung hinausschaute, durch die Augen der drei großen Sender: ABC, NBC und CBS. Außer den für mich täglich immer wieder faszinierenden Sechs-Uhr-Nachrichten sah ich besonders gerne Programme über Science-Fiction-Themen und die Zukunft unserer Welt. Schwimmstunden, Musikunterricht und Hausaufgaben wurden dann angesetzt, wenn nicht gerade die nächste Folge von »Star Trek«, »Lost in Space« oder futuristische Cartoons wie »The Jetsons« lief.

Diese und ähnliche Programme verschafften uns einen kurzen visionären Blick auf eine Welt, wie sie in nur wenigen Jahrzehnten hätte sein *können*. Und diese Visionen hatten es in sich. Neben Geschichten über Zeitreisen, die Erforschung des Weltraums und Magnetautos ohne Räder, die sich mit Lichtgeschwindigkeit bewegten, durchzog sie alle ein gemeinsames Thema: Die dargestellten Zukunftsvisionen zeigten zum großen Teil eine Welt, in der Frieden herrschte und alle Menschen anscheinend glücklich waren. Die Leute wurden mit sämtlichen benötigten Nahrungsmitteln aus automatisiert bestellten Gärten mit schier unendlichen Vorräten versorgt. Die alltäglichen Arbeiten wurden von Robotern erledigt, was den Menschen Zeit für kreative Tätigkeiten, Erfindungen und Visionen verschaffte, die ihr Leben mit Freude erfüllten.

Fünfzig Jahre später warten wir immer noch auf die Welt von George Jetson, seiner Frau Jane, ihren Kindern Judy und Elroy und ihrem Hund Astro. Zurzeit scheinen wir in sich abwechselnd wiederholenden Zeiten des Kriegs und des Friedens, des Fortschritts und des Rückschritts, des Überflusses und der Armut festzustecken, in einer polarisierten Welt aus denen, die »etwas haben«, und denen, die »nichts haben«.

Sowohl wissenschaftlich fundierte Statistiken als auch unser Bauchgefühl sagen uns, dass da etwas schiefläuft. Die heutige Welt der Polaritäten kann einfach nicht andauern, das ist uns klar. Etwas muss nachgeben. Und tatsächlich gibt etwas nach – das ist kaum zu übersehen.

Die Symptome unserer auf unhaltbare Weise gespaltenen Welt sind nicht bloß zeitweilige Abweichungen von der Norm. Sie sind ein Frühwarnsystem und zeigen uns, wo unsere Aufmerksamkeit erforderlich ist und was geschehen muss, denn das Denken der Vergangenheit passt nicht mehr in die Welt der Gegenwart. Die G20-Demonstrationen im amerikanischen Pittsburgh im Jahr 2009, die Aufstände auf dem Tahrir-Platz in Ägypten während des Arabischen Frühlings in den Jahren 2012 und 2013, die zunehmende Zahl an Flüchtlingen, die unter Lebensgefahr auf zerbrechlichen Flößen tückische Meere überqueren und bei tödlicher Hitze im Sommer durch die lebensfeindliche Wüste über die Grenzen wandern, auf der Suche nach einem besseren Leben – all das sind Stationen auf der Reise, wie sie zu Beginn dieses Buchs beschrieben wurde. Die Welt selbst sagt uns, dass wir uns auf dem Weg in eine andere Welt befinden. Jetzt gilt es, dafür zu sorgen, dass die Welt, zu der wir unterwegs sind, besser wird als diejenige, die wir hinter uns lassen.

An diesem Punkt unserer Reise stellt sich die wohl offensichtlichste Frage, die allerdings auch am schwierigsten zu beantworten ist: *Wie sieht eine bessere Welt denn aus?* Interessanterweise fällt es vielen Menschen schwer, auf diese einfache Frage eine Antwort zu geben.

Wie sieht eine bessere Welt aus?

Während eines Wochenendseminars im Herbst 2012 brachte ich am letzten Tag das Thema »Visionen unserer Zukunft« in die Diskussion auf. Während der Veranstaltung hatten mir die Teilnehmer bereits gesagt, ihrer Meinung nach sei das derzeitige Chaos auf der Welt das Vorspiel zu einer besseren Welt der Zukunft. Ihrem Gefühl nach stellten die Realitäten der Ölknappheit, der zusammengebrochenen Wirtschaftssysteme und der ungleichen Verteilung des Wohlstands in der Welt Kipppunkte großer Veränderungen dar.

Vor diesem Hintergrund stellte ich die nächste logische Frage: »Angenommen, ihr habt recht: Wie sieht eine bessere Welt denn aus?« Und zu meiner und vieler anderer Leute Erstaunen gab es fast so viele Visionen der Zukunft, wie Menschen im Raum waren. Meine Mitarbeiter hatten zwei Mikrofone nahe der Bühne aufgestellt; wer wollte, konnte aufstehen und seine Vision den anderen mitteilen. Es bildeten sich lange Schlangen, und wir hörten uns jede einzelne dieser Visionen an.

Während dieses Austauschs lernten ich und das Publikum etwas über die erhoffte Welt der Zukunft. Hinter jeder Vision der Zukunft standen die Verletzungen, die die betreffende Person erlitten hatte.

Beispielsweise stellten sich die Lehrer im Raum eine Welt mit einem besseren Bildungssystem vor, wo den Lehrern für ihren Beitrag zu unserer Gesellschaft Respekt entgegengebracht wird und wo alle Menschen ähnliche Lern- und Bildungschancen haben. Die Wissenschaftler unter den Zuhörern sahen eine Zukunft, wo sie die im Labor bereits vorhandene Technologie einsetzen können, um Nahrungs- und Energieprobleme zu bewältigen und das

Leiden in der Welt zu mindern. Die Krankenpfleger und Krankenschwestern, Ärzte und andere im Gesundheitswesen tätige Personen wünschten sich eine Welt, in der jeder von den heute verfügbaren Technologien profitiert und so die besten Chancen auf ein langes und gesundes Leben hat.

Alle stimmten dahingehend überein, dass die Welt der Zukunft nachhaltig, sauber, umweltbewusst und gleichberechtigt sein müsse; *keine* Übereinstimmung gab es allerdings bei der Frage, *wie* eine solche Welt denn aussehen würde und *wie* man sie errichten könnte. Ich hörte mir die von Herzen kommenden, leidenschaftlichen Visionen an und empfand das, was in unserem Konferenzraum vor sich ging, als einen Mikrokosmos dessen, was wir als ganze Welt auf dem Weg durch unsere Zeit der Extreme erleben. Und, so dachte ich, wenn die tausend Menschen hier im Raum, die ein Wochenende ihres Lebens ganz bewusst einer solchen Diskussion widmeten, sich nicht auf eine gemeinsame Vision einigen können, wie können wir dann erwarten, dass ein Planet mit sieben Milliarden Bewohnern mit unterschiedlichstem Hintergrund, unterschiedlicher Religionszugehörigkeit und unterschiedlichen Bedürfnissen das schafft?

Wir sind zwar schnell dabei zu sagen, wir wollen eine bessere Welt und wir wollen Veränderungen, doch wo fangen wir damit an? Wie initiieren wir Tag für Tag die Veränderungen, die wiederum unsere Denk- und Lebensweise verändern?

Im Folgenden werden zwei Berichte von bekannten Organisationen vorgestellt, die uns mögliche Antworten auf diese Fragen geben. Ich habe bewusst die Arbeit von großen, weltweit tätigen Organisationen ausgewählt, um aufzuzeigen, wie weit diese Art von Denken bereits gediehen ist.

Der eine Bericht bietet die Sichtweise der akademischen Welt, der Wissenschaftler, Think Tanks und Zukunftsforscher. Der andere Bericht ist mit den Augen der Menschen betrachtet, die die Notwendigkeit eines Wandels erkannt haben. Wenn wir die Arbeit am umfassenderen Bild mit diesen von der Basis kommenden Veränderungen zusammenbringen, die von Organisationen wie dem *Post Carbon Institute,* den *Bioneers,* der *Transition US* und anderen umgesetzt werden, erhalten wir eine Vorstellung davon, wie weit sich die Vision eines umfassenden Wandels in unserem Leben bereits verbreitet hat. Mit diesen Perspektiven möchte ich einen gemeinsamen Ausgangspunkt bieten.

Der »Global Trends Report«

Nicht nur Einzelpersonen wie die hier bereits beschriebenen haben sich Gedanken über die Zukunft gemacht; es wurden auch zahlreiche Organisationen gegründet, die bereits einen Blick auf die Möglichkeiten unserer Zukunft werfen. In diesem Abschnitt gehe ich auf zwei dieser Organisationen ein, um die Vision von einer transformierten Welt zu untermauern. Von dieser breiten Basis ausgehend können wir dann realistische Trends und Zukunftsmöglichkeiten für unsere transformierte Welt ableiten.

Eine dieser visionären Organisationen, die Erkenntnisse über unsere Zukunft gewinnen wollen, ist der 1979 gegründete *U.S. National Intelligence Council* (NIC). NIC kümmert sich um viele Aufgaben. Eine der wichtigsten besteht darin, für jeden zukünftigen Präsidenten der USA einen Bericht mit globalen Szenarien und Trends zu erstellen, der bei der Entscheidungsfindung während dessen Amtszeit Hilfestellung leisten soll. Das ist der sogenannte »Global Trends Report«. In diesem Bericht werden Forschungsergebnisse, Daten und Meinungen von Hunderten von Experten sowohl aus Regierungs- als auch aus Nichtregierungs-Organisationen, Universitäten und Think Tanks zusammengestellt. Der Präsident gewinnt dadurch wichtige Erkenntnisse über den wahrscheinlichen Gang des Weltgeschehens in den nächsten 15 Jahren vom Zeitpunkt seiner Wahl an. Der Bericht landet zwischen dem Wahltag und der Amtseinführung auf dem Tisch des gewählten Präsidenten.

Der »Global Trends 2015 Report« aus dem Jahr 2000 bildete die Grundlage für die »Global Trends«-Reihe, denn darin wurden die Schlüsselfaktoren dargelegt, die nach Meinung der Experten auch in den darauffolgenden Jahren Veränderungen auslösen würden.[6] Sie bieten eine globale Sichtweise unserer Diskussion darüber, wie eine transformierte Welt aussehen könnte.

Die folgenden sieben Faktoren wurden herausgearbeitet:

1. demografische Entwicklung,
2. natürliche Ressourcen und Umwelt,
3. Wissenschaft und Technologie,
4. die Weltwirtschaft,
5. nationale und internationale Regierungsführung,
6. Zukunftskonflikte,
7. die Rolle der Vereinigten Staaten hinsichtlich der Zukunft der Welt.

Der »Global Trends Report« ist, wie sein Name sagt, genau das: Vorstellungen von Zukunftsszenarien auf globaler Ebene, auf Basis von wichtigen Geschehnissen zum Zeitpunkt der Berichtlegung (wie etwa Globalisierung und wohin sie führt, die Rolle Chinas und Indiens in der globalen Ökonomie, die Auswirkungen von Terrorismus auf die Zusammenarbeit zwischen den Nationen, die Folgen des Klimawandels für unser Leben und viele weitere Themen). Der Punkt ist: Das sind Ideen von Experten aus allen möglichen Fachbereichen, ihre Sichtweise der heutigen Welt und der Zukunft, wie diese sich aus ihrer Perspektive gesehen gestalten wird. Diese Ideen sind wichtig und müssen verstanden werden, denn realistischerweise wird unsere transformierte Welt wahrscheinlich eine Mischung aus der von ihnen angesprochenen Themen und Bedenken sein. Und diese müssen mit neuen, innovativen Lösungen angegangen werden.

Der »My World Report« der Vereinten Nationen

Im Dezember 2012 starteten die Vereinten Nationen ein neues Programm, welches ein erster Schritt hin zu einer Antwort auf die Frage sein könnte, wie eine transformierte Welt für »Otto Normalverbraucher« aussehen könnte. Die UNO hat ja viele Eisen in vielen Feuern, und bei manchen davon gehen die Meinungen sehr auseinander; doch nach wie vor steht die Organisation anerkanntermaßen für die größte Chance auf umfassende Zusammenarbeit und globalen Wandel. Aus diesem Grund soll hier ein neues UN-Programm vorgestellt werden und die Diskussion darüber eröffnen. Es soll ein Anfangspunkt sein, nicht etwa eine endgültige Antwort auf die Frage.

Dieses UN-Programm ist das erste seiner Art. Es heißt »My World« und ist eine gut aufgesetzte und gut organisierte Umfrage, die »Menschen aus aller Welt die Möglichkeit geben soll, den Vereinten Nationen und den Staatsoberhäuptern der Welt – insbesondere dem Hohen Gremium des Generalsekretärs – zu sagen, welche Themen für sie nach 2015 am wichtigsten sind und entsprechend auf die Agenda gesetzt werden sollten.«[7]

Die UN-Umfrage startete offiziell im Januar 2013 und ist derzeit online unter www.myworld2015.org abzurufen oder kann als Ausdruck bezogen werden. Jeder Mensch auf der Welt kann teilnehmen; die Website ist in die sechs offiziellen UNO-Sprachen übersetzt: Arabisch, Chinesisch, Englisch, Französisch, Russisch und Spanisch.

Der Zweck der Studie besteht darin, während ihrer Laufzeit von 2013 bis 2015 von so vielen Menschen wie möglich Ideen zu sammeln. Dann kommt die UNO zusammen, um das Erreichen der Millenniumsziele 2000 zu überprüfen. Die Umfrage besteht aus 16 Optionen. Die Befragungsteilnehmer sollen lediglich die sechs Optionen ankreuzen, die für sie persönlich und für ihre Familien die größten Veränderungen bewirken würden.

My World – UN-Fragenkatalog für eine bessere Welt

→ Bessere Arbeitsmöglichkeiten
→ Unterstützung für Menschen, die nicht arbeiten können
→ Gute Ausbildung
→ Besseres Gesundheitswesen
→ Bezahlbare und nahrhafte Lebensmittel
→ Telefon- und Internetanschlüsse
→ Besseres Verkehrswesen und Straßen
→ Zugang zu sauberem Wasser und sanitären Anlagen

- →‣ Zuverlässige Energieversorgung für private Wohnungen und Häuser
- →‣ Maßnahmen gegen den Klimawandel
- →‣ Schutz der Wälder, Flüsse und Ozeane
- →‣ Gleichstellung von Männern und Frauen
- →‣ Schutz vor Kriminalität und Gewalt
- →‣ Politische Freiheit
- →‣ Ehrliche und reaktionsfähige Regierungen
- →‣ Keine Diskriminierung und Verfolgung

Neben Angaben wie Geschlecht, Alter, Land und Bildungsniveau soll »My World« aus dem größtmöglichen Querschnitt der Weltbevölkerung Informationen sammeln. Die Ergebnisse werden kontinuierlich zusammengestellt und aktualisiert.

Ich erwähne diese Umfrage hier als ersten Schritt, um zu verstehen, was wir als globale Familie wirklich meinen, wenn wir sagen, wir »wollen eine bessere Welt«.

»My World«-Ergebnisse

Die »My World«-Umfrage ist noch neu und läuft bis 2015; doch die bislang erarbeiteten Ergebnisse weisen auf eine ganze Reihe interessanter und möglicherweise bezeichnender Trends hin, die erwähnenswert sind. Die Umfragedaten können in Echtzeit auf der Website abgerufen werden; sie sind in Kategorien eingeteilt, unter anderem *Männlich* und *Weiblich,* sowie in drei Altersklassen: $\leq 34, 35-54$ und ≥ 55.

Im Sommer 2013, als dieses Buch geschrieben wurde, waren sich Männer und Frauen bis 34 über ihre sieben Top-Prioritäten anscheinend ziemlich einig. Global betrachtet hat dies Priorität:

1. Gute Ausbildung

Diese Altersgruppe wählte die folgenden Kategorien in absteigender Reihenfolge zu den nächstwichtigsten Kriterien:

2. Besseres Gesundheitswesen
3. Ehrliche und reaktionsfähige Regierungen
4. Bessere Arbeitsmöglichkeiten
5. Zugang zu sauberem Wasser und sanitären Anlagen
6. Bezahlbare und nahrhafte Lebensmittel
7. Schutz vor Kriminalität und Gewalt

Über die Wichtigkeit dieser sieben Parameter herrscht Einigkeit, doch danach sind die Prioritäten unterschiedlich, und es ist kein klarer Trend erkennbar. Männer betrachten beispielsweise die Kategorie »Besseres Verkehrswesen und Straßen« tendenziell als die achte Priorität – was keineswegs verwundert, denn meist sind Männer mehr unterwegs, um sich und ihre Familien zu versorgen. Für Frauen dagegen steht als nächster Punkt die »Gleichstellung von Männern und Frauen« auf der Prioritätenliste – ebenfalls keine Überraschung, denn der Kampf um Frauenrechte ist sozusagen ein fast universeller und wird in so gut wie jedem Land auf der Welt geführt. Dabei geht es nicht nur um die wirtschaftliche Gleichstellung, sondern auch um Schikane und Missbrauch während der Jahre der Kindererziehung, in denen Frauen sehr angreifbar sind.

Auch in der Altersgruppe der 35- bis 54-Jährigen ergeben sich bei den Prioritäten keine Überraschungen. Hier vertauschen die Kategorien »Besseres Gesundheitswesen« und »Gute Ausbildung« die beiden vorderen Plätze, aus dem offensichtlichen Grund der höheren Bedürfnisse und Abhängigkeit dieser Altersgruppe vom Gesundheitssystem, denn in diesem Alter tauchen erste Anzeichen altersbedingter Krankheiten auf.

Ich möchte an dieser Stelle ausdrücklich darauf hinweisen, dass ich keineswegs meine, die Zukunft, wie sie in der UNO-Umfrage »My World 2015«, dem NIC »Global Trends Report«, Lester Browns »*Plan B*«-Buchreihe oder anderen in diesem Buch erwähnten Büchern, Projekten oder Ideen dargelegt wird, sei *die* Antwort auf die Frage nach einer transformierten Welt. Alle diese Ausführungen bilden einen Mikrokosmos der Welt ab, so wie ich auch in meinen Seminaren und wir alle in unserem Alltagsleben einen Mikrokosmos erblicken. Es gibt viele verschiedene Vorstellungen darüber, wie eine bessere Welt aussieht – wahrscheinlich so viele, wie es Menschen auf der Welt gibt. Die in diesem Buch dargelegten Ansätze sollen unsere Sicht der Realität auf festere Füße stellen und als faktische Grundlage für die nächsten Schritte dienen. Diese Informationen helfen uns, neue Möglichkeiten – neue Wendepunkte – einzubringen, die das Potenzial haben, neue Resultate zu erzielen und vielleicht zu ganz anderen Welten zu führen als den in diesen Berichten beschriebenen.

Kuba, 1990:
Beispiel für einen Wendepunkt in der realen Welt

Think Tanks und visionäre Forscher zerbrechen sich den Kopf darüber, wie eine Zukunft aussehen könnte, in der die Wirtschaft zusammengebrochen ist, es keine landwirtschaftlichen Großbetriebe mehr gibt und die Ölverknappung tatsächlich eintreten *könnte*.

Dabei kennen wir ein geschichtliches Beispiel, das solche Spekulationen überflüssig macht. Nach dem Kalten Krieg und dem Zusammenbruch der früheren Sowjetunion in den 1990er-Jahren war Kuba prädestiniert dafür, von den Vorteilen gemeinschaftlicher Resilienz zu profitieren. Das, was Kuba Anfang der 1990er-Jahre zugestoßen ist, ist eigentlich kaum vorstellbar. Doch es *ist* passiert, und wir haben es miterlebt – wir konnten sozusagen einen Blick in ein lebendes Labor erhaschen, das die Kraft eines Resilienz-Wendepunkts aufzeigt. Aus vielerlei Gründen, unter anderem wegen des Handelsembargos, das die USA dem Inselstaat auferlegt hatte, hing Kubas Existenzgrundlage stark von sowjetischen Importen, Exporten, Erdöllieferungen und Unterstützungsleistungen ab. Als die UdSSR auseinanderbrach, sanken die kubanischen Importzahlen drastisch. Die Wirtschaft nach dem Kalten Krieg hatte nicht nur für das russische Volk verheerende Auswirkungen; Kuba war aufgrund seiner geografischen und politischen Isolation sogar noch stärker davon betroffen. Plötzlich verlor Kuba 80 Prozent seiner Export- und Importmärkte. Scheinbar über

Nacht sank das Bruttoinlandsprodukt um 34 Prozent. Die ölbetriebenen Transport- und Landwirtschaftssysteme standen still. Eine Zeit lang musste man unter Umständen drei Stunden auf einen Bus warten; der Nahrungsverzehr wurde auf ein Fünftel der vorher üblichen Menge reduziert. Das erdölbasierte Stromnetz konnte keinen Strom mehr produzieren, der Lastabwurf dauerte fast den ganzen Tag an. Ohne Strom versanken die Städte in Dunkelheit, Geschäfte mussten geschlossen werden, in den Restaurants wurde kein Essen mehr serviert, und die kubanische Wirtschaft geriet ins Trudeln.

In dieser Zeit machte sich der Welleneffekt des plötzlichen Ölmangels – gewissermaßen ein künstlich erzeugtes Ölverknappungsszenario – schmerzhaft bemerkbar. Kuba produziert selbst kein Erdöl, sondern ist von Importen abhängig. Und als diese ausblieben, gab es keinen Ersatzbrennstoff, da das Land nichts dergleichen entwickelt hatte. Die Situation wurde gefährlich. Die Landwirtschaft, auf die die Kubaner sich verlassen hatten, war nur dank des Öls möglich, das einen schnellen Anbau, die Bewässerung und Ernte von großen Nahrungsmengen ermöglicht hatte. Ohne das Öl gingen die landwirtschaftlichen Erträge zurück, und die Menschen brauchten Lebensmittel.

Der Zusammenbruch der Landwirtschaft, der Verlust der Ölimporte und das Fehlen ausländischer Absatzmärkte – all das braute sich zu einem perfekten Sturm zusammen, der heute in Kuba als »Sonderperiode in Friedenszeiten« oder einfach als die »Sonderperiode« bezeichnet wird.

In dieser Zeit fasste das kubanische Volk den Entschluss, *sich an die Extreme anzupassen,* mit denen es zu kämpfen hatte. Was dann passierte, könnte fast aus diesem Buch stammen, und ich beschreibe das hier als Beispiel und Zeugnis für die Kraft und Fähigkeit lokaler Gemeinschaften, lokale Lösungen zu finden, die auf gesunde und nachhaltige Weise funktionieren.

In ganz Kuba schlossen sich Städte – auch die Hauptstadt Havanna mit circa 2,1 Millionen Einwohnern – zu nachbarschaftlichen Gemeinschaften zusammen. Ich will nicht behaupten, sie hätten all die in diesem Buch vorgeschlagenen Schritte befolgt oder sich an ein formales Protokoll mit Verantwortlichkeiten oder strukturellen Vorgaben gehalten. Doch sie erkannten, dass sie als Gemeinschaft zusammenkommen mussten, um ein gemeinsames Problem anzugehen. Zum damaligen Zeitpunkt ging es dabei ums Überleben: Die Gemeinden brauchten Lebensmittel, und das wurde zum treibenden Faktor und Kernwert ihrer gemeinschaftlichen Vision.

Zunächst einmal fanden sie heraus, ob es brachliegenden öffentlichen Landbesitz gab. Als Gemeinden erledigten sie die nötigen Aufräumarbeiten und legten urbane Gärten an. In dieser Zeit kamen australische Experten nach Kuba und zeigten die Vorteile der Landwirtschaft auf Basis des Permakultur-Konzepts unter diesen Bedingungen auf. Permakultur ist ein ökologisches Konzept, das die sich selbst versorgenden Gärten natürlicher Ökosysteme abbildet. Carmen Lopez, Leiterin eines dieser Permakulturzentren, beschrieb den Effekt, den die Australier und ihre Unterweisungen hatten, folgendermaßen: »Diese Demonstrationen zeigten den Leuten, was sie auf ihren Dächern und in ihren Hinterhöfen alles machen konnten.«[8]

Diese Gärten waren ein voller Erfolg. Die Gemeinden konnten nicht nur genug Nahrung für sich selbst anbauen, sondern damit auch Leute aus anderen Gemeinden versorgen. Diese Gärten werden auch heute noch bestellt, und zwar biologisch. Die Stadtviertel und Gemeinden, die sich damit versorgen, sind wirtschaftlich so nachhaltig, dass sich das auch auf die Politik der Regierung auswirkt.

Die kubanische Regierung hat erkannt, wie nützlich und wertvoll die resiliente Reaktion der Menschen auf die schwierigen Umstände war, und hat ihr Motto geändert; es lautet nicht mehr »Sozialismus oder Tod«, sondern »Eine bessere Welt ist möglich«.[9]

Es wurden zudem Schritte hin zu einem Regierungswesen unternommen, das verstärkt den »Bottom-up«-Ansatz verfolgt und die Entscheidungsfindung auf die kommunale Ebene verlagert hat. Damit werden keine von oben getroffenen Entscheidungen, die oftmals an den lokalen Problemen vorbeilaufen, zwangsläufig durchgesetzt. So fördern die staatlichen Amtsträger eine verstärkte Einbindung der Kommunen, und die Leute haben das Gefühl, sie hätten bei ihrem eigenen Leben, den Belangen ihrer Gemeinden und ihrer Zukunft ein Wörtchen mitzureden.

Kubas Reaktion ist nicht nur landwirtschaftlich erfolgreich. Dasselbe Prinzip gemeinschaftlicher Resilienz und lokaler Lösungen, das die Menschen während der Sonderperiode vor dem Verhungern bewahrte, wird inzwischen auch in anderen Bereichen des kubanischen Lebens angewandt, beispielsweise in der Energieversorgung, im Bildungs- und im Gesundheitswesen.

Den Wendepunkt finden

Ein entscheidender Schlüssel zu einer evolutionären Transformation unserer heutigen Welt ist ein Drehpunkt, den es zu finden gilt – der Wendepunkt des Wandels –, an dem ein verändertes Denken der Gemeinschaft lebensbejahende Veränderungen auslöst. Und das, bevor der Kipppunkt erreicht wird, an dem der Zusammenbruch und das Leiden ihren Lauf nehmen. Ein solcher Wendepunkt hätte für Kuba das durch die verlorenen Ölimporte verursachte Leid minimiert, da das Resilienzprinzip der Vorratshaltung das Land bereits dazu gebracht hätte, sich um alternative Brennstoffquellen zu kümmern. Die Tatsache, dass das kubanische Volk sich für Resilienz nach der Schaffung der Tatsachen entschieden hat, bezeugt die Macht resilienten Denkens und auch, dass es nie zu spät ist, die Veränderungen umzusetzen, die uns diese Resilienz verschaffen.

Angesichts der Möglichkeit, einen solchen Wendepunkt für die Welt heute zu entdecken, bevor wir die globalen Kipppunkte der Ölverknappung und implodierender Ökonomien erreichen, ist die Tragweite ungeheuer groß. Im nachfolgenden Abschnitt wird ein solcher Punkt identifiziert.

Während der Jahre, in denen ich für »Fortune 500«-Unternehmen tätig war, wurde ich auch als Krisenmanager und »Problemlöser« ausgebildet. Für mich ist es deshalb etwas ganz Natürliches, unsere

Zeit der Extreme aus diesem Blickwinkel zu betrachten. Das Zusammenkommen großer Veränderungen in unserer heutigen Welt sieht für mich sehr nach einer Zeit der Krise aus. So wie Projekte oft ihr Budget sprengen und dann sozusagen fünf vor zwölf nach Lösungen gesucht wird, sind auch die Lösungen für die Probleme, mit denen wir uns jetzt herumschlagen, teurer geworden, und es ist höchste Zeit, etwas zu unternehmen. Denn wir nähern uns bereits der Stunde null. Doch wie bereits erwähnt, befinden wir uns noch mitten in der Krise bzw. in allen möglichen Krisen, und das ist die beste Nachricht, auf die wir hoffen konnten.

Denn *weil* diese Krisen nach wie vor existieren, bleibt uns noch immer Zeit, sie anhand der Wendepunkte der Transformation zu bewältigen. Und da die drängendsten dieser Probleme global angegangen werden müssen, kann auch die Transformation auf globaler Ebene stattfinden. Entscheidend dabei ist es, einen Anfangspunkt zu finden, ein Wendepunktproblem zu identifizieren, das mehrere Krisen angeht, und damit so viele der in den Studien und Berichten dargelegten menschlichen Bedürfnisse wie möglich zu decken. Wenn ein solches Problem erst einmal ermittelt worden ist und die Vorteile einer resilienten Denkweise aufgezeigt werden können, wird damit die Grundlage von Vertrauen und gutem Willen für den nächsten großen Wandel oder Meilenstein auf unserer Reise der Transformation gelegt.

Welches Thema stellt nun unseren Wendepunkt dar? Ein Blick auf all die Krisen, ihre Auswirkungen und die aus so vielen unterschiedlichen Perspektiven geäußerten Bedürfnisse zeigt zwei Möglichkeiten auf, die wichtiger sind als alle anderen.

Der erste Wendepunkt ist ein Denken, welches Resilienz zu einer Priorität erhebt und somit die Voraussetzung ist.

Dies vorausgesetzt bzw. falls das tatsächlich der Fall ist:

Der zweite Wendepunkt ist das Thema »Energie«.

Energie ist der gemeinsame Nenner, der praktisch alle Aspekte des Lebens auf persönlicher wie auch auf globaler Ebene berührt.

Damit ist die Energie ein perfekter Kandidat für den Wendepunkt, den wir jetzt benötigen. Energie spielt bei allen großen Krisen der Zukunft eine Rolle, vom Klimawandel über die Lebensmittelproduktion bis hin zur Weltwirtschaft. Mit welcher Energiequelle wir die Bedürfnisse und den Bedarf der Welt decken, wirkt sich unmittelbar auf die Problembereiche aus, die im »Global Risks 2013 Report« des Weltwirtschaftsforums, der »My World«-Umfrage der UNO und in den »Global Trends Reports« vorgebracht werden. Der Problembereich »Energie« bildet den fruchtbaren Boden, auf dem Lösungen für den sozialen Wandel, für eine neue Wirtschaft und die Umweltprobleme gedeihen können – alles Themen, die in diesem Zusammenhang immer wieder auftauchen.

Energie kann die Spielregeln verändern und dem Wettstreit um die Sicherung begrenzter Ressourcen (wie fossilen Brennstoffen), wenn nötig auch mittels Kriegen, ein vorzeitiges Ende bereiten. *Wenn wir es schaffen, den Energiefaktor diesmal in der Transformationsgleichung richtig einzusetzen, wird die Transformation aller anderen Faktoren wie Lebensmittel und Wirtschaften durch das dadurch entstehende Vertrauen und den guten Willen viel einfacher zu akzeptieren sein.*

Die Energie, die die Welt versorgt und am Laufen hält, trägt entscheidend dazu bei, jedem Mitglied unserer globalen Familie zu einem höheren Lebensstandard zu verhelfen. Klar ist allerdings auch: Dieser höhere Lebensstandard würde nicht mit den Maßstäben unserer Zeit gemessen werden, in der die Anhäufung von Waren auf Kosten beschränkter Ressourcen ein besseres Leben ermöglicht. Vielmehr baut der zukünftige Lebensstandard auf der nachhaltigen und ganzheitlichen Basis einer transformierten Energie auf. Schauen Sie sich noch einmal die Punkte an, die in der »My World«-Umfrage zu finden sind, und überlegen Sie dabei, wie sehr eine bezahlbare, saubere und im Überfluss vorhandene Energiequelle alles verändern würde!

Wie können wir die Energiegleichung der Welt auf evolutionäre Weise transformieren? Der folgende Abschnitt beschreibt, wie sich die Transformation der Energie auf Basis des Szenarios 3, der evolutionären Transformation, entfalten würde.

Der Wendepunkt im Bereich der Energie

Wird mir die Frage gestellt, woher die Energie der Zukunft kommen wird, dann antworte ich zunächst mit einer Gegenfrage: »Wollen Sie eine ehrliche Antwort hören, die auf unserer heutigen realen Welt basiert, und sie akzeptieren? Oder hoffen Sie auf Bestätigung einer Meinung, die Sie sich selbst schon gebildet haben?« Das ist eine gute Frage, denn aufgrund der vielen falschen Informationen, die über Energie und unsere Zukunft im Umlauf sind, herrscht wahrscheinlich sehr viel Verwirrung.

Je nachdem, in welche Richtung die Antwort auf die erste Frage verläuft und ob eine zweite Frage gestellt wird, hat diese meist mit der sogenannten *freien Energie* zu tun. Schon das Wort »frei« hat für verschiedene Menschen verschiedene Bedeutungen. Doch normalerweise geht es, wenn dieses Thema aufkommt, um Technologien, die das immense Energiepotenzial anzapfen, welches im Quantenbereich existiert.

Als Ingenieur habe ich mich während meines gesamten Erwachsenenlebens mit den Theorien der freien Energie, der Nullpunkt-Energie, der Torsionsfeld-Physik und der Quantenpotenziale beschäftigt. Ich habe an den Wänden alter Tempel Hinweise darauf gesehen und habe davon in den mündlichen Überlieferungen der indigenen Ältesten gehört. In den 1980er-Jahren hatte ich als Mitglied der in Colorado Springs ansässigen *Nikola Tesla Society* (wo sich von 1899 bis 1900 Teslas Labor befand) aus erster Hand Zugang zu Teslas Labornotizen, seinen Arbeitsmodellen und seinen Erkenntnissen, die zu der freien Energie hätten führen können, welche auch als »Funkenergie« bezeichnet wird und hier vorab beschrieben worden ist (siehe Kapitel 2).

Doch ganz ehrlich: Ich habe zwar Prototypen von Energieanlagen gesehen, die auf unkonventionelle Weise funktionieren, doch eine Anlage, die wirklich mit freier Energie läuft – mit einer Energie aus einer universalen Quelle, die kabel- und drahtlos geliefert wird –, ist mir bislang noch nicht untergekommen, ebenso wenig wie eine Technologie, auf die Sie und ich uns für die Deckung des Energiebedarfs unseres täglichen Lebens verlassen möchten.

Ein paar ganz unverblümte Fragen:

Ist kostenlose Energie möglich?
Jawohl, davon bin ich überzeugt.

Ist die dafür benötigte Technologie zur kommerziellen Nutzung heute bereits verfügbar?
Nein, nicht dass ich wüsste.

Wird sie in Zukunft verfügbar sein?
Ja. Das vielversprechende Studium der Nullpunkt-Energie und der Torsionsfeld-Technologie hat das Potenzial, unser Verständnis von Energie zu revolutionieren und damit letztendlich auch die Energieversorgung der Welt.

Wird das schon bald kommen?
Alles ist möglich, aber wahrscheinlich passiert das erst dann, wenn sich die Kipppunkte unserer Zeit der Extreme am Horizont zeigen. Genau deswegen müssen wir ehrlich sein und die heute bereits verfügbaren Energie-Wendepunkte nutzen, und zwar umgehend.

Erde, Wind und Wasser – Energie aus den Elementen

Die nächste Frage, die mir meistens gestellt wird, dreht sich um die heutigen alternativen und erneuerbaren Energiequellen. Sind sie die Antwort auf die Ölknappheit und den ungeheuren Energiehunger der Welt?

Die uns heute am besten vertrauten alternativen und erneuerbaren Energiequellen werden wohl nicht die Hauptenergiequellen der Zukunft sein. Ich wünschte, ich könnte sagen, dem wäre so! Zweifellos sind Energiequellen wie Sonnen- und Windenergie, Wellenenergie, Erdwärme und Wasserkraft als *Ergänzung* zu den derzeit in Häusern, Schulen, Büros und Krankenhäusern genutzten Energiequellen durchaus zukunftsfähig. Und ich würde wirklich am liebsten sagen können, diese Alternativen zu den heutigen herkömmlichen Energiequellen würden uns in Zukunft mit Energie versorgen.

Doch die Realität sieht so aus: 1) Die Technologie ist alles andere als so perfekt, dass man auch nur daran denken könnte, sie weltweit einzusetzen. 2) Selbst wenn sie heute perfekt wären, so sind diese Alternativen doch für die regionale Nutzung und als Unterstützung ausgelegt und sind nicht dazu gedacht, sie energiepolitisch auf nationaler oder globaler Ebene durchzusetzen. Anders ausgedrückt: *Eine* Lösung kann nicht allen Bedürfnissen gerecht werden.

Welche Alternativen bleiben übrig, wenn es um die Energie geht, auf die wir uns tagtäglich verlassen und die uns zuverlässig und beständig mit Strom versorgt – all die Operationssäle in den Krankenhäuern, die Flugsicherungskontrolltürme, die Übertragung von kritischen Finanzdaten und lebenswichtigen Daten an die Lebenserhaltungssysteme, die Überwachung der weltweiten Atomreaktoren, die Wasserpumpstationen, Wetterstationen, Satellitenkommunikationssysteme etc.? Wie wird die Energiequelle unserer transformierten Zukunft aussehen?

Ich habe das Gefühl, die Antwort besteht eigentlich aus zwei Antworten, denn sie hängt davon ab, wovon die Rede ist: von der naheliegenden Zukunft oder der langfristigen Zukunft. An dieser Stelle möchte ich auf die wahrscheinlichsten Kandidaten eingehen, die sich im Laufe der schrittweisen Transformation in Szenario 3 herauskristallisieren werden.

In Kapitel 1 ging es um das Ölfördermaximum und um wissenschaftliche Forschung, die die Abnahme von leicht zugänglichem und hochwertigem Rohöl prognostiziert hat. Die Voraussagen von Marion King Hubbert sind Realität geworden, und diese Realität scheint darauf hinzuweisen, dass das Ölfördermaximum Mitte der 1980er-Jahre bereits erreicht worden ist.

Doch eine unerwartete Entwicklung hat dieser Ölverknappung eine neue Bedeutung verliehen: Ende des 20. Jahrhunderts wurden riesige Erdgasfelder entdeckt, und die innovativen Entwicklungen zur Erdgasförderung haben dem Rohöl nun eine andere Rolle zugewiesen. Die Öffentlichkeit meint zwar nach wie vor, Erdöl sei die Hauptenergiequelle auf der Welt, doch die Energiebranche hat sich bereits einer ganz anderen Vision zugewandt und entsprechende Schritte unternommen.

Und die neue Technologie funktioniert. Das wissen wir, denn Anfang 2011 und 2012 wurden die weltweiten Energiemärkte mit mehr Erdgas überschwemmt, als Nachfrage da war. Daraufhin sanken die Preise, und neue Speicheranlagen wurden entwickelt.

Dabei wurde nur allzu klar: Erdöl wird in der Energiegleichung der Welt eine weniger wichtige Rolle spielen; dafür werden verschiedene Erdgasformen – unter anderem verflüssigtes Erdgas – in unserem Leben und bei den nächsten Generationen einen festen Platz haben. Der Grund? Eben die Technologien, die Hubberts Ölkurve prognostiziert haben, besagen, dass die weltweiten Erdgasvorkommen bei derzeitiger Nutzungsrate 250 Jahre reichen können.[10]

Ist das nun gut oder schlecht? Wie ein Blick auf die Eigenschaften von Erdgas und seine Einsatzmöglichkeiten zeigt, ist es in der Welt von heute besser als die derzeit hauptsächlich genutzten Kohle- und Erdölressourcen und somit zumindest ein Schritt in die richtige Richtung.

Abbildung 6.1 (S. 260) vergleicht die Emissionen von Kohle, Erdöl und Erdgas. Die Senkung des CO_2-Ausstoßes ist eine wesentliche Voraussetzung für die Nutzung jeglicher neuer Energiequellen, deshalb ist Erdgas durchaus ein aussichtsreicher Kandidat.

Erdgas verbrennt ungefähr 50 Prozent sauberer als Erdöl und Kohle und ist kostengünstiger; damit ist es allen Menschen leichter zugänglich. Wenn Erdgas auf intelligente Weise gefördert werden kann und wir dort, wo es sinnvoll ist, auch die lokale Nutzung von erneuerbaren Energiequellen (Sonne, Wind, Erdwärme, Wasserkraft) mit einkalkulieren, kann Erdgas als Sprungbrett dienen, um den Energiebedarf der Welt zu decken, solange wir noch daran arbeiten, die ultimative Quelle für saubere Energie im Überfluss zu entwickeln.

Erdgas vs. Kohle und Erdöl

(Pounds pro Milliarden BTU an produzierter Energie)

BTU = British Thermal Unit (1 BTU = ~ 252 cal)

	Gas	Öl	Kohle
Kohlendioxid	117 000	164 000	208 000
Kohlenmonoxid	40	33	208
Schwefeldioxid	1	1122	2591
Feste Verbrennungsrückstände	7	84	2744

Abbildung 6.1
Ein Vergleich von Kohle, Erdöl und Erdgas mit den jeweiligen Vor- und Nachteilen, unter anderem CO_2-Ausstoß. (Quelle: Internationale Energieagentur)

Energie in großen Mengen ohne CO_2?

Wenn ich behaupten würde, es gebe eine Energiequelle auf der Erde, die im Überfluss vorhanden ist, nicht als Waffe genutzt werden und nicht in einem Reaktor zum Schmelzen gebracht werden kann und auch keine Treibhausgase ausstößt, dann klänge das doch wie eine nahezu perfekte Energiequelle, oder nicht? Das, was ich nun beschreibe, ist zwar nicht ganz perfekt, könnte jedoch ein weiterer Schritt auf unserer Suche nach der ultimativen Energiequelle sein.

Während des hoch geheimen Manhattan-Projekts Mitte des 20. Jahrhunderts waren die Vereinigten Staaten im Wettlauf mit Russland auf der Suche nach dem Mineral, mit dem die Atomreaktoren im Land betrieben werden und dessen Nebenprodukte in der Zeit des Kalten Kriegs für Waffen verwendet werden konnten. Verhaftet im Denken der Kriegszeit entschied man sich für Uran und sein Nebenprodukt Plutonium. Seit damals werden die meisten der ca. 430 weltweit betriebenen Atomkraftwerke mit Uran betrieben. Das ist fast allen Leuten bekannt. Weniger bekannt ist dagegen, dass ein zweites Mineral entdeckt worden war, welches viele Eigenschaften des Urans als Brennstoffquelle aufwies, nicht aber dessen schädliche und gefährliche Nebenprodukte: das Element *Thorium*, die Nummer 90 im Periodensystem.

Wenn wir wirklich große Mengen an Elektrizität aus einer Energiequelle produzieren wollen, die keine Treibhausgase verursacht, dann sollte bis zur Verfügbarkeit von Technologien, die auf freier Energie betrieben werden, Thorium ganz oben auf der Liste stehen. Denn das Funktionsprinzip unterscheidet sich nur wenig vom allseits bekannten Uran, und genau diese kleinen Unterschiede machen Thorium zu einer attraktiven Alternative.

Im Wesentlichen haben traditionelle Stromgeneratoren die Aufgabe, die Wärme zum Antrieb der Turbinen zu erzeugen, die den Strom generieren. Diese Wärme kann auf unterschiedliche Weise produziert werden. In der Vergangenheit wurden zu diesem Zweck Kohle, Erdöl und Erdgas verbrannt. Auch Atomreaktoren erzeugen Wärme, und zwar durch eine kontrollierte Kettenreaktion. Die dadurch entstehende Hitze ist so groß, dass wiederum separate Kühlsysteme erforderlich sind, um die Temperaturen im Reaktor in sicheren Grenzen zu halten. Eine »Reaktorschmelze« bzw. Kernschmelze bzw. eine so hohe Überhitzung, dass die Schutzhülle zerstört wird, ist oft auf den Ausfall der Kühlsysteme zurückzuführen, wie das etwa im Jahr 2011 in Fukushima in Japan der Fall war.

Warum ich das alles hier erkläre? Nun, auch Thorium wird in einer Art Reaktor eingesetzt, doch aufgrund dessen Funktionsweise ist eine Schmelze unmöglich. Die Flüssigkeit, aus der dieser Brennstoff besteht – eine Salzlösung aus Thorium und Fluorid –, wird auch zur Kühlung des Systems verwendet. Ein solcher Thoriumgenerator hat eine interessante Eigenschaft: Es besteht ein direkter Zusammenhang zwischen seiner Fähigkeit der Hitzeerzeugung und seiner Temperatur, und zwar ein Zusammenhang, den man nicht erwarten würde: Mit steigender Erwärmung von Thoriumsalzen sinkt ihre Fähigkeit, Hitze zu erzeugen. Wenn sie also eine gefährliche Temperatur erreichen, ist ihre Reaktivität bereits sehr niedrig. Sicherheitsstecker, die aus denselben gehärteten Salzen bestehen wie auch der eigentliche Brennstoff, würden schmelzen, wodurch die Schlämme in einen anderen Behälter abfließen kann. Anders ausgedrückt: Das Zeug, das die Reaktion hervorruft und *gleichzeitig* das System kühlt, würde in einen separaten Behälter entleert, wodurch keine weitere Reaktion mehr stattfinden kann.

Thorium – die Fakten

- Eine Tonne Thorium produziert so viel Energie wie 250 Tonnen Uran.*
- Thorium-Strom kostet etwa 1,98 USD/Watt, Kohlestrom dagegen 2,30 USD/Watt.*
- 99 Prozent des Thorium-Brennstoffs werden verbraucht, dagegen nur ein Prozent des Uran-Brennstoffs.*
- Bei einem Notfall kommt es mit Thorium nicht zu einer Kernschmelze.*
- Bei Thorium fallen keine waffenfähigen Nebenprodukte an.*
- Es gibt etwa doppelt so viel Thorium wie Uran.
- Thorium-Nebenprodukte können als Brennstoff wiederverwendet werden.*

*Bei Einsatz in einem Flüssigsalzreaktor

Abbildung 6.2
Thorium ist als Reaktorbrennstoff sicherer als Uran. Eine Kernschmelze, wie sie in Tschernobyl und Fukushima aufgetreten ist, ist in einem Thorium-Reaktor nicht möglich. Die anfallenden Nebenprodukte können nicht für Waffen verwendet werden. Thorium verursacht keinerlei CO_2-Emissionen, ist kostengünstig und in der Erde im Überfluss vorhanden. (Quelle: Internationale Energieagentur)

Sowohl auf lokaler wie auch auf globaler Ebene gibt es alle möglichen Gründe dafür, dass die etablierten Energieversorger und die Massenmedien Thorium als Energiequelle in der Vergangenheit nicht unbedingt in den Blick gefasst haben. Doch diese Gründe zählen angesichts seiner (positiven) Auswirkungen auf den Klimawandel, angesichts der Kosteneffizienz und der Sicherheit dieser Energie heute vielleicht nicht mehr so stark.

Thorium als Energiequelle befindet sich inzwischen nicht mehr im Stadium der theoretischen Entwicklung. Es gibt schon eine ganze Reihe an Thorium-Generatoren, die sowohl zu Forschungszwecken als auch im kommerziellen Umfeld in diversen Ländern zum Einsatz kommen bzw. kamen, unter anderem in Indien, Deutschland, China und den Vereinigten Staaten. In den USA gab es zwei Thorium-Generatoren: Die »Indian Point«-Anlage, die zwischen 1962 und 1980 betrieben wurde, und die »Elk River«-Anlage, die zwischen 1963 und 1968 in Betrieb war.

Die Thorium-Technologie muss weiterentwickelt und ausgebaut werden, um den hohen weltweiten Energiebedarf decken zu können. Doch sie verspricht eine saubere, relativ sichere und im Überfluss vorhandene Alternative zur Überbrückung, solange wir noch auf der Suche nach der ultimativen Energiequelle sind.[11]

Ich glaube, unsere Zivilisation wird schließlich die Technologie perfektionieren, die es uns ermöglicht, das Potenzial des »leeren Raums« und das von Torsionsfeldern anzuzapfen, um unseren Energiebedarf zu decken.

Es deutet einiges darauf hin, dass auf das Erdöl zwei weitere Phasen folgen, in denen wir Energie auf andere Weise produzieren, bis wir die beste Energiequelle der Zukunft gefunden haben. Die erste Phase ist die Zeit des Erdgases, durch das die Welt von Erdöl und Kohle »entwöhnt« wird, wodurch die Treibhausgasemissionen von Öl und Kohle sinken. Die zweite Phase ist gekennzeichnet durch eine Kombination aus erneuerbaren Energiequellen und Thorium-Reaktoren, die reichlich Energie, aber keine schädlichen Treibhausgase produzieren.

Es gibt viele potenzielle globale Wendepunkte in unserer Zeit der Extreme, beispielsweise die Umgestaltung nationaler Währungen oder die neuen Standards für Treibhausgasemissionen zur Minimierung der Auswirkungen auf den Klimawandel. Solche Wendepunkte sind sicherlich realisierbar. Doch die Entwicklung neuer Energiequellen kommt nicht nur dem Bedarf der weltweiten Wirtschaft und dem Klimaschutz entgegen, sondern ist auch ein direkter Schritt hin zu einem höheren Lebensstandard für alle Menschen. Hinzu kommen der gute Wille, der aus solchen Bemühungen entspringt, und die Eliminierung von Konflikten, wie sie früher durch die Ausbeutung begrenzter Energiequellen ausgelöst wurden. Das macht einen Wendepunkt hin zu einer neuen Energie höchst attraktiv.

Hoch entwickelte Technologie
oder hoch entwickelte Weisheit?

Während eines emotionsgeladenen Gesprächs mit einer regionalen Archäologin, die in den 1990er-Jahren in New Mexico arbeitete, wandte sich die Diskussion der Rolle der Vergangenheit und ihrer Bedeutung für die Zukunft zu. Wir hatten uns zufällig an einer der faszinierendsten archäologischen Stätten, die ich jemals erforscht habe getroffen: bei den mysteriösen Überresten des Chaco Canyons.

Der geheimnisvolle Chaco Canyon liegt im »Vierländereck«, den »Four Corners« im Nordwesten New Mexicos, und wird aufgrund seiner Bedeutung inzwischen als UNESCO-Welterbe anerkannt. Damit sollen das hoch komplexe Observatorium, die perfekt geformten, unterirdischen *Kivas* (kreisförmige Zeremonieräume, wie sie für einige der nordamerikanischen indianischen Traditionen typisch sind) und die 2400 bekannten archäologischen Stätten der Zukunft erhalten bleiben. Der Chaco Canyon ist unter anderem deshalb so geheimnisvoll, weil einiges dort auf hoch entwickeltes Wissen hinweist, das dem Wissen der in den umliegenden

Gemeinschaften wohnenden Menschen etwa 1000 Jahre voraus ist. Andere Aspekte dagegen erscheinen barbarisch und primitiv.

Im Laufe unseres Gesprächs äußerte ich gegenüber der Archäologin, vielleicht stünden wir auf den Überresten einer der technologisch am höchsten entwickelten nordamerikanischen Zivilisationen vor dem 20. Jahrhundert. Diese Vorstellung war ihr in ihrer Ausbildung anscheinend nicht vermittelt worden, und sie hatte überhaupt keine Lust auf irgendwelche neue Theorien. »Wenn sie so hoch entwickelt waren«, fragte sie, »wo sind dann die ganzen technischen Apparate? Wo sind ihre Toaster, Mikrowellenherde und Videorekorder?«

Wir hatten offensichtlich sehr unterschiedliche Vorstellungen darüber, was eine hoch entwickelte Zivilisation ausmacht und was eine solche Zivilisation hinterlassen würde. Es war klar, dass wir uns nicht auf eine gemeinsame Interpretation des mysteriösen Komplexes vor unseren Augen würden einigen können.

Ich sah diese Archäologin nie wieder und frage mich oft, ob sie aufgrund neuerer Entdeckungen an Stätten wie Göbekli Tepe in der Türkei, die eine hoch entwickelte Zivilisation auf das Ende der letzten Eiszeit, also fast 13.000 Jahre zurückdatieren, ihre Meinung über Chaco Canyon geändert hat.

Wie ich schon in früheren Büchern gesagt habe, finde ich es sehr interessant, dass wir alte Zivilisationen größtenteils anhand der von ihnen erzeugten und erbauten *Dinge* interpretieren. *Doch wie steht es um das Denken, das ihren Erzeugnissen und Gebäuden zugrunde liegt?* Soweit ich weiß, befindet sich unter den archäologischen Funden im Südwesten der Vereinigten Staaten tatsächlich kein Fernseher und kein Videorekorder – und woanders übrigens auch nicht –, aber vielleicht ist der Grund, warum das so ist, genau das, was wir hier übersehen? Und vielleicht gibt genau das auch einen Hinweis darauf, wie die Zukunft einer transformierten Welt aussehen könnte.

Die von den indigenen Völkern Amerikas erzählte Geschichte unserer Vergangenheit klingt eher wie eine Science-Fiction-Geschichte aus einer anderen Welt: Ihren Überlieferungen nach lebten die Menschen auf der Erde vor langer Zeit ganz anders als die Menschen der Gegenwart. Weniger Menschen verbrauchten die Ressourcen des Landes. Es gab keine Kriege, in denen die Menschen sich gegenseitig verletzten oder das Land zerstörten. Und die Menschen lebten in großer Verbundenheit mit der Erde. Sie respektierten sich und ihre gegenseitigen Beziehungen und auch die Beziehung zu den Elementen, die sie am Leben erhielten. In dieser Zeit waren die Menschen glücklich, gesund und lebten bis in ein hohes Alter von mehreren Hundert Jahren, was uns heute unvorstellbar erscheint.

Doch dann passierte etwas. Die Ältesten sind sich zwar nicht immer einig darüber, was genau geschah, doch das Ende der ganzen Geschichte ist immer dasselbe: Die Menschen auf der Erde vergaßen, wer sie waren. Sie vergaßen ihre inneren heilerischen Kräfte und die Macht der Zusammenarbeit. Und sie vergaßen ihre Beziehung zu Mutter Erde. Sie verloren die Orientierung, wurden ängstlich und einsam. In ihrer Einsamkeit sehnten sie sich nach einer tieferen Verbindung zur Welt. Und so entwickelten sie Maschinen außerhalb von sich selbst, um die Kräfte, von denen sie träumten, nachzubauen. Mit Maschinen wollten sie ihr Seh- und ihr Hörvermögen, welches inzwischen geschwächt war, verbessern; mit anderen Maschinen wollten sie den Körper heilen, so wie früher ihr Körper sich von innen heraus geheilt hatte. Wie die Ältesten weiterhin berichten, ist die Geschichte noch nicht zu Ende, und wir sind Teil des letzten Kapitels. Nach wie vor, so meinen sie, sind wir orientierungslos, ängstlich und einsam. Und bis wir uns daran erinnern, wer wir wirklich sind, werden wir auch weiterhin unser Leben mit Maschinen bewältigen wollen, die nur eine Parodie unserer eigenen großen Kräfte sind.

Wenn ich solche Geschichten höre, dann bin ich davon überzeugt, dass die Ältesten uns und unsere heutige Welt beschreiben. Von wenigen Ausnahmen abgesehen – isolierte Kulturen und abgelegene Gegenden, wo Traditionen bewahrt werden –, fokussiert sich unsere Zivilisation sicherlich auf die Welt *um uns herum* und weniger auf die Welt *in uns*.

Sehen wir beim Anblick der Überreste von hoch entwickelten Zivilisationen (wie in Ägypten, Peru oder am Chaco Canyon) vielleicht eigentlich die Überreste einer Technologie, die *so hoch entwickelt* war, dass Toaster und Videorekorder gar nicht mehr benötigt wurden? Vielleicht brauchten sie einfach keine vollgestopfte und komplexe äußere Umwelt mehr? Vielleicht wussten sie etwas über sich selbst, das ihnen eine *innere Technologie* für eine andere Lebensweise an die Hand gab, etwas, das wir vergessen haben, wie die Ältesten meinen? Wir geben Jahr für Jahr Hunderte Millionen Dollar zur Krankheitsbekämpfung aus und um die Natur unter unsere Kontrolle zu bringen. Damit sind wir womöglich weiter vom Weg abgekommen, weiter weg von einem ausgewogenen Verhältnis zur Natur als jemals zuvor.

Die Ältesten sagen, unsere vollgestopfte Welt diene einem Zweck. Wenn wir uns erst einmal daran erinnern, wer wir sind, dann brauchen wir die ganzen Maschinen nicht mehr, und unser Leben wird wieder einfach. Das Entscheidende dabei ist: Unser Leben wird einfach werden, weil wir uns *so hoch entwickelt haben,* dass wir uns von der Technologie freimachen können. Wir kehren also nicht zu einer primitiven Lebensweise zurück, sondern leben ein so hoch entwickeltes Leben, dass es dem flüchtigen oder zufälligen Beobachter einfach erscheint.

Ich glaube, genau das haben die Archäologin und ich an jenem Tag im Chaco Canyon erlebt. Wer immer dort gelebt hat, wusste um unsere Beziehung zur Sonne und zum Mond, und diese Kenntnisse waren so präzise, dass wir das erst Mitte des 20. Jahrhunderts überhaupt erkannt haben. Die Menschen, die dort lebten, erbauten perfekte Straßen, die strahlenförmig Hunderte von Kilometern in alle Richtungen verlaufen und für uns erst anhand moderner Satellitenbilder erkennbar waren. Die Bewohner des Chaco Canyons verfügten ganz bestimmt über hoch entwickeltes Wissen und vereinfachten dadurch ihr Leben.

Wenn das stimmt, dann müssen wir uns der Natur zuwenden, um zu verstehen, wer wir sind und wie die Zukunft einer transformierten Welt aussehen kann.

Egal, welche Art von Welt wir kreieren – sie muss für jeden Menschen funktionieren, damit sie erfolgreich ist. Ich glaube, das ist auch der Schlüssel zur Zukunft unserer Spezies. Es ist möglich, unsere Welt so zu transformieren, dass der Lebensstandard für alle Menschen steigen kann, doch dazu müssen wir eine Wahl treffen.

Und damit kommen wir zurück zu der unausgesprochenen Krise des Elefanten im Zimmer: unsere Krise des Denkens. Um die

Welt zu transformieren, mit all den beschriebenen Möglichkeiten, müssen sich unsere Kernwerte als globale Gemeinschaft von Grund auf verändern. Wenn wir beispielsweise erst einmal den Kernwert des Geldes durch den Kernwert der Lebensqualität und des Wohlergehens ersetzen, befinden wir uns auf dem Weg dorthin. Das soll keineswegs heißen, Geld sei die Wurzel unserer Probleme oder Geld sei etwas Schlechtes! Geld ist ein Tauschmittel, und wenn wir ehrlich sind, dann wird das auch noch lange Zeit so bleiben. Mir geht es nicht um das Geld an sich. Mir geht es um *uns,* um unsere Betrachtungsweise des Geldes, um die Bedeutung, die wir dem Geld verleihen, und die Rolle, die wir ihm in unserem Leben zugestehen. Wenn wir in unserem Leben diese Wahl treffen und das zum Standard wird, an dem jede politische Entscheidung und jedes Handeln – auch technologische Entwicklungen und die Anwendung wissenschaftlicher Erkenntnisse – gemessen werden, dann lässt sich der Strom des Wandels nicht aufhalten. Indem wir über diese Möglichkeiten in diesem Buch und anderen Werken lesen, setzen wir den Prozess in Gang, durch den eine solche Welt Realität wird.

Den eigenen Wendepunkt erschaffen

In diesem Buch habe ich Elemente eines Lebensstils und einer neuen Denkweise vorgestellt, durch die wir Wendepunkte der Resilienz in unserem Leben schaffen können. Jeder Mensch lernt auf andere Weise, und deshalb habe ich mich bemüht, unterschiedliche Perspektiven darzustellen – auch damit klar wird, wie diese Ideen in der realen Welt umgesetzt werden können. Ihnen sind die Informationen aus den vorausgegangenen Kapiteln noch im Gedächtnis; Sie haben jetzt also alles an der Hand, um eine Antwort auf die folgende Frage zu geben: *Wie erschaffe ich meinen eigenen Wendepunkt der Resilienz?*

Nachfolgend werden entsprechende Schritte als eine Art Vorlage präsentiert.

Eine Vorlage
für persönliche Wendepunkte der Resilienz

Anhand der folgenden Schritte können Sie Resilienz in Ihrem Leben erzeugen. Im Rahmen dieses Buchs werden diese Wendepunkte hinsichtlich der umfassenderen weltweiten Veränderungen beschrieben; doch die Resilienzprinzipien fördern auch jegliche andere Veränderungen in Ihrem Leben, egal, ob sie durch unsere Welt der Extreme oder durch persönliche Prozesse ausgelöst werden. Sie dienen als Leitfaden, um sich Gedanken darüber zu machen und herauszufinden, welche Handlungen für Sie richtig sind.

Jeder Punkt ist eine Einladung, eine Chance für Sie, 1) Ihr Leben und Ihre frühere Betrachtungsweise des Lebens zu überdenken und 2) zu entscheiden, ob Ihre Denkweise noch zu den Gegebenheiten und Bedingungen unserer Welt passt oder nicht. Falls Sie feststellen, dass eine Veränderung ansteht, verweisen diese Punkte auf die jeweils passenden Stellen im Buch, wo Sie nochmals nachlesen können.

Diese Punkte beinhalten bewährte Schritte, die für andere Menschen und Gemeinschaften bereits zu Wendepunkten geführt haben. Sie haben bei anderen funktioniert, und somit können Sie sich darauf verlassen, dass auch Ihnen damit die Denk- und Lebensweise einer transformierten Welt nähergebracht werden.

Ihr Lebensstil

↝ **Seien Sie sich selbst gegenüber ehrlich.** Fragen Sie sich jetzt, ob sich die Welt heute anders anfühlt als früher.

↝ **Erkennen Sie unsere Zeit der Extreme an.** Finden Sie heraus, wodurch sich Ihr Leben zu diesem Zeitpunkt von der Vergangenheit unterscheidet. Akzeptieren Sie die Tatsache, dass sich Ihr Leben und unsere Welt schneller verändern, als wir früher zu akzeptieren bereit waren. Finden Sie heraus, was das für Sie bedeutet.

➥ **Ermitteln Sie Ihre Kernwerte.** Fragen Sie sich, worauf Ihr Wertesystem basiert. Gründet es auf materiellem Wohlstand, dem persönlichen Wohlergehen bzw. dem Wohlergehen der Familien und der Gruppe, auf Spiritualität, Religion oder mehreren dieser oder anderer Werte? Das gibt Klarheit, wenn schwierige Entscheidungen hinsichtlich Ihres Lebensstils und Ihres Alltags zu treffen sind.

➥ **Entwickeln Sie persönliche, von Herzen kommende Resilienz.** Entwickeln Sie zunächst eine starke innere Resilienz; dann sind Sie besser für die Herausforderungen unserer sich verändernden Welt und für die Bedürfnisse Ihrer Lieben gerüstet, die sich auf Sie verlassen müssen.

➥ **Lesen Sie noch einmal Kapitel 4.**

Ihre Finanzen

➥ **Unterstützen Sie das, woran Sie glauben.** Investieren Sie Ihr Geld und Ihre Energie so, dass Sie sich gut damit fühlen. Damit setzen Sie ein Beispiel für Ihre Kinder und andere Familienmitglieder und haben gleichzeitig das befriedigende Gefühl, mit Ihren Investitionen an einem globalen positiven Wandel und durch dessen Auswirkungen auch am lokalen Wandel teilzuhaben.

➥ **Nutzen Sie Geld als ein leistungsfähiges Instrument, aber betrachten Sie es ganz nüchtern.** Der Zusammenhang zwischen Wert(schätzung) und Wert(igkeit) verändert sich. Finden Sie heraus, was das für Sie bedeutet. Setzen Sie Ihr hart verdientes Geld und Ihre Mittel weise ein und so, dass es die neuen ökonomischen Realitäten widerspiegelt.

➥ **Erkennen Sie an, dass sich die Bedeutung des Geldes verändert.** Eine neue Ökonomie ist am Entstehen und verändert unsere frühere Betrachtungsweise des Geldes. Wir leben in einer Zeit, in der die langfristigen Investitionen der Vergangenheit aufgrund der Fragilität der Weltmärkte stärker risikobehaftet sind. Das heißt: Vermögenswerte, die »auf dem Papier« bestehen (z.b. Aktien), können innerhalb von Stunden an Wert verlieren. Sachwerte dagegen (beispielsweise Rohstoffe wie Energie, Wasser und Lebensmittel) werden ihren Wert nie ganz verlieren – eine Tatsache, die Sie dazu ermuntern sollte, Ihre Finanzpläne entsprechend anzupassen.

↪ **Lesen Sie noch einmal Kapitel 1.**

Ihre politische Haltung

↪ **Unterstützen Sie Menschen und Ideen, die zugleich auf Ihre persönlichen Werte und Überzeugungen ausgerichtet sind.** Im derzeitigen »Top-down«-System innerhalb von Regierungen und im Rahmen der Entscheidungsfindung können die von uns gewählten lokalen Gemeindevertreter uns eine Stimme im umfassenderen Bild verleihen. Es gibt da draußen vertrauenswürdige Kandidaten, die das, was Sie und Ihre Gemeinschaft der Welt verkünden möchten, als Botschaft übermitteln. Diese Kandidaten können nur für Sie tätig werden, wenn Sie sie mit Ihrer politischen Stimme unterstützen.

↪ **Informieren Sie sich.** Beschäftigen Sie sich gründlich mit den großen Problemen und Themen unserer Zeit. Lernen Sie, selbst Recherchen zu betreiben, anstatt sich auf eine Broschüre zu verlassen, die in Ihrem Briefkasten landet, oder auf Informationen, die von einer Zeitung oder Organisation entsprechend befürwortet werden. Suchen Sie sich Nachrichten- und Informationsquellen, die nicht die Scheuklappen der Massenmedien – Fernsehen, Radiosender, Webportale und Publikationen – tragen. Setzen Sie die Zeit für solche Recherchen auf Ihrer Prioritätenliste ganz nach oben.

➻ **Verfolgen Sie Ihre Entscheidungen.** Bleiben Sie dran und verfolgen Sie nach Wahlen die Ergebnisse, egal, ob auf kommunaler, bundesstaatlicher oder nationaler Ebene. Achten Sie darauf, ob Ihre Kandidaten auch dann, wenn sie im Amt sind, Ihre Werte weiterhin repräsentieren. Hier kann eine Gemeinschaft sehr nützlich sein, denn die Zeit und Mühe, die solche Recherchen erfordern, können innerhalb der Gemeinschaft nach Bedarf aufgeteilt und die Ergebnisse bei Gemeinschaftstreffen verbreitet bzw. mitgeteilt werden.

Ihre Gemeinschaft

➻ **Rufen Sie Ihre Gemeinschaft zusammen.** Jetzt ist es an der Zeit, Ihre Gemeinschaft zusammenzutrommeln – egal, ob das Ihre Familie ist, die unter einem Dach lebt, oder die Nachbarn, die in ihren eigenen Häusern wohnen, oder Menschen mit derselben Geisteshaltung, die sich in Clubs und Vereinen in derselben Stadt oder virtuell im Cyberspace zusammengeschlossen haben. Und akzeptieren Sie die Tatsache, dass sich unser Leben und unsere Welt schneller verändern, als wir früher zu akzeptieren bereit waren.

➻ **Erkennen Sie an, dass wir in einer Zeit der Extreme leben.** Finden Sie heraus, was das für Sie und Ihre Gemeinschaft bedeutet. Was hat sich verändert und wie kann Ihre Gemeinschaft diese Veränderungen den Mitgliedern einfacher machen?

➻ **Erarbeiten Sie die Ziele Ihrer Gemeinschaft: Warum haben Sie sich zusammengeschlossen?** Definieren Sie das, was Sie als Gemeinschaft zu erreichen hoffen. Das ist ein erfolgsentscheidender Faktor für Ihre Gemeinschaft, denn das, was Sie jetzt tun, wird zum Bezugspunkt, wenn in Zukunft Fragen hinsichtlich Ihrer Gemeinschaftsziele auftauchen.

→ **Ermitteln Sie die Kernwerte Ihrer Gemeinschaft.** Fragen Sie sich: Sind das Wertesystem und die Organisation Ihrer Gemeinschaft auf Dingen wie materiellem Wohlstand, dem persönlichen Wohlergehen bzw. dem Wohlergehen der Familien und der Gruppe, auf Spiritualität, Religion oder auf mehreren dieser Prinzipien bzw. auf anderen Prinzipien gegründet? Das gibt den Mitgliedern der Gemeinschaft die Sicherheit, dass bei schwierigen Entscheidungen Klarheit herrscht.

→ **Entwickeln Sie einen Plan für gemeinschaftliche Resilienz.** Dieser Schritt hat direkt damit zu tun, wie sich Ihre Gemeinschaft angesichts unserer Zeit der Extreme fühlt. Das ist auch der Schritt, bei dem Sie und die anderen Mitglieder der Gemeinschaft Sorgen, Vorbehalte und Ängste äußern können, aber auch Ihre Stärken herausfinden und die Gegebenheiten identifizieren, die Ihrer ehrlichen Meinung nach am meisten Resilienz benötigen. Falls Sie am Meer wohnen, wo Ihre Gemeinschaft verstärkt der Gefahr von starken Stürmen ausgesetzt ist, die das Lebensnotwendige beeinträchtigen, oder in einer Gegend, die sehr anfällig für Waldbrände oder andere Naturkatastrophen ist, dann schafft ein entsprechender Aktionsplan Resilienz, noch bevor die Gemeinschaft seiner bedarf. Und das wiederum schafft ein Gefühl der Sicherheit.

→ **Lesen Sie noch einmal Kapitel 5.**

Willkommen daheim!

Betrachten wir die einzelnen Tatsachen unserer Zeit der Extreme, die Erdgeschichte und die Jahrtausende zurückliegenden Erfahrungen unserer indigenen Vorfahren, dann ergeben sich interessante Sichtweisen. Bringen wir all das zusammen, erzählen uns diese Fakten eine Geschichte – *unsere* Geschichte –, und wir sind dabei, ein Kapitel zu Ende zu bringen, welches wir vor mehr als 5000 Jahren begonnen haben.

Wir durchleben heute erneut die Wandlungszyklen unserer Vorfahren – mit einem großen Unterschied: Wir teilen diese Erfahrung mit einer Familie aus sieben Milliarden Menschen. Wir wissen zwar nicht, wie das Ende unserer Geschichte genau aussehen wird, doch eines wissen wir sicher: Unsere Zeit der Extreme ist die Geburt einer neuen Normalität und einer neuen Lebensweise. Und unser Leben verändert sich und spiegelt damit diesen Übergang wider.

Unsere Fähigkeit, diesen Umbruch zu überleben und unsere Zeit der Extreme in eine Zeit der Transformation zu verwandeln, hängt von zwei Faktoren ab: 1) unserer Bereitschaft, anzuerkennen, dass ein solcher Umbruch stattfindet; 2) wie wir uns daran anpassen. Eben weil wir in einer Zeit der Extreme leben, müssen wir uns auf Unbeständigkeit einstellen und nicht mehr auf das ruhig dahinplätschernde Leben der Vergangenheit, müssen mit extremen Wetterbedingungen rechnen und entsprechend planen. Die geschwächten Wirtschaftssysteme erfordern neue Strategien hinsichtlich unserer Rücklagen und Altersvorsorge; angesichts der Belastungen durch Klimawandel und Personalabbau müssen wir uns auf zeitweilige Unterbrechungen der Lieferketten einstellen.

Unsere Welt und unser Leben verändern sich, um der neuen Normalität Platz zu machen, und so müssen wir diesen und anderen Realitäten ins Auge blicken. Sie sind unbequem, aber sie gehen vorüber. So zu tun, als ob es sie nicht gäbe, ist unehrlich. Damit diese Extreme zur Transformation beitragen, müssen wir bereit sein, anzuerkennen, was die Welt uns zeigt, und unsere Rolle bei der Anpassung an diese Gegebenheiten akzeptieren.

Eben weil sich unsere Zeit der Extreme so stark von vergangenen Zeiten unterscheidet, müssen wir davon ausgehen, dass sich unser Leben und auch unser Denken verändern werden. Es ist vernünftig und sinnvoll, ein resilientes Leben zu führen und uns an die neu entstehende Welt *anzupassen,* anstatt mit den Lösungen der Vergangenheit die heutigen Probleme lösen zu wollen. Das haben wir ja schon versucht. Wie uns die Weltwirtschaft und der Klimawandel bereits aufgezeigt haben, funktionieren diese alten Lösungen nicht. Und um uns an den Umbruch, den wir gerade erleben, anzupassen, müssen wir ganz offensichtlich die traditionellen Grenzen überschreiten, die uns in der Vergangenheit vom Wissen über uns selbst abgehalten haben. Wenn wir das tun, geschieht etwas Wunderbares. Und all das nimmt mit den Wendepunkten seinen Anfang, die wir bewusst in unser alltägliches Leben einbauen können.

Die Punkte in der oben aufgeführten Vorlage stehen für wichtige Elemente in Ihrem Leben. Jeder einzelne Punkt ist sozusagen ein Gummiband der Möglichkeiten, das sich jeweils nur soundso weit dehnen lässt. In unserer Zeit der Extreme wird jeder Aspekt unseres Lebens bis an seine Grenzen »gedehnt« und belastet.

Die Frage ist: *Werden Sie sich für die Wendepunkte entscheiden, die die Belastung und Dehnung Ihres Gummibandes der Möglichkeiten mindert? Werden Sie die größte Transformation der Macht, des Wohlstands und der Ressourcen willkommen heißen, die die Welt je erlebt hat?* Bei diesem Wandel geht es um Sie. Es ist Ihre Reise!

Die neue Welt ist da. Willkommen daheim!

Quellen und Anmerkungen

Anmerkung des Autors

1. Laotse, chinesischer Philosoph (ca. 604–531 v. Chr.), wie auf folgender Website zitiert: http://www.byzant.com/mystical/biography/Quotations.aspx?id=30.

Kapitel 1

1. Rockström, Johan/Steffen, Will/Noone, Kevin u.a.: »A Safe Operating Space for Humanity«. In: Nature, Heft 461 (24. Sept. 2009), S. 472–475. www.nature.com/nature/journal/v461/n7263/full/461472a.html.
2. Omar Baddour, wie in folgendem Artikel zitiert: Lyall, Sarah: »Heat, Flood or Icy Cold, Extreme Weather Rages Worldwide«. In: The New York Times (10. Januar 2013), S. A4.
   http://www.nytimes.com/2013/01/11/science/earth/extreme-weather-grows-in-frequency-and-intensity-around-world.html.
3. Dim Coumou, wie in folgendem Artikel zitiert: Potsdam Institute for Climate Impact Research: »Global Warming Has Increased Monthly Heat Records Worldwide by a Factor of Five, Study Finds«. In: Science Daily (14. Januar 2013). http://www.sciencedaily.com/releases/2013/01/130114101732.htm.
4. Ebenda.
5. Loehle, Craig/McCulloch, J. Huston: »Correction to: A 2000-Year Global Temperature Reconstruction Based on Non-Tree Ring Proxies«. In: Energy & Environment, Bd. 19, Nr. 1 (2008), S. 93–100. http://www.econ.ohio-state.edu/jhm/AGW/Loehle/Loehle_McC_E&E_2008.pdf.
6. Cohen, Joel E.: »Human Population Grows Up«. In: Scientific American, Spezialausgabe »Crossroads for Planet Earth« (September 2005), S. 48.
7. Central Intelligence Agency: »Population Growth Rate«. In: The World Factbook. https://www.cia.gov/library/publications/the-world-factbook/rankorder/2002rank.html?countryName=Fiji&countryCode=fj&regionCode=au&rank=136.
8. Berichtet im Artikel: »How Much Coal Is Left?«. In: Greenbang. http://www.greenbang.com/how-much-coal-is-left_21367.html.

9. Cavallo, Alfred J.:»Hubbert's Petroleum Production Model: An Evaluation and Implications for World Oil Production Forecasts«. In: Natural Resources Research, Heft 13, Nr. 4 (Dezember 2004), S. 211–221.

10. Allgemein akzeptierte Definition für»Reservewährung«. Abgerufen am 28. April 2014 unter: http://en.wikipedia.org/wiki/Reserve_currency.

11. Vgl. eine interaktive Schuldenuhr, die minutengenaue Berechnungen der Gesamtverschuldung der größten Wirtschaften weltweit anzeigt: »The Global Debt Clock«. In: The Economist. http://economist.com/ content/global_debt_clock.

12. Tabelle des Verhältnisses zwischen Bruttoinlandsprodukt und Verschuldung für die Industrienationen und die Schwellenländer von 2010 bis 2016 (Schätzwerte nach 2013). Vgl.»Comparing Debt Ratios«. In: The Wall Street Journal (20. April 2011). http://online.wsj.com/article/SB1 0001424052748703789104576272891515344726.html.

13. McMahon, Tim:»What Is the Inflation Adjusted Price of Corn?« In: InflationData.com (16. November 2011). http://inflationdata.com/ Inflation/Inflation_Articles/Corn_Inflation.asp.

14. McMahon, Tim:»Inflation Adjusted Gasoline Prices«. In: InflationData.com (16. Juli 2013). http://inflationdata.com/Inflation/Inflation_ Rate/Gasoline_Inflation.asp.

15. Noonan, Peggy:»A Time of Lore: We Live Through an Agincourt a Day, Yet Life Goes On«. In: The Wall Street Journal (26. Juli 2002). http://online.wsj.com/article/SB122418845573142011.html.

16. Lonnie Thompson, wie in folgendem Artikel zitiert: Holland, Earle: »Major Climate Change Occurred 5,200 Years Ago: Evidence Suggests That History Could Repeat Itself«. In: Ohio State University Research News (15. Dezember 2004). http://researchnews.osu.edu/ archive/5200event.htm.

17. Ebenda.

18. Musser, George:»The Climax of Humanity«. In: Scientific American, Spezialausgabe»Crossroads for Planet Earth« (September 2005), S. 44–47.

19. Auszug und Link zum kompletten Bericht des Weltwirtschaftsforums in: Global Risks 2013 (Lee Howell, Chefredakteur). http://www.weforum.org/reports/global-risks-2013-eighth-edition.

20. »The Climax of Humanity« (vgl. Nachweis 18), S. 44–47.

21. Stephen Konarik, wie in folgendem Artikel zitiert: Walker, Childs: »Magnitude of Friday's Storm Shocked Meteorologists, Utility Workers«. In: The Baltimore Sun (30. Juni 2012). http://articles.baltimoresun.com/2012-06-30/news/bs-md-storm-unexpected-20120630_1_ utility-workers-storm-bge.

22. Ebenda.

Kapitel 2

1. O'Toole, Garson: »The Chains of Habit Are Too Light to Be Felt Until They Are Too Heavy to Be Broken«. In: Quote Investigator. http://quoteinvestigator.com/2013/07/13/chains-of-habit.
2. Drucker, Peter: Management Challenges for the 21st Century. Burlington/MA: Elsevier, 1999, S. 62.
3. Präsident John F. Kennedy (1917–1963): Auszug aus der öffentlichen Erklärung, dass Amerika seine Mittel in die erste bemannte Mondlandung noch vor 1970 stecken würde. In: National Aeronautics and Space Administration. http://www.nasa.gov/vision/space/features/jfk_speech_text.html.
4. Worte von Neil Armstrong. In: Jones, Eric M.: »One Small Step, Corrected Transcript and Commentary«. In: Apollo 11 Lunar Surface Journal (letzte Revision 18. Januar 2013). http://www.hq.nasa.gov/alsj/a11/a11.step.html. Ein Video der historischen Mondlandung ist dort ebenfalls verfügbar.
5. World Hunger Education Service: »2013 World Hunger and Poverty Facts and Statistics«. In: Hunger Notes. http://www.worldhunger.org/articles/Learn/world%20hunger%20facts%202002.htm.
6. Ebenda.
7. Ebenda.
8. United States Environmental Protection Agency: »Natural Gas.« http://www.epa.gov/cleanenergy/energy-and-you/affect/natural-gas.html.
9. Entsprechende Weiterentwicklungen machen erneuerbare Energien als Ergänzung regionaler Energiesysteme zu lokalen Alternativen. Vgl. »Alternative Energy.« In: Green Progress. http://www.greenprogress.com/alternative_energy.php.
10. Das UN-Millenniumsziel 2015, die Armut auf der Welt zu reduzieren, wurde bereits vor 2015 erreicht. Vgl. http://www.un.org/millenniumgoals///poverty.shtml.
11. Brown, Lester R.: »Is Our Civilization at a Tipping Point?« In: World Hunger Education Service: Hunger Notes. http://www.worldhunger.org/articles/09/editorials/brown_tipping.htm.
12. Gershon, David: »Social Change 2.0: A Blueprint for Reinventing Our World«. In: Sustainable City Network (12. November 2010). http://www.sustainablecitynetwork.com/blogs/david_gershon/article_5b8f63d2-eea0-11df-8077-0017a4a78c22.html.
13. Vgl. http://www.arcosanti.org/sites/default/files/images/w20080614tt009m_0.jpg. – http://www.arcosanti.org/sites/default/files/images/w20080614tt009m_0.jpg. Website der Paolo Soleri Community von Arcosanti: http://www.arcosanti.org.

14. Bourne, Edmund J.: Global Shift: How a New Worldview Is Transforming Humanity. Oakland/CA: New Harbinger Publications 2008, S. 322.
15. Ebenda.
16. Braden, Gregg: Deep Truth: Igniting the Memory of Our Origin, History, Destiny and Fate. Carlsbad/CA: Hay House 2011, S. 219–222. (Dt. Ausgabe: Tiefe Wahrheiten. Burgrain: KOHA Verlag)
17. Ebenda, S. 139–183.
18. Braden, Gregg: The Divine Matrix: Bridging Time, Space, Miracles, and Belief. Carlsbad/CA: Hay House, 2007. S. 101–122. (Dt. Ausgabe: Im Einklang mit der göttlichen Matrix. Burgrain: KOHA Verlag)
19. Ebenda.
20. Deep Truth (wie Nachweis 16), S. 93–138.
21. Ebenda.
22. Ebenda, S. 219–222.
23. Ebenda, S. 139–183.
24. The Divine Matrix (wie Nachweis 18), S. 61–100.
25. Ebenda, S. 37–58.
26. Lawrence H. Keeley, wie im folgenden Artikel zitiert: Ferguson, R. Brian: »The Birth of War«. In: Natural History, Heft 112, Nr. 6 (Juli/August 2003). http://iweb.tntech.edu/kosburn/history-444/birth_of_war.htm.
27. Logan, Ravi (Prout Institute): »Opening Address for the Symposium on the Humanistic Aspects of Regional Development«. Birobidschan/Russland, September 1993.
28. Meinung von Sir Martin Rees (Royal Society Research Professor der Cambridge University), wie in folgendem Artikel zitiert: Walker, Andrew: »Sir Martin Rees: Prophet of Doom?«. In: BBC News (25. April 2003). http://news.bbc.co.uk/1/hi/in_depth/uk/2000/newsmakers/2976279.stm.
29. Musser, George: »The Climax of Humanity«. In: Scientific American, Spezialausg. »Crossroads for Planet Earth« (September 2005), S. 44–47.
30. Ebenda, S. 47.
31. Ebenda.
32. Williams, Tad: To Green Angel Tower, Part 1. New York: DAW Books 1993, S. 771.
33. Ehrlich, Paul R.: The Population Bomb. New York: Ballantine Books 1968, S. xi.
34. Ehrlich, Paul R./Ehrlich, Anne H.: »The Population Bomb Revisited«. In: Electronic Journal of Sustainable Development, Heft 1, Nr. 3 (2009), S. 63–71.
35. Ebenda.
36. Statistik der weltweiten Autoproduktion (Worldometers). Vgl. http://www.worldometers.info/cars.

37. Chefurka, Paul: »How Tight Is the Link between Oil, Food and Population?« (15. February 2011). http://www.paulchefurka.ca/ GrainOilPop.html.
38. Ebenda.
39. Worldwatch Institute: »UN Raises ›Low‹ Population Projection for 2050« (2. Juli 2013). http://www.worldwatch.org/node/6038.
40. Food and Agriculture Organization of the United Nations: »Global Hunger Declining, but Still Unacceptably High« (September 2010). http://www.fao.org/economic/es-policybriefs/briefs-detail/en/?no_ cache=1&uid=45361.
41. Ebenda.

Kapitel 3

1. Tom Stoppard, wie in folgendem Artikel zitiert: Steinberg, Jacques: »Stoppard Overwhelmed by World's Problems«. In: The New York Times (11. Juli 2008). http://www.nytimes.com/2008/07/11/ arts/11arts-STOPPARDOVER_BRF.html?_r=0.
2. Ebenda.
3. Gladwell, Malcolm: »Q and A with Malcolm«. Vgl. offizielle Website des Autors: http://gladwell.com/the-tipping-point-q-and-a.
4. Van Hart, Zach: »How Weight Loss Saved My Life: The Story of Bill Smith«. In: SparkPeople. http://www.sparkpeople.com/resource/ motivation_articles.asp?id=79.
5. Worte von Neil Armstrong (wie Nachweis 4 von Kapitel 2).
6. »How Weight Loss Saved My Life« (wie Nachweis 4).
7. The Harvard School of Public Health: »Fats and Cholesterol«. In: Nutrition Source. http://www.hsph.harvard.edu/nutritionsource/ fats-and-cholesterol.
8. Der Begriff »kognitive Dissonanz« wurde erstmals 1956 von Leon Festinger geprägt und in seinem folgenden Buch definiert: A Theory of Cognitive Dissonance. Stanford/CA: Stanford University Press 1957.
9. Ken Kuhnes Website über die in Santa Fe/New Mexico erbauten wetterbeständigen Treibhäuser: http://www.raisedbed.biz.
10. Worte von James A. Blumenthal (Professor für medizinische Psychologie am Medical Center der Duke University in Durham/NC), wie in folgendem Artikel zitiert: Clay, Rebecca: »Research to the Heart of the Matter: Psychologists are producing clear evidence that psychosocial factors contribute to cardiovascular disease and are coming up with interventions that may help patients live healthier lives«. In: American Psychological Association, Heft 32, Nr. 1 (Januar 2001). http://www.apa.org/monitor/jan01/coverheart.aspx.

Kapitel 4

1. Diese Aussage stammt aus dem Anfangszitat der Spezialausgabe *Time* »Beyond 9/11«. http://www.time.com/time/beyond911/#.
2. Ebenda.
3. Definition von »Resilienz« der American Psychological Association. Vgl. http://psychcentral.com/lib/2007/what-is-resilience.
4. Erweiterte Definition von »Resilienz«, die man sowohl auf die Natur als auch auf die Gesellschaft anwenden kann, von der Website des Stockholm Resilience Centre: http://www.stockholmresilience.org/21/research/what-is-resilience.html.
5. Harris Lord, Janice/O'Brien, Kevin: »Core Elements and Strategies for Victim Service Providers to Develop Resilience«. Auszug aus: »Chapter 10: Developing Resilience«. In: National Victim Assistance Academy Track 1: Foundation-Level Training (März 2011), S. 9–18. https://www.ovcttac.gov/downloads/views/TrainingMaterials/NVAA/Documents_NVAA2011/ParticipantText/10_NVAA_MAR_2011_Developing_Resilience_PText_final.doc.
6. Corbett, Peter: »Ex-Iran Hostage Survived on Faith, Power of Prayer«. In: The Arizona Republic (9. November 2012). http://www.azcentral.com/community/articles/20121106ex-iran-hostage-survived-faith-power-prayer.html.
7. Terry Anderson, wie in folgendem Artikel zitiert: Tristam, Pierre: »Terry Anderson Remembers His Ordeal as a Hostage in Lebanon«. In: Middle East Issues.about.com. http://middleeast.about.com/od/lebanon/a/me081206f.htm.
8. Kaufman, Scott Barry: »The Will and Ways of Hope«. In: Psychology Today (26. Dezember 2011). http://www.psychologytoday.com/blog/beautiful-minds/201112/the-will-and-ways-hope.
9. Ebenda.
10. Holmes, Jennifer: »Healthy Relationships: Their Influence on Physical Health«. In: BC Council for Families (2011). http://www.bccf.ca/all/resources/healthy-relationships-their-influence-physical-health.
11. Roosevelt, Eleanor: You Learn by Living: Eleven Keys for a More Fulfilling Life. Louisville/KY: Westminster John Knox Press 1960.
12. Lipton, Bruce: The Biology of Belief: Unleashing the Power of Consciousness, Matter & Miracles. Santa Rosa/CA: Mountain of Love/Elite Books 2005, S. 146–150. (Dt. Ausgabe: Intelligente Zellen – Wie Erfahrungen unsere Gene steuern. Burgrain: KOHA Verlag)
13. McCraty, Rollin/Barrios-Choplin, Bob/Rozman, Deborah u.a.: »The Impact of a New Emotional Self-Management Program on Stress, Emotions, Heart Rate Variability, DHEA and Cortisol«. In: Integrative Physiological and Behavioral Science, Heft 33, Nr. 2 (1998), S. 151–170.

http://www.heartmath.org/research/research-publications/impact-of-a-new-emotional-self-management-program-on-stress-emotions-heart-rate-variability.html.

14. Ebenda.
15. Gibran, Khalil: The Prophet. New York: Alfred A. Knopf 1923, S. 30.
16. McCraty, Rollin/Bradley, Raymond Trevor/Tomasino, Dana: »The Resonant Heart«. In: Shift (Dezember 2004–Februar 2005), S. 15–19.
17. Dies ist eines meiner Lieblingszitate über die Zusammenhänge zwischen Gemeinschaft, dem Leben und uns selbst. M. Scott Peck (1936–2005, amerikanischer Psychiater und Autor): The Different Drum: Making Community and Peace. New York: Touchstone 1987.

Kapitel 5

1. Zerihun Kassa, wie in folgendem Artikel zitiert: Marinelli, Bethany: »Herds to Harvest: A Community Transformed«. In: Global Hope Network International (20. Februar 2013). http://globalhopenetwork. org/herds-to-harvest-a-community-transformed.
2. Ebenda.
3. Krasny, Michael: »What Is Community?«. In: Mother Jones (Mai/Juni 1994). http://www.motherjones.com/politics/1994/05/what-community.
4. Ebenda.
5. Ebenda.
6. Zurück in die Zukunft (1985). Regie: Robert Zemeckis – mit Michael J. Fox, Christopher Lloyd, Lea Thompson und Crispin Glover.
7. Giddens, Anthony: The Consequences of Modernity. Stanford/CA: Stanford University Press 1990, S. 64.
8. Martin Albrow, wie in folgendem Artikel zitiert: United Nations Educational, Scientific, and Cultural Organization: »Glossary: Globalisation«. http://www.unesco.org/new/en/social-and-human-sciences/themes/international-migration/glossary/globalisation.
9. Paulson Jr., Henry M.: »It Could Have Been A Lot Worse: A Conversation with Henry Paulson«. In: The American Interest (Mai/Juni 2010). http://www.the-american-interest.com/article.cfm?piece=815.
10. Crockett, Lee: »Overfishing 101: Protecting Tuna with Technology« (Posting vom 27. September 2011). In: National-Geographic. http://newswatch.nationalgeographic.com/2011/09/27/overfishing-101-protecting-tuna-with-technology.
11. Theodore Bestor, wie in folgendem Artikel zitiert: Gewertz, Ken: »Fish Story: Anthropologist Bestor Looks at Globalization and Culture Through Study of Sushi Market«. In: Harvard University Gazette (6. Dezember 2001).

12. Friedman, Thomas L.: »Overblown Fears, #10: Globalization«. In: Newsweek (2010). http://2010.newsweek.com/top-10/most-overblown-fears/globalization.html.

13. Ebenda.

14. Rodin, Judith/Garris, Robert: »Reconsidering Resilience for the 21st Century«, ein Essay auf Basis vorangehender Recherchen und Schriften von Kollegen der Rockefeller Foundation (u.a. Grady, Heather/ Juech, Claudia/Brown, Anna/Dayal, Ashvin/Martin-Breen, Bethany/ Nachuk, Stefan/Rumbaitis del Rio, Cristina/Uennatornwaranggoon, Fern). http://www.rockefellerfoundation.org/blog/reconsidering-resilience-21st-century.

15. Judith Rodin, wie in folgendem Artikel zitiert: Huffington, Arianna: »Worldwide Resilience Key to Our Future«. In: Chicago Tribune (23. Januar 2013). http://www.chicagotribune.com/sns-201301232030--tms--ahuffcoltq--m-a20130123-20130123,0,1817267.column.

16. Ebenda.

17. Amin, Massoud: »U.S. Electrical Grid Gets Less Reliable as Outages Increase and R&D Decreases«. In: Website der University of Minnesota, College of Science and Engineering (22. Februar 2011). http://tli.umn.edu/blog/security-technology/u-s-electrical-grid-gets-less-reliable-as-outages-increase-and-rd-decreases.

18. »Some Grocery Store Shelves Empty in NYC«. In: ABC New York News (30. Dezember 2010). http://abclocal.go.com/wabc/story?section=news/local/new_york&id=7870930.

19. Kayla Webley, wie in folgender Berichterstattung zitiert: Matthews, Christopher: »Hurricane Sandy by the Numbers: A Superstorm's Statistics, One Month Later«. In: Time (26. November 2012). http://nation.time.com/2012/11/26/hurricane-sandy-one-month-later.

20. Von Diogenes Laertios dem griechischen Philosophen Heraklit (6. Jhd. v. Chr.) zugeschrieben. http://en.wikiquote.org/wiki/Heraclitus.

21. Asimov, Isaac (1920–1992, russisch-amerikan. Science-Fiction-Autor): »My Own View«, veröffentlicht in: The Encyclopedia of Science Fiction. Hrsg. von Robert Holdstock. Swindon: Wh Smith Pub 1978.

22. Cherry, Robert (medizinischer Leiter des Penn State Shock Trauma Center): »Business Testimonials: Penn State University«. In: Website der Federal Emergency Management Agency: http://www.ready.gov/business/business-testimonials.

23. Ebenda.

24. Ebenda.

25. Margaret J. Wheatley beschreibt ihre Arbeit am Berkana Institute. http://berkana.org/about.

26. Zusammenfassung der Gemeinschaftsphilosophie des Berkana Institute. http://resilientcommunities.org.

27. Die Rockefeller Foundation lädt Städte aus aller Welt ein, am Wettbewerb »100 Cities Challenge« teilzunehmen, mit dem Ziel, 100 Städte in die Lage zu versetzen, die großen Herausforderungen des 21. Jahrhunderts besser zu meistern. http://100resilientcities.rockefellerfoundation.org/resilience.

28. Eine Reihe von Konferenzen zum Aufbau größerer Resilienz für die Stadt Philadelphia. http://www.phil.frb.org/community-development/events/2012/reinventing-older-communities.

29. Eine Beschreibung der Bemühungen der Stadt San Francisco, »Gebäude und Infrastruktur zur Erhaltung des städtischen Lebens umzurüsten. Unser Ziel ist es, die Resilienz San Franciscos sicherzustellen und uns in die Lage zu versetzen, angesichts einer Katastrophe nicht nur zu überleben, sondern erfolgreich und gut zu leben.« http://www.spur.org/initiative/resilient-city.

30. Eine innovative New Yorker Initiative mit Fokus auf der Notwendigkeit einer ganzheitlichen Resilienz-Agenda und auf dem Finden von Antworten auf die Frage: »Wie resilient ist New York City? Können wir plötzliche Bedrohungen unserer Wirtschaft, unserer natürlichen Umwelt und unserer Lebensweise abfedern?« http://mas.org/mass-resilience-agenda; http://mas.org/video/building-resilient-cities-future-model-sustainability-community.

Kapitel 6

1. »Stanislav Grof, M.D., Receives Prestigious VISION 97 Award«. In: Merlian News (25. Oktober 2007). http://merliannews.com/People_36/Stanislav_Grof_M_D__Receives_Prestigious_VISION_97_Award_printer.shtm.
2. Auszug aus Stanislav Grofs Rede bei der Verleihung des »Vize 97«-Preises 2007. http://www.realitysandwich.com/acceptance_speech.
3. Ebenda.
4. Dem amerikanischen Biologen Edward O. Wilson zugeschrieben. http://www.quotesarchive.com/authors/w/e-o-wilson/quotes/it-s-obvious-that-the-key-problem-faci.
5. Rockström, Johan/Steffen, Will/Noone, Kevin u.a.: »A Safe Operating Space for Humanity«. In: Nature, Heft 461 (24. September 2009), S. 472–475. http://www.nature.com/nature/journal/v461/n7263/full/461472a.html.
6. Erstellt unter Federführung des National Intelligence Council. In: Global Trends 2015: A Dialogue about the Future with Nongovernment Experts (Dezember 2000). http://www.dni.gov/files/documents/Global%20Trends_2015%20Report.pdf.

7. My World: The United Nations Global Survey for a Better World. http://www.myworld2015.org/index.html.
8. Quinn, Megan: »The Power of Community: How Cuba Survived Peak Oil«. In: Energy Bulletin (25. Februar 2006). http://www2.energybulletin.net/node/13171.
9. Ebenda.
10. »IEA Lauds Unconventional Gas Reserves«. In: UPI.com (19. Januar 2011). http://www.upi.com/Science_News/Resource-Wars/2011/01/19/IEA-lauds-unconventional-gas-reserves/UPI-83531295444312.
11. Es gibt eine ganze Reihe von technischen Artikeln über Thorium als Energiequelle; diesen speziellen nenne ich hier, weil er in nicht technischer Sprache geschrieben ist und eindeutig die Vor- und Nachteile dieser Technologie aufzeigt. Vgl. Stenger, Victor: »LFTR: A Long Term Energy Solution?«. In: Huffington Post (9. Januar 2012). http://www.huffingtonpost.com/victor-stenger/lftr-a-longterm-energy-so_b_1192584.html.

Danksagung

Das Schreiben dieses Buchs ist nur der erste Schritt im Prozess, in dessen Verlauf es von meinem Schreibtisch in Ihre Hand- oder Aktentasche, Ihr Bücherregal oder auf Ihren Nachttisch gelangt. Auf diesem Weg haben Lektoren, Korrekturleser, Grafikdesigner, Marketingfachleute, Publizisten, Veranstalter und die Einkäufer der Buchläden ihr Leben und ihren Terminkalender darauf ausgerichtet, dass »Resilienz in Zeiten extremer Veränderungen« auch wirklich zum vorgesehenen Zeitpunkt fertiggestellt war. Die meisten dieser Menschen werde ich nie persönlich kennenlernen, aber ich weiß, sie sind da. Ich fühle mich sehr geehrt, dass wir diese Reise gemeinsam unternommen haben, und bin allen dankbar für das, was sie tagtäglich unternehmen, um diese Welt zu einem besseren Ort zu machen. An dieser Stelle möchte ich vor allem denjenigen danken, die direkt zu diesem Buch beigetragen haben.

Ich danke sehr herzlich all den wunderbaren Mitarbeitern von Hay House, insbesondere Louise Hay und Reid Tracy für ihre visionäre, engagierte und außergewöhnliche Arbeit, die Hay House so besonders gemacht hat. »The Turning Point«, die amerikanische Originalausgabe dieses Buchs, ist bereits mein siebtes Buch, das bei Hay House erschienen ist. Unsere gemeinsame Reise begann 2004, also vor zehn Jahren. Reid Tracy, dem Präsidenten von Hay House, bin ich zutiefst dankbar für seine Unterstützung, seine fundierten Ratschläge und sein Vertrauen in mich und meine Arbeit. Ich freue mich auf die nächsten zehn gemeinsamen Jahre!

Ein großer Dank geht auch an: Erin Dupree, meiner außergewöhnlichen, weltweit tätigen Publizistin; Alex Freemon, meinem Lektor; Richelle Zizian, Werbeleiterin; Margarete Nielson, kaufmännische Leiterin und wichtige Verbindung zwischen meinem Schreibtisch und der Verlagswelt; Christy Salinas und ihrem Team aus geduldigen und talentierten Designern und Künstlern; Nancy Levin, Veranstaltungsleiterin; Rocky George, Ton-Ingenieur; und all den immer lächelnden, hart arbeitenden Menschen, ob nun in den Lagerhäusern in Kalifornien oder an den Büchertischen unserer »I Can Do It!«-Veranstaltungen – ihr alle seid Spitze! Ich kann mir für eine Zusammenarbeit keine nettere, engagiertere und professionellere Gruppe vorstellen und bin stolz darauf, zum Hay-House-Team zu gehören.

Ned Leavitt, mein Literaturagent, unterstützt mich mit seiner Weisheit, Integrität und Menschlichkeit bei allen Schritten in der Welt der Bücher. Dank seiner Unterstützung konnten meine Botschaften der Hoffnung unzählige Menschen in aller Welt erreichen. Ganz besonders schätze ich seine Freundschaft und sein Vertrauen.

Stephanie Gunning, seit über zehn Jahren meine außergewöhnliche Lektorin und inzwischen auch Freundin, danke ich für ihr Engagement und großes Können sowie ihre Energie, mit der sie alles anpackt. Sie hilft mir, komplizierte wissenschaftliche Zusammenhänge und tiefe Lebenswahrheiten in Worte zu kleiden, die viele Menschen verstehen. Sie stellt immer die richtigen Fragen und verhilft mir so zu klaren Entscheidungen. Ich bin stolz auf mein virtuelles Team, insbesondere Lauri Willmot, meine Büroleiterin seit 1996. Nach wie vor bewundere ich sie zutiefst dafür, dass sie immer für mich da ist, besonders wenn es darauf ankommt.

Meine lieben Freunde, die den Schleier in die nächste Welt durchschritten haben: Robin Miner (Gründer von Source Books) und Debbie Ford (meine Schwester auf dem Weg). Ihr beide seid aus dieser Welt gegangen, während ich dieses Buch schrieb; eure Stärke, euer Mut, eure Entscheidungen und euer Dahinscheiden sind darin eingeflossen. Ich vermisse euch beide und danke euch für eure Liebe, die ihr mir und der Welt geschenkt habt.

An Rita Curtis, meiner außergewöhnlichen Geschäftsführerin und inzwischen Freundin, schätze ich ihre Zukunftsvisionen, ihre Klarheit, ihr Organisationstalent, ihre Offenheit für neue Ideen und vor allem ihre Freundschaft.

Meine Mutter Sylvia und mein Bruder Eric: Ihre Liebe und ihr Vertrauen in mich sind unerschütterlich, auch dann, wenn sie mich das ein oder andere Mal nicht verstehen. Wir sind zwar nur eine kleine Kernfamilie, doch unsere »Großfamilie« all derer, die in Liebe miteinander verbunden sind, ist unglaublich groß. Sie bereichert jeden Tag meines Lebens.

Der einen Person, die mich von meiner besten, aber auch meiner schlechtesten Seite kennt, meiner wunderschönen Frau Martha: Mit deiner tiefen Liebe und Freundschaft und deiner Weisheit bist du die zuverlässige Konstante in meinem Leben. Du und unsere pelzigen Mitbewohner, Woody und Nemo, ihr seid die Familie, zu der ich nach jeder Reise gerne wieder nach Hause komme. Ich bin zutiefst dankbar für all das, womit du mein Leben bereicherst.

Ich danke auch allen, die in all den Jahren unsere Arbeit, die Bücher, Aufnahmen und Veranstaltungen unterstützt haben. Euer Vertrauen ehrt mich, und ich bewundere eure Vision einer besseren Welt und eure Leidenschaft, diese Welt Wirklichkeit werden zu lassen. Durch euch wurde ich ein besserer Zuhörer und habe die Worte vernommen, die es mir ermöglichen, diese mächtige Botschaft der Hoffnung und Chancen weiterzugeben.

Euch allen werde ich immer dankbar sein.

Im KOHA Verlag erschienene Bücher von Gregg Braden

Die Verknüpfung von Spiritualität und Wissenschaft auf eine vollkommen neue Art! Gregg Braden erklärt die Zusammenhänge der Matrix, die schon Max Planck als »Urgrund der Materie« identifizierte. In dieser Matrix des Lebens spiegeln sich alle unsere Überzeugungen und Einstellungen wider. Lassen Sie sich faszinieren und lernen Sie, die Botschaften des Lebens zu verstehen und umzusetzen. Sie brauchen dazu kein physikalisches Fachwissen. Der Autor erklärt leicht verständlich, wie Sie mit der Matrix im Einklang leben können, um Ihre Wünsche und Ziele zu verwirklichen. (288 Seiten)

978-3-86728-021-1

978-3-86728-169-0

978-3-86728-087-7

978-3-86728-059-4

978-3-86728-142-3

978-3-86728-107-2

978-3-929512-83-0